KB038815

CFO의 새로운 역할

제러미 호프 지음

조영균 · 문홍기 · 장형석 옮김

Reinventing the CFO

How financial managers can transform
their roles and add greater value

Jeremy Hope

REINVENTING THE CFO

How Financial Managers Can Transform Their Roles and Add Greater Value

Original work copyright © 2006 Jeremy Hope
All rights reserved.
This Korean edition was published by Hanul Publishing Group in 2014
by arrangement with Harvard Business Review Press
through KCC(Korea Copyright Center Inc.), Seoul.

글로벌 경영환경이 급격하게 변화하고 있어 경쟁우위를 지속적으로 확
보하기가 점점 더 어려워지고 있다. 변화의 속도가 빠르고 시장 자체가 소
멸하고 탄생하는 등 외부의 변화와 이에 대응하여야 하는 내부의 역량과
가용 자원 사이에 갭이 커지고 있기 때문이다. 그러나 이와 같은 어려운
여건 속에서도 글로벌 선진 기업들은 개방화, 단순화, 모듈화와 네트워크
화 등을 통해 핵심역량과 자원을 확보하고, 변화에 능동적으로 대응하여
경쟁력을 높여가고 있다.

최근 많은 기업이 경영전략과 조직이론 관점에서 중요한 이론인 활용
exploitation과 탐색exploration 개념을 적용하여 경영전략 수립·실행과 경영관
리에서 성과를 향상시키고 있다. 활용 개념은 기존 자원과 역량의 최적 활
용을 통해서 생산성과 효율을 높이고, 실행을 통해 변동성을 낮추는 것과
관련 있으며, 탐색 개념은 새로운 제품과 시장 등을 찾아 리스크를 감수하
며 전략을 개발하고 새로운 기회를 이끌어내는 등의 변혁과 관련이 있다.
이를 혁신과 연결시켜 보면 활용적 혁신exploitation innovation과 탐색적 혁신
exploration innovation이 될 것이며, 기업들이 이 두 가지를 역동적으로 실행한
다면 경쟁력을 확보하고 지속적으로 성장해갈 수 있을 것이다.

이 책은 기업 경영과 관련하여 CFO가 역할을 새롭게 정립하고, 전략의

수립과 실행을 효과적으로 지원하며, CEO와 사업 리더의 비즈니스 수행에 핵심 파트너 역할을 수행하는 데 도움이 되는 사례를 담고 있다. 세계 일류기업 CFO들을 인터뷰하고 분석하여, 그들이 수행한 CFO 및 재무조직의 변화 과정을 생생하게 담고 있다. 사업과 경영 의사결정을 효과적이며 또한 최대로 지원하면서도, 최고경영진Top managements에게 꼭 필요한 컨트롤을 효과적으로 실행하는 방안, 변화된 환경에서 CFO가 수행해야 할 새로운 역할이 무엇인지에 대해 사례를 들어 구체적으로 보여준다.

따라서 비즈니스와 관련하여 점점 더 많은 압력을 받고 있고, 비전을 새롭게 하며, 기업가치 창출에 더욱 적극적으로 기여해달라는 요구를 받고 있는 한국의 많은 CFO들에게 이 책이 좋은 지침이 될 것이다. 재무조직을 혁신하고 고성과조직으로 변화시키기 위하여 고민이 많은 한국의 CFO들이 이 책에서 제시된 사례를 통해 CFO의 역할과 재무조직 변혁과 관련하여 활용적 혁신과 탐색적 혁신 모두에서 성공하기를 기대한다.

삼일회계법인 회장

안경태

군이 복잡계이론을 동원하지 않더라도 최근의 비즈니스 환경은 예측이 어려울 정도로 급격하게 변화하며 복잡해지고 있다. 글로벌 마켓의 블록화, 온실가스 검증 및 탄소배출 규제, 금융시장의 글로벌 동조화 등 일일이 열거하기도 어려운 실정이다. 또한 기업 자체에도 비즈니스가 복잡해지고, 불확실성이 확대되고 있으며, 다양한 규제와 이해관계자로부터의 요구가 증가하는 등 광범위한 영역에서 끊임없이 도전을 받고 있다. 이는 기업이 전통적인 물적 자산이나 금융자산의 축적만큼 중요하게 지적 자산이나 인적 자원과 같은 무형의 자산 역시 잘 관리하여야 경쟁력을 계속 유지해나갈 수 있음을 의미한다.

이러한 경영환경 변화는 CFO에게 단순한 경영관리의 역할에서 더 나아가 기업의 전략 수행과 혁신에 중추적인 새로운 역할을 수행함으로써 재무부문의 변혁을 이끌어낼 것을 요구하고 있다. CFO는 유능한 인재를 유지하고 개발하여 혁신적인 서비스를 창출하고, 앞선 수준의 경영관리와 운영 시스템을 지속적으로 유지할 뿐 아니라, 외부의 새로운 기회와 위협에 즉각적으로 대응할 수 있도록 조직과 시스템을 유연하게 변화시킬 수 있어야 한다. 또한 CFO는 외부 투자자, 주주, 이사회 등으로부터의 더 많은 정보 제공 요청에 효과적이고 효율적으로 대응하는 동시에, 투명성과 신뢰성에 대한 외부의 끊임 없는 요구에도 잘 대응해야 한다.

　이 책은 CFO가 비즈니스 환경을 성공적으로 헤쳐나가고 재무부문의 역할을 효과적으로 변화시키기 위한 여러 가지 핵심 사항을 담고 있다. 명확성, 단순성, 투명성, 책임감을 기반으로 재무부문의 핵심 비전을 설정하는 내용을 다루고 있으며, CFO와 재무의 역할을 가치 있고 신뢰할 수 있는 비즈니스 파트너의 수준으로 변환시키는 방향을 제시한다. 또한 세계은행, 텔레콤 뉴질랜드, GE캐피털, 유니레버 등 세계 일류 기업들이 이러한 비전 구현을 위해서 어떻게 노력해왔는지 구체적 사례들을 보여준다.

　그동안 여러 한국 기업도 다양한 형태로 CFO 및 재무의 역할을 발전시켜오고 있다. 이 책이 유수 한국기업의 CFO들의 역할을 기업가치의 창조에 기여하고 변화와 혁신의 중심 역할을 수행하는 더욱 높은 차원으로 새롭게 정립하는 데 조금이나마 도움이 되었으면 하는 바람이다.

삼일회계법인 컨설팅부문 대표

장경준

　오랫동안 뛰어난 성과를 내오던 글로벌 기업들이 너무도 빠르게 무너지고, 새롭게 등장한 기업들은 과거와는 다른 방법으로 시장에서 최고의 자리에 오르는 등 경영환경이 급격하게 변화하고 있으며, 최고경영진에게는 기업의 지속적인 성장이 매우 중요한 문제로 등장하고 있다.

　이와 같은 변화는 기업 경영과 관련해 CFO의 역할을 재조명하게 하고 있는바, 이 책은 세계 유수 기업의 사례를 통해 CFO의 역할은 무엇이며, 변화된 새로운 경영환경에서 CFO는 어떤 역할을 수행해야 하고, 재무조직을 최고 수준으로 변화시키기 위해서는 어떻게 해야 하는지를 생생하게 전달해준다. 스벤스카 한델스방켄, 알셀, 아메리칸 익스프레스, 코그노스, GE캐피털, 텔레콤 뉴질랜드, 톰킨스, 유니레버, 세계은행 등 세계 일류 기업의 구체적인 사례를 통해 재무의 비전 설정과 일하는 방식이 어떻게 변화되어야 하고, 이러한 것들이 기업의 가치창출에 어떻게 기여할 수 있는지를 제시하고 있다.

　선진 기업들은 CFO가 전통적인 역할에서 벗어나 경영관리 전반을 변화시켜야 한다고 말하고 있다. CFO는 재무조직과 경영관리 분야에 새로운 비전을 제시하고, 엄청난 업무량과 복잡한 시스템으로부터 기업 구성원이 해방되도록 해야 한다. CFO는 경영진과 현업 관리자의 파트너로서

고도의 분석 능력을 발휘해 전략 실행과 비즈니스를 지원해야 하고, 재무 업무를 효과적으로 수행해 가치 창출에 기여해야 한다. CFO는 효과적인 커뮤니케이션을 통해 경영진과 비즈니스 현장에 성과개선에 관한 통찰력을 제공하고, 경영환경의 변화에 유연하게 대응할 수 있도록 유연한 관리 체계를 설계하고 운영해야 한다. 이를 위해서 경영관리 프로세스를 가치 창출 중심으로 개선하고, 구성원들이 목표에 매여 성과를 최대화하지 못하는 문제를 해결해야 하며, 조직 및 구성원의 변화를 지속적으로 이끌어 나가야 한다. 이러한 변화는 최근 한국 대표기업의 CFO가 한 언론과의 인터뷰를 통해 이야기한 다음의 내용을 통해서도 알 수 있다. "CFO의 역할이 단순히 주판알만 튀기는 '관리' 개념의 재무에서 벗어나 '전략·기획'으로 본질이 바뀌고 있으며, 새로운 CFO 임무엔 회사의 나아갈 방향 모색, 기업 인수·합병M&A 등 신성장전략 수립 등이 포함된다"(≪매일경제≫, 2011.1.11: A21)

급변하는 경영환경 속에서 세계 일류기업은 CFO의 역할을 새롭게 정립하고, 재무조직과 경영관리 전반에 걸쳐 지속적으로 새로운 사고방식과 폭넓고 유연한 행동 방식을 적용하고 있다. 이 책의 내용이 글로벌 기업으로 성장한 한국 기업의 CFO 여러분, 급변하는 경영환경 속에서 고민하는 한국 기업의 CFO 여러분, 지금까지 많은 업무를 통해 재무조직과 CFO의 나아갈 방향을 함께 고민할 수 있는 장을 마련해 준 삼일회계법인의 많은 고객회사 재무부문 임원과 CFO, CEO 여러분께 길잡이가 되고 경영관리 업무를 변화시키는 데 도움이 되길 바란다.

이 책이 번역 출간되기까지 많은 분의 도움이 있었다. 먼저, 20여 년이 넘게 삼일회계법인에서 일하는 동안 지도해주시고 이끌어주신 안경태 회장님, 장경준 대표님, 김영식 대표님, 윤재봉 대표님, 김의형 대표님, 이한목 본부장님께 감사드린다. 평소 업무수행 과정에서 CFO 역할과 CFO 어젠다를 함께 고민하며 해결해가고 있는 동료들에게 감사드리며, CFO와 관련한 한국의 연구 부족과 역자의 부족한 역량에도 불구하고 경영전략과 CFO 연구를 지도해주시는 고려대학교 경영대학원 김언수 교수님께 감사를 드린다. 또한, 하버드 경영대학원 출판사와 협의하고, 번역이 완료될 때까지 많은 노력을 기울여주신 도서출판 한울의 임직원 여러분과 윤순현 과장, 배은희 부팀장께도 감사를 드린다.

2011년 5월

옮긴이들

1997년 동료인 로빈 프레이저Robin Fraser, 피터 번스Peter Bunce와 함께 예산 제도를 개선하고 경영관리모델을 구축할 목적으로 '새로운 경영관리 원탁회 의'Beyond Budgeting Round Table(BBRT)를 설립한 이래, 나는 고정목표와 연간예 산에 의거해 설정되는 연간성과라는 덫에서 성공적으로 벗어난 여러 조직을 방문했다. 그 가운데 많은 조직이 단순히 숫자에 급급하기보다는 사업을 관 리하는 법을 터득함으로써 커다란 성과 변화를 경험했다. 2003년에는 로빈 과 함께 『새로운 경영관리모델Beyond Budgeting』이라는 책을 완성했다. 이 책 에는 앞서 언급한 '숫자보다는 사업에 치중하는 관리모델'을 채택하려는 기업들이 실행지침으로 삼을 수 있는 열두 가지 원칙을 담고 있다. 이 원 칙들은 주로 얀 발란더Jan Wallander 박사의 철학과 그가 1970년대에 스웨덴 의 은행인 스벤스카 한델스방켄Svenska Handelsbanken에서 정립한 관리모델을 토대로 만든 것이다.

우리가 BBRT를 설립한 이후 많은 회원 기업이 탄생하고 또 사라져갔 다. 몇몇 기업은 단지 호기심만 보이다 말았고, 몇몇 기업은 자신들의 성 과관리 시스템에 일부만 손을 대고서도 유용한 변화를 이끌어냈으며, 몇 몇 기업은 우리가 제시한 새로운 경영관리 원칙 전체를 채택해 성과관리 시스템과 기업문화를 혁신적으로 변화시켜나가고 있다. 아메리칸 익스프레스American Express, 슈나이더 일렉트릭Schneider Electric, 스코티시 엔터프라이즈Scottish Enterprise, 텔레콤 뉴질랜드Telecom New Zealand, UBS, 유니레버Unilever, 세계은행World Bank 등과 같은 조직은 우리와 함께하며 습득한 지식과 경험을 통해 정도의 차이는 있지만 모두 의미 있는 결과를 얻었다. 예를 들면 이 기업들은, 우리 그룹에 참여하면서 단순히 롤링 예측rolling forecast이나 균형성과표balanced scorecard 같은 것들을 기존의 예산 중심 시스템에 도입하는 일 자체만으로는 충분한 개선이 이뤄지지 않는다는 사실을 배웠다. 기존 프로세스에 새로운 요소를 더하는 경우, 그 통합은 일관되고 매끄럽게 이루어져야 한다.

대개 기업의 리더들은 이와 같은 메시지에 공감한 반면, 많은 CFO들은 자신이 알고 있는 것을 계속 고수하려고 했다. 그들과 깊이 있는 대화를 나눠보고 나서야 나는 그들이 가진 문제의 성격과 범위를 이해할 수 있었다. CFO들은 세부 업무들과 복잡성에 짓눌려 있었고, 여기에 외부의 규제 변화가 계속해서 그들을 뒤흔들고 있었다. 그 결과 이들에게는 실질적으로 성과관리 시스템을 개선하는 데 쏟을 시간과 여력이 거의 남아 있지 않았다. 그동안 많은 CFO가 IT 기업에서 제공하는 최신 소프트웨어를 이용해 중앙통제를 강화해온 데에는 다 이유가 있었던 것이다.

이것이 바로 내가 이 책을 쓰게 된 이유 중 하나다. 나는 CFO를 위한 새로운 비전을 제시하고 싶었다. 재무조직이 주도적인 태도로 움직일 수 있게 해주는 비전, 목표 수치와 성과향상계약을 가급적 배제한, 더욱 적응력 높은 시스템을 구축하게 해줄 뿐 아니라 관리자들을 과도한 세부 업무와 복잡성, 세세한 관리방식에서 구출해내어 의미 있는 성과 개선에 집중할 수 있게 이끌어줄 비전 말이다.

이 책은 또한 최근 많은 이들이 던지는, 재무운영의 성과와 관련된 여러 질문에 대한 답도 담고 있다.

"어떻게 해야 업무량을 줄이고 핵심과제에 집중할 수 있을까?"

"관리자들이 더욱 신속하게 움직이고 대처하게 할 방법은 무엇인가?"

"우리가 가진 자원을 최고의 투자기회와 연결하는 데 항상 성공하려면 어떻게 해야 하는가?"

"성과측정을 개선할 방법은 무엇인가?"

"조직 전반에 걸쳐 다양한 영역의 리스크를 관리하는 방법은 무엇인가?"

"최고 수준의 재무조직이 되기 위해서는 어떻게 해야 하는가?"

이와 같은 질문들은 CFO가 늘 고민하는 것들이다. 그뿐 아니라 이 책은 CFO에게 성과관리라는 영역 전반에 걸쳐 새로운 사고방식과 행동을 택하기 위한 폭넓은 지침도 제공한다.

이 책에서 제시하는 'CFO를 위한 새로운 비전'은 전통적인 관점을 따르지 않는다. 또 성과 개선이라는 영역의 중심에 경영관리도구들과 IT 시스템을 놓지도 않는다. 그 대신, 프로세스를 단순화하고 관리자들이 비즈니스 개선에 더 책임감 있는 자세로 임하게 하는 데 초점을 맞춘다. 이렇게 하는 목적은 관리자들이 신중한 결정을 내릴 수 있도록 더 많은 시간과 자유를 주는 데 있다. 이 과정에서 재무관리자들은 언제나 다른 관리자들 곁에서 성과와 관련된 중요한 통찰력을 제공함으로써(이와 동시에 독립적인 관점을 유지하면서), 그들이 평균을 뛰어넘는 뛰어난 의사결정을 내리도록 돕는 파트너 역할을 해야 한다.

BBRT의 동료들을 포함한 많은 이들의 도움과 지원이 없었다면 이 책은 결코 완성될 수 없었을 것이다. 로빈 프레이저, 피터 번스, 스티브 플레이어Steve Player, 닐스 플레징Niels Pflaeging에게 감사를 전한다. BBRT에 몸담고 있는 다른 동료들 역시 지원을 아끼지 않았다. 특히 매튜 리치Matthew Leitch와 척 혼그렌Chuck Horngren에게 깊은 감사를 전하고 싶다.

재무운영을 성공적으로 변화시킨 많은 재무 리더들을 인터뷰할 수 있었던 것도 커다란 행운이었다. 그들의 뛰어난 통찰력은 이 책의 기반이 되어주었다. 심심한 감사를 다음 분들에게 전한다. 텔레콤 뉴질랜드의 CFO 마르코 보고이브스키Marko Bogoievski, 아메리칸 익스프레스(미국)의 CFO 게리 크리텐던Gary Crittenden, 스벤스카 한델스방켄(스웨덴)의 CFO 레나트 프랭크Lennart Francke, 톰킨스Tomkins PLC(영국)의 CFO 켄 레버Ken Lever, 코그노스Cognos Inc.(캐나다)의 CFO 톰 맨리Tom Manley, 유니레버(영국)의 재무변화 리더 스티브 몰리지Steve Morlidge, 르노Renault(프랑스)의 CFO 티에리 무롱게 Thierry Moulonguet, GE캐피털GE Capital(미국)의 CFO 짐 파크Jim Parke, 슬림패스트Slim-Fast(미국)의 전 CFO 칼 창Carl Tsang, 도요타 노스아메리카Toyota North America(미국)의 제너럴매니저 글렌 우밍거Glenn Uminger, 세계은행(미국)의 CFO 존 윌턴John Wilton, 캐나다 임페리얼상업은행Canadian Imperial Bank of Commerce 의 CFO 톰 우즈Tom Woods.

아울러 하버드 경영대학원 출판사Havard Business School Press의 자크 머피 Jacque Murphy에게도 고마움을 전하고 싶다. 그녀의 지속적인 도움과 안내가 아니었다면 내 생각은 이 책으로 탄생하지 못했을 것이다.

모쪼록 이 책으로 많은 CFO들이 주주가치라는 환영만을 좇는 것이 아니라 관리자들이 변화에 적응하도록 돕고, 성과 개선에 관한 통찰력을 제공하고, 높은 윤리적 기준들을 받아들임으로써, 자신이 이끄는 팀원들과 더불어 조직에 진정한 가치를 더할 수 있게 되기를 바란다.

영국 베일든에서
제러미 호프

• 차례

일러두기

1. 345~357쪽의 주(註)는 원문의 주석입니다.
2. 본문의 각주는 옮긴이가 부연한 것입니다.

INTRODUCTION
서론

후기 자본주의 사회에서는 어떤 지식을 가진 누구라도 매 4~5년마다
새로운 지식을 습득해야 할 것이다. 그렇지 않으면 결국 도태되고 말 테니까.

피터 드러커_「후기 자본주의 사회」

너무도 많은 CFO들이 피터 드러커의 조언에 귀를 기울이지 않았다. 자신의 지식을 꾸준히 업데이트하지 않은 것이다. 결과적으로 그들은 과거에 특정 역할을 위해 개발된, 빠른 속도로 쓸모가 없어지고 있는 기능 부적응 시스템과 가치체계의 포로가 되어버렸다. 많은 사람이 다른 부서 사람들과 거의 교류하지 않은 채로 회계부서에서만 경력을 쌓았다. 거래를 기록하고, 예산을 관리하고, 회계보고서를 제시간에 맞춰 제출하고, 세금환급을 준비하는 데만 집중하면 그만이었다. 비즈니스를 운영하는 팀의 한 부분이 되길 기대받지도 않았다. 더불어 현업 실무진도 굳이 그들의 조언을 구하려 하지 않았다. 과거에 CFO는 그저 예산차이budget variance나 지출 승인에 관한 사소한 질문에만 집착하는, 별반 도움이 되지 않는 존재로 여겨졌다. 그러나 오늘날 CFO는 사업 전반을 꿰뚫고 있는 비즈니스 제너럴리스트Business Generalist◆이며 리스크 관리의 전문가이자 사업 관련 정보의 원천으로 역할을 할 수 있는 인물이 맡는 것으로 기대되고 있다. 이제 CFO는 CEO가 사업성과와 관련해 궁금해하는 어떠한 질문에도 즉각적인 대답을 내놓을 수 있고 통상적으로 인력 감축이 따르는 비용절감과 같은 새로운 도전들에도 대응할 수 있는 존재로 기대되고 있다는 얘기다.

한편, 이런 식으로 가중된 역할에 압박감을 느끼는 CFO들은 결국 떼를 지어 직업을 버리는 양상을 보이고 있다. 최근 ≪뉴욕타임스New York Times≫에 실린 '그 모든 CFO는 어디로 사라졌는가?'라는 제목의 기사에서 한 CFO는 자신과 같은 입장에서 일을 하고 있는 동료들의 심리적 부담감에

◆ 비즈니스 전반에 대해 잘 알고 있는 전문가라는 의미로 사용되었다.

대해 이렇게 털어놓았다. "지난 수년간 나는 결점투성이인 전략들을 변호하고, 내 가치관과 부합하지 않는 가치를 위해 일하며, 엄청난 부담감 속에서 성과를 내야 하는 최고경영자들과 이사회에 대해 책임을 지는 데에 진절머리가 났다."[1] 2004년 11월에 이르는 3년 동안 《포천Fortune》 선정 500대 기업의 CFO 중 225명이 직장을 떠났다.[2] 이러한 업무상의 불만족은 재무를 담당하는 다른 동료들에게도 점차 확산되는 추세이다(2004년 설문조사에 따르면, CFO 34%가 2년 내에 직업을 바꾸려 계획하고 있다고 답했다).[3] 그들은 업무를 끝내기 위해 종종 야근을 할 뿐 아니라 주말에도 쉬지 못하는 경우가 많다(2004년도의 주당 평균 근무시간은 53시간으로, 2002년도의 49시간보다 4시간 증가했다).[4] 재무임원 중 62%가 직장에서 '굉장히' 또는 '아주 굉장히' 스트레스를 받고 있다고 답했고, 68%는 2년 전과 비교해서 훨씬 많은 업무 스트레스를 받고 있다고 말했다.[5] 또한 63%가 일에 대한 중압감이 건강에 부정적인 영향을 미치고 있다고 답했다. 그리고 약 40%는 지나친 업무 규제와 인원 감축이 직장생활을 우울하게 만들어가고 있다고 불평했다.[6]

재무 관련 일자리는 전반적으로 줄어든 반면, 업무량은 그대로 남거나 어떤 경우에는 오히려 증가하기도 했다. 문제점 중 하나는 새로운 기술이 재무업무를 단순화하기보다는 더 복잡하게 만들고 있다는 사실이다. 관리자들은 관련성 없는 데이터들과 단지 그럴싸해 보이는 척도들에 압도되고 있다. 대부분의 기업이 전사적 자원관리Enterprise Resource Planning(ERP) 시스템, 즉 고객의 주문을 받는 것부터 결제대금을 수납하는 과정까지의 모든 관련 업무를 다루는 전사적으로 통합된 회계 및 관리 정보 시스템에 투자했는데도, 상당수는 단순히 비효율적이고 비효과적인 프로세스들을 자동화하는 데 그쳤을 뿐이다. ERP로 얻을 수 있는 잠재적인 이득이 모두 상실된 상태라는 의미다. 한 가지 분명한 것은 CFO의 가용자원이 더 이상 늘릴 수 없는 한계점에 다다랐다는 사실이다. 재무기능은 최근 몇 년 사이에 집중적인 벤치마킹의 대상이 되어, 이제는 더 나은 개선점을 찾을 수 없을 정도로 모든 게 드러난 상황이다(수익revenue✦ 대비 평균 재무비용 이 과거 10년 사이에 반으로 줄어들었다). 이렇게 축소된 재무조직의 3분의 2 는 새로운 시스템을 구현하는 동시에 기존의 거래처리 시스템을 지키려고 고군분투하고 있다.

현실이 이렇게 암울하지만 진정한 차별화를 이루어냄으로써 조직의 성 공에 기여한 훌륭한 CFO의 사례도 많다. 이러한 CFO들(그들 중 일부를 곧 이 책에서 만나게 될 것이다)은 복잡하지 않고 일관된 방식으로 경영진의 요 구에 부응하는 매우 유능한 팀을 구성했다. 그들은 전략경영팀의 필수적 인 존재로 인식되는 동시에, 독립적인 관점을 유지하며 내부통제 및 리스 크 관리 시스템을 효율적으로 감독하고 있다. 그리고 무엇보다 중요한 것 은 그들에게는 동료를 포함한 자신의 사람들 그리고 중간 관리자들과 투 자분석가를 포함하여 중요한 이해관계자들과 함께 보낼 시간이 있다는 사 실이다.

✦ 매출액에 매출 이외의 수익을 더한 포괄적 개념이며, 수익에서 비용을 차감한 잔액이 이익이다.

CFO는 왜 중압감을 느끼는가

'CFO의 새로운 역할'과 '재무의 변혁'을 이야기하기 전에 CFO들이 견뎌내는 중압감을 이해할 필요가 있다. 이런 중압감은 두 가지 이유에서 비롯된다. 한 가지는 새로운 경쟁적 성공 요인들의 부상과 새로운 규제 환경, 그리고 주주들의 요구 증가 등과 같은 외부환경의 광범위한 변화에 따른 것이고, 다른 한 가지는 경쟁이 더욱 치열해진 시장과 고객 니즈needs의 변화와 같은 도전들에 대응할 수 있는 더 나은 정보와 지원에 대해 기업 내부에서 강한 압박을 받는 경영자들의 요구 변화 때문이다.

외부의 압력

1980년대까지 수십 년 동안 CFO의 세계는 크게 변하지 않았다. 그때는 모두 성공이란 것을 손익계산서의 건전한 자본수익률이 뒷받침하는 빌딩과 공장, 재고자산, 매출채권 등으로 가득 찬 대차대조표의 관점에서 바라보았다. 또한 연간계획 수립 프로세스가 무엇을 만들어 팔아야 하는지 결정했고, 사람들에게 언제까지 무엇을 달성해야 하는지 알려주었다. 지식은 본사에 축적되고 본사에서 가장 최적으로 배치하는 것으로 여겨졌다. 그러나 기업의 성공에 대한 이러한 관점은 힘의 균형이 생산자에서 소비자로, 그리고 고령화된 임원에서 젊고 능력 있는 관리자로 옮겨 가면서 급격하게 변하지 않을 수 없었다. 제너럴 일렉트릭General Electric의 전 CEO 잭 웰치Jack Welch는 이러한 풍토 변화를 다음과 같이 요약했다.

우리는 지난 세월 동안 시대에 걸맞은 경영조직을 구축해왔고, 그 결과물은 경영대학원의 칭송을 받을 수준이 되었다. 조직의 각 부문, 전략적 사업 단위, 그룹, 산업분야 등 모든 것이 섬세하고도 계산된 의사결정을 내리고, 그 결정들을 매끄럽게 발전시키도록 고안되었다. 그리고 이러한 시스템은 매우 우수한 성과를 안겨주었다. 그러나 그것은 1970년대에는 적합했지만 1980년대에 들어서는 점점 그 약점이 늘어났고, 1990년대에 이르러서는 죽음의 묘지로 향하는 티켓이 되고 말았다.[7]

실로 그 묘지는 1970년대와 1980년대에 탁월한 성과를 올렸던 기업들이 풍토 변화에 적응하지 못함으로써 안식에 이르는 장소가 되었다. 톰 피터스 Tom Peters와 로버트 워터먼 Robert Waterman의 1982년 저서 『초우량 기업의 조건 In Search of Excellence』에 이름을 올렸던 36개의 '탁월한' 기업 중 유사한 기준을 적용한 2002년 ≪포브스 Forbes≫ 선정 100대 기업 목록에 남은 기업은 월마트 Wal-Mart와 IBM, 단 2개뿐이었다.[8]

새로운 성공의 동인   이제 기업의 성공은 더 이상 물적 자산이나 금융 자본에서 비롯되는 게 아니라 지적 자산 또는 인적 자본에 기인한다는 것을 많은 CFO들이 깨닫고 있다. 산업화 시대에는 성장의 주된 제약조건들이 자본과 유통채널에 대한 접근성에 있었다면, 정보화 시대의 주요 제약 조건은 유능한 인재와 정보화 시스템이라 할 수 있다. 오늘날 시장에서 성공하려면 조직은 외부의 새로운 기회와 위협에 즉각적으로 반응해야 하고, 인재를 끌어들여 보유해야 하며, 혁신적인 제품과 전략을 창출해야 한다. 또 지속적으로 운영상의 탁월성을 향상해야 하며, 적합한 고객을 끌어들이고 유지해야 한다. 성과관리 시스템의 영향이 광범위할 수밖에 없는 상황이다. CFO들은 관리자가 이와 같은 새로운 성공의 동인에 집중할 수 있도록 자신들의 계획수립 및 자원배분 방식, 성과측정 시스템을 재고해 볼 필요가 있다. 시장이 급속히 변화하고 고객이 마우스 클릭 한 번으로 기업에 대한 충절을 바꾸는 상황에서 무엇을 만들어 팔지 12~18개월 전에 미리 계획하는 것은 아무 의미가 없다. 성과에 영향을 미칠 수 있으려면 경영자들은 현재(다음 달 7일이 아닌 바로 지금) 그들의 위치가 어디인지 파악하고 이후 6~12개월 동안의 상황을 예상해볼 필요가 있다. 이러한 것들이 대부분의 CFO가 직면한 도전적 요구사항들이다.

새로운 규제 환경 최근 몇 년 사이에 봇물 터지듯 쏟아진 기업지배구조 관련 스캔들은 자기 과신에 빠져 있던 재무 세계의 중심까지 뒤흔들었다. 마치 금융 쓰나미처럼, 그 해일은 먼저 엔론Enron과 월드컴WorldCom, 타이코Tyco 등과 같은 미국 기업들을 덮쳤고, 이 과정에서 세계적 회계법인인 아더 앤더슨Arthur Anderson을 몰락시켰으며, 다시 세계를 돌아 이탈리아의 파르말라트Parmalat와 호주의 HIH, 프랑스의 비방디Vivendi, 네덜란드의 아홀드Ahold 등과 같은 기업들까지 초토화했다. 이러한 문제들은 세계 각국의 정부와 규제기구들이 행동에 나서는 결과를 초래했다. 가장 대표적인 사례가 바로 미국의 사베인스-옥슬리법Sarbanes-Oxley Act(SOX)◆이다. 이 법은 CEO와 CFO 양자가 분기 및 연간 재무제표를 개인적으로 인증할 뿐 아니라 그 정확성에 대해 책임까지 지도록 강제하고 있다. 이로 인해 CFO들은 거의 모든 거래와 대화를 기록하고 문서화할 정도로 내부통제와 보고

◆ 우리나라는 이를 참조하여 내부회계관리제도를 도입했으며 유사한 내용을 법제화했다.

절차를 강화하지 않을 수 없게 되었다. 이 법은 또한 재무상태나 운영상에 중대한 변화가 발생하는 경우 임원들이 반드시 "당장 그리고 신속하게"(예컨대 근무일 2일 이내에) 그 내용을 공시하도록 요구한다. 이러한 규제들은 많은 시간과 비용을 빼앗았으며, 긴박한 필요가 발생해도 경영진이 재무팀의 자원을 적절히 활용하지 못하게 만들었다(그런데도 내가 한 인터뷰에서는 대부분의 CFO가 SOX 작업의 상당 부분이 불가피한 것이라는 견해를 밝혔다).

여기에 국제적인 회계표준기구들이 가세해 갖가지 기준을 공표함으로써 규제상의 부담을 급격히 가중시켰다. 특히 재무보고의 기준을 국내 수준에서 국제 수준으로 전환한 것이 명석한 재무관리자들의 부족한 시간을 더욱 줄어들게 했다. 게다가 CFO들은 냉정한 외부 투자자들과 상담하는 데에도 전보다 더 많은 시간을 할애해야 한다. 사업과 관련된 근본적인 변화가 없는데도 새로운 규제들로 인해 서류상의 수익은 줄어들 수밖에 없는 이유를 설명해야 하기 때문이다. 그러나 투자자들에게 주당순이익 대신 현금흐름cash flow에 주목해줄 것을 당부하는 CFO의 메시지는 '쇠귀에 경 읽기'로 끝나는 경우가 대부분이다.

갈수록 요구가 많아지는 주주들 과거에는 주주들이 연례 주주총회에도 거의 모습을 드러내지 않고 좀처럼 발의를 주도하지도 않는, 꽤 수동적인 무리였다. 그러나 이제 그들의 반격과 함께 주주 행동주의가 시작되고 있다. 오늘날 투자자들은 현재와 미래의 성과에 대해 더 많은 정보를 요구할 뿐 아니라 매년 열리는 주주총회에서 이사회의 제안에 이의를 제기할 만큼 전보다 철저히 준비한다. 투자자책임리서치센터 Investor Responsibility Research Center에 따르면 미국의 기업들에 대한 주주들의 제안서 제출이 2002

년 800건에서 2004년에는 1,126건으로 증가했다. 이러한 투자자 급진주의라는 새로운 물결에 재무임원들은 적잖이 당황하고 있는 상황이다. 최근의 설문조사에 따르면 재무임원들의 53%가 전례 없이 많은 시간을 주주들에게 빼앗기고 있다고 답변했고, 단지 11%만이 주주 행동주의자들의 권고를 채택하는 것이 투자자를 위한 가치를 창출하는 자신들의 역량을 향상해줄 것이라 믿었다.[9] 오늘날의 CFO들은 의사소통에 능란해져야 할 필요가 있다. 특히 기업의 전략과 회계 결과가 의미하는 바에 관해 투자자와 분석가, 금융 저널리스트들과 논의해야 하는 상황에서는 더욱 그렇다.

내부의 압력

CEO와 이사회 임원들은 종종 재무가 하는 일이 무엇이고 그것이 어떤 식으로 가치를 부가하는지 등과 같은 곤란한 질문을 던져왔다. 심지어 몇몇은 "회계는 필요하지만 정말로 회계 전담직원도 필요합니까?"라거나 "회계 서비스를 세탁이나 출장연회처럼 이용할 수는 없는 겁니까?"라고 묻기도 한다. 이에 대해 "회계를 준비하려면 당연히 우리가 있어야 하지요"라든가 "우리는 항상 강력한 재무기능을 보유해왔습니다", "200명이나 되는 재무인력이 여기서 일하고 있으니, 가치를 부가하고 있는 게 분명합니다"라고 말하는 것은 더 이상 충분한 답변이 되지 않는다.

CFO들은 이런 신랄한 비평을 가만히 앉아서 수용하지만은 않았다. 프라이스워터하우스◆의 재무 및 원가관리팀이 1997년에 쓴 『CFO: 기업의

◆ 현재의 프라이스워터하우스쿠퍼스(PricewaterhouseCoopers: pwc)로, 우리나라에서는 삼일회계법인이 네트워크 회사(Network Firm)이다.

미래에 대한 건축가Architect of the Corporation's Future』』*라는 책은 변화에 대한 CFO들의 염원을 잘 드러냈다. 그 책은 설문조사 결과를 인용하면서 향후 3년 동안 재무비용이 상당히 줄어들 것이며, 재무운영 업무에서 의사결정을 지원하는 부분이 10%에서 약 50%까지 높아질 것이라고 전망했다.[10] 현재 시점에서 이 예측을 되짚어보면 첫 번째는 정확히 적중했음을 알 수 있다. 기업의 평균 재무비용은 수익 대비 약 3%에서 1% 수준으로 감소했다. 하지만 두 번째 예측은 크게 빗나갔다. 실상, 재무운영 업무에서 의사결정 지원이 차지하는 비율은 거의 변하지 않았다(여전히 기업 평균 11% 수준에서 유지되고 있다).

이사회 구성원 대부분이 재무비용이 줄어든 데 만족하는 한편, 조직의 다른 부문들은 그들이 받는 열악한 지원 수준에 전혀 개의치 않고 있다. 재무조직의 성과가 형편없다는 증거는 넓은 범위에 걸쳐 나타난다. 실제로 지난 5년간 재무와 관련된 조사나 벤치마킹 연구는 여타의 직능보다 훨씬 빈번하게 진행되었다. 또한 금융 저널과 컨설턴트들은 재무운영에 관해 정기적인 조사를 실시하고 있다. 이러한 조사들이 항상 엄격히 진행되는 것은 아니지만, 워낙 많은 조사가 비슷한 결과를 내놓는 까닭에 형편없는 성과에 대한 일관되고 믿을 만한 그림이 그려지고 있다. 조사는 한결같이 재무운영에 너무 많은 세부항목과 복잡성이 존재하고, 의사결정 지원을 위한 시간이 부족하며, 예측능력이 불충분하고, 비용절감 방법에 대한 이해가 부족하며, 측정기준이 너무 많고, 리스크 관리에 관한 전문지식이 부족하다는 사실을 보여준다.

◆ 우리나라에서는 'CFO: 기업가치 창조의 리더'라는 제목으로 번역, 소개되었다.

너무 많은 세부항목과 복잡성　기술 '대역폭'은 매년 넓어지고 있으며, 그에 따른 조직 전반의 데이터 흐름은 경영자의 데이터 인지능력을 압도해가고 있다. 2003년 말 158명의 기업 경영자를 대상으로 한 설문조사에 따르면, 조사대상자 중 절반이 자신의 사업에 필요한 정보의 양이 전년에 비해 적어도 2~3배 늘어났다고 답했다.[11] "숲은 보지 못하고 나무만 본다"라거나 "정보의 홍수 속에서 허우적대고 있다", "세부항목에 치여 살고 항상 지식이 부족하다고 느낀다" 등이 일반적인 대답들이었다. 그리고 이 문제는 조직 전반에 일상적으로 흐르는 거의 모든 문서(이메일을 포함한)를 보관하도록 강제한 SOX법이 통과된 이후 계속 악화되고 있다. 한 전문가는 기록되는 데이터 중 10~30%는 부정확하거나 일관성이 없으며 형식이 잘못 정해지거나 잘못된 부분에 입력되고 있고, 따라서 그 저장과 검색에 어떤 문제가 따를지 충분히 상상할 수 있다고 말한다.[12]

'베스트 프랙티스best practice(BP)' 기업들이 단일 플랫폼을 토대로 표준화를 이루고 있는 반면, 일반적인 대기업들은 평균적으로 각기 다른 10개의 회계원장 시스템, 12개의 예산수립 시스템, 13개의 보고 시스템과 씨름하고 있다.[13] 게다가 이 시스템들 내에는 또 너무 많은 계정이 존재한다. 영국의 한 대기업은 총계정원장상 5,000개가 넘는 계정을 보유했지만, 데이터 흐름을 조사해본 결과 1년에 두 차례 이상 기입된 계정은 250개에 불과했다. 문제는 이 계정이 각각 예산수립 및 보고 시스템에서 구성요소 역할을 하며 추가적인 분석이나 관리자의 업무량에 중요한 영향을 미친다는 점이다. 이렇게 세밀한 수준을 유지하는 이유 중 하나는 하위 관리자들이 세부적인 질문을 받을 경우 곤란한 상황에 처하게 되길 원치 않기 때문이다. 다시 말해서 정작 조직이 어디를 향해 가고 있는지, 경영자들은 조직의 전략에 부합하는 적절한 조치를 취하고 있는지 등에 더 신경을 써야 하는데도 불구하고 이사회 구성원들이 사소한 질문들, 예컨대 어째서 이번 분기 통신비가 책정된 예산보다 더 많이 지출되었는지 등에 대한 답변을 요구할 때가 너무 많기 때문이다.

세밀함과 복잡함을 증가시키는 주요 동인 중 하나는 연간계획 수립 및 예산편성 과정이다. 전형적인 기업의 경우 이러한 과정을 처리하는 데 통상적으로 걸리는 시간이 전략수립에 4개월, 재무계획 수립 및 예산편성에 5개월로, 모두 9개월에 달한다.[14] 한 글로벌기업의 고위 경영자는 이 문제에 관해 다음과 같이 말했다.

> 475쪽 두께에 무게만 해도 3.5kg에 달하는 우리의 예산편성 매뉴얼은 산림파괴의 주원인이다! 수천 개의 예산중심점이 존재하고 이를 합계해내려면 9개월이 걸릴 뿐 아니라 경영관리 시간의 약 20%를 잡아먹는다(우리는 여기에 드는 연간 비용이 약 3,000만에서 3,500만 유로에 이른다고 추정하고 있다). 이 모든 것이 직원들의 행동방식을 크게 왜곡시키고 모두의 시간을 낭비하게 할 뿐이다.

세부항목이 많을수록 정확성이 높아진다는 믿음이 널리 퍼져 있다(대기업들의 연간계획 수립에는 평균 372개의 항목이 들어간다).[15] 하지만 이는 말이 되지 않는 논리다. 적절한 성과 동인을 찾고 집중하는 것이 세밀한 예산수립과 예측에 수주일 또는 수개월의 시간을 투자하는 것보다 훨씬 더 중요하기 때문이다. 예산수립 또는 예측이라는 피라미드의 하부에 잘못된 추정이 존재하면, 그것이 상부의 다른 추정들에 거듭 영향을 미침에 따라 기하급수적으로 커지는 오류가 발생할 수 있다. 최상의 재무기능을 갖춘 기업은 계획수립 시간의 44%를 예측과 액션플랜action plan에 할애한다. 이에 반해 일반적인 기업들은 고작 20%만 쓴다.[16] 세부적이고 복잡한 계획수립 및 예산편성 시스템은 재무전문가와 운영 관리자들이 핵심 사안에 집중하기 어렵게 하는 요인이 된다.

의사결정 지원을 위한 시간의 부족 벤치마킹의 압력 아래에서 재무조직이 축소된 상황인데, 거래처리(예를 들면 매입채무·매출채권, 출장비용, 고정자산, 외상거래, 수금, 청구서 발행, 일반회계, 외부 보고, 프로젝트 회계, 원가회계, 현금관리, 세무회계·보고, 급여처리 등)보다는 의사결정 지원활동(비용분석, 사업성과 분석, 새로운 사업·가격정책 분석, 전략계획 지원 등)에 더 많은 자원을 할당해야 한다는 목표를 깨달은 CFO는 거의 없다.[17] 재무조직들은 평균적으로 업무시간의 66%를 거래처리에 쓰고 의사결정 지원활동에는 불과 11%만을 쓴다(최고의 재무조직들은 각각 50%와 20%를 사용하는 것과 대조적이다).[18] 또 평범한 기업의 애널리스트들이 표준화된 보고서를 작성하기 위해 자료를 수집하는 데 업무시간의 51%를 쓰는 데 반해, 세계 최고 기업의 애널리스트들은 단지 13%만 쓴다.[19] 자사의 재무조직이 의사결정 지원을 훌륭하게 수행하고 있다고 생각하는 경영진이 불과 37%밖에 되지 않는 것은 그리 놀라운 일이 아니다(54%는 평범한 수준이라고 대답했고 9%는 형편없다고 대답했다).[20] 이러한 상황이 초래된 원인 가운데 하나는, 재무조직이 기존의 것들은 버리지 않고 새로운 측정기준과 보고 내용만을 추가한다는 점이다. 그리고 분석 코드들과 보고서들은 그것이 처음에 필요했던 이유가 기억에서 사라진 지 오래되었음에도 계속 시스템 내에 남아 있다.

반복되는 업무를 줄이고 의사결정 지원에 더 많은 시간을 할애하기 위한 한 가지 방법은 기술을 효율적으로 활용하는 것이다. 그러나 재무조직들은 그렇게 해오지 못했다. 대개는 시스템의 2%만이 완전히 통합되고 69%는 부분적으로만 통합되며 29%는 전혀 통합되지 않는다(다시 말해 다양한 내력을 지닌 시스템들로 구성되어 있다).[21] 이는 곧 데이터를 재입력하는 데 많은 시간이 소요됨을 의미한다. 해켓그룹Hackett Group의 재무임원인 코디 체널트Cody Chenault는 "많은 이들이 사업성과에 대한 통찰력을 제공하는 일보다는 스프레드시트를 만들고 바꾸는 일로 하루의 대부분을 보내고 있다"라고 일침을 가한다.[22]

불충분한 예측능력 많은 CFO들이 연간예산 수립보다는 정기적인 예측에 더 집중하기 위해 노력하고 있다. 그러나 한 건의 예측을 완료하는 데 평균 15일이 걸린다. 어떤 글로벌기업에는 75단계의 검토 및 통합 과정이 있었다. 결과적으로 예측 내용을 산출하는 데에 엄청난 시간과 노력이 소요되었다. 세부항목이 너무나 많았던 나머지 한 사업단위에 대해서만 연인원 585명이 8주가 넘는 시간 동안 매달렸으며,* 거기서 도출된 예측 내용은 곧 시대에 뒤떨어진 것이 되고 말았다. 예측 결과를 도출하는 데 시간이 너무 많이 걸렸을 뿐 아니라 그 수준도 기대에 미치지 못했다.[23] 2004년도 조사에 따르면, 예측업무에서 재무조직이 도움이 된다고

---

* 8주가 넘는 시간 동안 585명분의 근무시간이 투입되었다는 의미로서, 약 10명이 휴일까지 포함해서 8주 이상 매달렸다는 것과 같은 뜻이다.

대담한 경영진은 21%에 불과했다(25%는 재무조직에서 전혀 기대할 것이 없다고 답했다).[24] 예측 시스템의 시야가 협소한 것도 또한 문제다. 대부분 다음 회계연도를 넘어서 내다보는 전략적 검토를 포함하기보다는 목표 수치들을 따라가는 데에만 급급한 실정이기 때문이다.[25] 예측 내용의 통합에도 너무 많은 시간이 걸리고, 가변적인 방법론과 알고리즘을 포함한 스프레드시트가 너무 많이 포함되는 경우도 빈번하다.

비용절감 방법에 대한 이해 부족 최고의 기업들은 경쟁사보다 낮은 비용을 유지한다. 그들은 다른 평범한 기업보다 재무조직에 들이는 비용이 더 낮다(수익 대비 0.56% 대 1.06%). 그리고 직원 1인당 인력관리 비용도 더 낮으며(1,008달러 대 2,299달러), 직원 1인당 IT 비용 역시 더 낮다(391달러 대 661달러).[26] 이러한 차이가 나타나는 요인 중 일부는 구조적인 측면과 관련된다. 예를 들면 낮은 비용을 유지하는 기업은 수직적 조직구조를 수평화하고 거래처리를 셰어드서비스센터Shared Service Center(SSC)로 이전한다(또는 외부에 아웃소싱한다). 또 다른 요인들은 프로세스 개선에 있다. 기술을 더욱 효율적으로 사용하고 '예산 보호' 심리를 제거하는 것이다. 비용예산에는 해결해야 할 측면이 많다. 비용예산은 지출 최고한도를 설정하지만 최저한도도 설정하는데, 자존심 있는 관리자라면 싸워서라도 최저한도 이상의 자원은 확보하려 든다. 관리자들은 모든 지출 항목을 정당화할 것이고, 만일 자원이 줄어들면 사업이 곤란을 겪게 될 것이라고 온갖 설명을 가져다 붙일 것이다. 또한 자신들의 주장을 뒷받침하기 위해서 지출 이유가 정당한지 여부를 떠나 마지막 남은 동전까지도 소비할 것이다. CFO들은 조직의 숨은 비용을 더 확실히 인식할 필요가 있다. 예컨대 낮은 품질, 불필요한 업무, 잘못된 업무 배치(또는 불필요한 보상), 무단 결근, 직원들의 이직, 거래처리 시스템의 오류와 재작업, 부적절한 인수 등에 수반되는 비용 말이다. 이런 비용은 예산안이나 손익계산서에는 나타나지 않는다.

　너무 많은 측정기준　측정기준이 계속해서 늘고 있다. 기업들은 매달 평균 132개의 측정치를 최고경영진에게 보고한다(83개는 재무, 49개는 운영과 관련된 것이다).[27] 이 수는 카플란Robert S. Kaplan과 노턴David P. Norton이 균형성과표를 위해 권고했던 것보다 6배 이상이나 많다.[28] 이처럼 측정기준에 집착하는 현상은 대부분의 기업이 균형성과표의 잠재성을 활용하지 못하고 실패하는 주요 원인이었다.[29] 일반적으로 경영 보고서들은 내용이 너무 길고 복잡할 뿐 아니라(대개 수많은 데이터를 포함한다) 관리자들은 그러한 정보의 일부분밖에 활용하지 못하고 있는 실정이다.[30] 이러한 복잡성으로 인해 월말 결산보고가 늦어지고, 조직의 변화는 어떤 것이라도 재무 조직에게는 끔찍한 악몽처럼 여겨질 수밖에 없다. 평범한 기업의 월 결산 기간은 2003년에 평균 5.2일에서 2004년 5.5일로 증가했다. 게다가 월말 결산보고서 작성에 6일이 더 걸리며, 결과적으로 보고서가 나오는 시점은 월말에서 11일이나 지난 때가 된다.[31]

　관리자들은 측정치들의 안갯속에서 길을 헤매고 있다. 정확한 현황과 기업이 나아가고 있는 방향에 대해 유용한 정보를 제공해주는 측정치는 거의 없다. 보통의 기업에서는 측정치의 85%가 내부에서 이뤄지고 75%는 뒤처진 지표들을 기반으로 하고 있다.[32] 그러한 측정치가 실질적인 조치나 행동 변화로 이어지는 경우는 더더욱 드물다. 57%의 기업이 여전히 모든 예산차이를 보고하고 있다.[33] 또 다른 문제는 대부분의 경우 정말 측정이 필요한 사항(예를 들면 고객가치)보다는 쉽게 측정할 수 있는 것들(예를 들면 기능이나 활동 같은 것)에만 초점을 맞춘다는 점이다. 효과적인 측정치는 관리자로 하여금 성과를 제대로 이해하고 개선할 수 있도록 도와주어야 하며, 따라서 관리자가 하는 업무의 필수적인 부분이 되어야 한다. 하지만 이런 요건을 충족하는 측정치는 거의 없는 실정이다. 따라서 학습과 발전이라는 길 역시 요원하다.

리스크 관리에 관한 전문지식 부족 사내 재무임원들이 훌륭하게 리스크 관리를 하고 있다고 생각하는 경영진은 19%에 불과하다.[34] 재무임원 대부분이 예산지침을 지키는 데 과도하게 치중한 나머지 리스크와 불확실성이 의사결정에 미치는 영향에는 충분한 관심을 기울이지 못하고 있다. 재정적 인센티브 때문에 관리자들이 무리한 목표를 추구함으로써 과도한 수준의 리스크를 감수하고 비윤리적 행동을 하는 사례를 빈번하게 목격할 수 있다. 사업부 임원이 받는 보상이 단기이익 인센티브를 통해 결정된다면 그는 회계연도 내에 보상을 받을 수 있는 높은 리스크를 감수할 가능성이 크다. 비용절감이라는 목표를 부여받은 구매담당자는 제품을 대량으로 주문하거나 공급자에게 대금을 늦게 지불하면서, 해당 제품의 낮은 품질이나 많은 재고물량의 유지비용에 대한 책임, 또는 공급자와의 관계 악화에 대한 책임은 피하려고 할 가능성이 있다. 연금 상품 세일즈맨은 고객의 니즈에 맞는 상품보다는 자신에게 높은 수수료가 떨어지는 상품을 팔려고 애쓰기도 한다. 이와 같은 문제 행동은 사악한 관리자 때문에 생기는 것도 아니고, 그 자체만의 고립된 특성을 지닌 사례도 아니다. 그런 행동은 시스템에서 비롯된 것이다. 그러므로 CFO가 전체적인 시스템을 완전히 탈바꿈시킬 필요가 있는 것이다.

CFO를 위한 새로운 비전

나는 지난 12년간 재무관리자들에게 성과를 향상할 수 있는 방법을 가르쳐왔다. BBRT 동료들의 도움과 지원을 받으며 수많은 관리자를 대상으로 강연했고, 다양한 조직, 업계와 국가에 관한 사례연구 보고서를 작성했다. 나는 훌륭한 재무관리 기법과 조직 전체의 성과 사이에 밀접한 상관관계가 있다고 믿어 의심치 않는다. 유럽 기업들을 대상으로 한 최근 조사를 보면, 31개 산업부문 가운데 최고의 CFO와 CEO가 동일한 기업에서 나온 산업부문이 14개다.[35]

그 이유 가운데 하나는 성과관리 프로세스와 경영활동이 서로 연결되어 있기 때문이다. 과다한 목표와 예산계획, 재정적 인센티브, 측정기준 등을 통해 성과를 통제하려는 관리 프로세스를 가진 기업들에는 관료주의적 시스템이나 비전 없는 리더, 의사결정을 믿고 맡길 수 없는 실망스러운 관리자들이 반드시 있게 마련이다. 이런 기업은 대개 평균적이거나 또는 평균에도 못 미치는 장기성장률을 기록한다. 반대로, 명확한 원칙과 가치관의 틀 안에서 의사결정을 돕고 학습과 발전을 지원하는 측정 과정을 갖춘 관리 프로세스를 보유한 기업들에서는, 명령은 가급적 자제하고 최소한의 필요한 지시만 내리는 본사, 비전 있는 리더, 지속적으로 개선되는 성과를 바탕으로 현명한 의사결정을 내리리라고 신뢰할 수 있는 의욕적인

비전 A	비전 B
• 목표, 측정기준, 통제를 증가시킨다.	• 목표, 측정기준, 통제를 줄인다.
• 재무 및 회계전문성을 향상한다.	• 사업 분석 기술을 향상한다.
• 상의하달식의 계획 및 통제를 강화한다.	• 현업 관리자들이 사건·상황에 대응할 수 있게 한다.
• 엄격한 예산계획을 통해 비용을 관리한다.	• 가치를 창출하지 못하는 비용을 제거한다.
• 책임을 강화하기 위한 평가를 한다.	• 학습과 발전을 위한 평가를 한다.
• 더 나은 절차를 통해 리스크를 관리한다.	• 역량을 키움으로써 리스크를 관리한다.

관리자들을 목격할 수 있다. 이러한 조직들은 대부분 해당 업계 내에서 선두 또는 그에 가까운 자리를 지키고 있다.

또한 나는 재무임원들이 모이는 컨퍼런스에 자주 참석하여 개선과 발전에 대한 그들의 비전을 들어본다(이러한 비전은 언제나 컨설턴트와 IT 기업들vendor에 의해 강화된다). 그러한 비전들은 IT 시스템의 힘을 활용하여 상의하달 방식의 재무통제를 강화해야 한다는 내용을 담고 있는 경우가 많다(〈표 1〉의 비전 A). IT 기업들은 빠르고 세분된 분석능력을 강조하여 고객에게 어필한다. 그런 IT 기업의 시스템을 이용하면 지난해와 비교해 올해 2월 셋째 주에 아프리카의 모리타니라는 나라에서 파란색 펜이 얼마나 판매되었는지 알 수 있다. 또 IT 기업의 계획 시스템에 원하는 이익 수치를 입력하면 특정 제품을 얼마나 만들어서 팔아야 하는지 파악할 수 있다.

비전 A는 세밀한 분석과 측정을 토대로 하는 통제 중심의 비전으로서, 대개는 미리 결정된 목표나 예산에 의지한다(이 비전을 따르는 영국 국민보험서비스는 약 750개의 목표를 정해놓고 있으며, 그 가운데 무려 450개가 단 한 해에 추가되었다!). 이는 사람들이 이기심에 따라 움직이고 오로지 '당근과 채찍' 관리 스타일에만 반응을 보인다는 오래된(그러나 우울한) 경제학 이론에 뿌리를 두고 있다. 또한 이는 규모의 경제를 통해, 즉 기업 인수나 경영 합리화, 또는 빈번한 조직 개편을 통해 비용절감을 추구하는 비전이다. 그리고 상호의존적 성과관리 시스템 자체를 문제로 파악하기보다는 발견된 문제를 '고치는fixing' 것 ― 핵심성과지표key performance indicators(KPI)를 이용해 '측정' 측면의 문제를 고치거나, 롤링 예측rolling forecast◆을 통해 '예측' 측면의 문제를 고치는 것 등 ― 을 목표로 삼는 비전이다. 이러한 비전은 '회계 수치를 통한 성과관리'라는 렌즈로 비즈니스 성과 개선을 바라보는 사고방식이 낳은 결과물이다. 에드워즈 데밍W. Edwards Deming은 우리는 훌륭한 성과를 필요로 하지만 "성과 위주의 경영방식은 훌륭한 성과를 얻을 수 있는 길이 아니다. 그것은 마치 특정 결과가 하나의 특별한 원인에서 나오는 것인 양 결과에 초점을 맞추는 행동이다. 결과를 낳은 원인, 즉 시스템에 주목하는 것이 중요하다"라고 말했다.[36] 성과 위주의 관리를 추구하는 사람들은 이익목표bottom-line target에 집중하고, 재무목표 달성이 단기적인 조치들을 정당화할 수 있다고 생각한다. 안타깝게도 그 결과 대개는 복잡성과 업무량만(그리고 비용도) 더욱 증가하고 부적절하고 잘못된 행동방식들이 나타나게 된다.

비전 A와 달리 비전 B(〈표 1〉)는 목표와 통제에 초점을 덜 두며, 임기응변식의 빠른 해결책을 추구하지도 않는다. 비전 B는 재무조직과 경영진 모두의 해방을 이끌어내는 명확하고 단순한 원칙 및 실행지침을 중시한

◆ 월별 또는 분기별로 시행하는 향후 3개월, 12개월이나 18개월에 대한 매출 및 비용 예측. 회사에 따라 실행계획 또는 이동예측이라는 용어를 사용하기도 한다.

다. 이 비전은 이기심이라는 동인動因이 아니라 더 넓은 의미의 신뢰와 협력에 뿌리를 둔다. 이 비전은 재무조직이 하는 모든 활동을 단순화하고, 재무팀원들이 효과적인 의사결정을 지원할 뿐 아니라 다른 관리자들이 성과를 개선할 수 있도록 돕는 통찰력을 제공하도록 이끈다. 이러한 비전을 견지하는 CFO는 성급하고 미숙한 목표들을 제시하여 성과를 이끌어내려고 애쓰기보다는, 관리자들이 프로세스 개선에 집중하도록 적극적으로 독려하는 것이 더욱 효과적이고 지속 가능한 접근법이라고 믿는다. 그러한 접근법은 결국 고객가치를 향상하고 더 높은 수준의 이익률을 달성하게 한다. 이와 같은 접근방식은 관리자들로 하여금 가치를 창출하지 못하는 비용은 제거하고, 측정기준들을 이용해 자신의 업무를 향상하며, 현명하게 리스크를 조정해 의사결정을 내릴 수 있도록 이끈다. 관리자들은 자신의 성과를 동료들이나 전년도의 성과, 벤치마킹 대상 등과 비교해보고 그에 대해 책임을 지게 된다. 비전 B에서 핵심이 되는 것은 **명확성, 단순성, 투명성, 책임감** 같은 단어들이다. 이 비전은 재무조직이 어떻게 하면 가치 있고 신뢰할 수 있는 비즈니스 파트너가 될 수 있는지 그 방향을 제시한다.

이 책은 전 세계의 일류 기업들이 비전 B를 어떻게 실천해왔는지 보여준다. CFO는 때로는 그러한 비전의 옹호자가 될 수 있고, 때로는 그 리더가 될 수도 있다. 아메리칸 익스프레스의 CFO 게리 크리텐던Gary Crittenden이 한 말은 이와 같은 비전을 명확히 나타내고 있다.

이상적인 재무조직은 조정 업무에 거의 시간을 소비하지 않으며 상황을 보고하는 데에도 필요한 최소한의 시간만을 할애한다. 훌륭한 조직에서는 미래에 일어날 일을 예측하고, 회사의 자원이 가장 중요한 기회들에 배치되도록 하며, 회사가 바람직한 통제와 훌륭한 프로세스를 통해 운영되도록 하는 데 자원이 쓰이게 하고자 많은 시간을 들인다.[37]

앞으로 7개 장에 걸쳐 우리는 비즈니스 환경을 성공적으로 헤쳐나가고 재무조직을 효과적으로 변화시키기 위해 CFO와 재무팀원들이 다뤄야 하는 여러 가지 핵심 이슈를 살펴볼 것이다.

■ 제1장 CFO는 자유의 투사다 CFO의 첫 번째 임무는 재무관리자 및 현업 관리자들을 엄청난 양의 세부 업무와 업무량을 가중시키는 복잡한 시스템에서 해방함으로써 고민하거나 분석하는 데에 과도한 시간을 쏟지 않게 하는 것이다. 이를 위해서는 시스템과 측정치, 보고서들을 몰아내고 가치창출에 기여하지 못하는 업무를 제거해야 한다(예를 들어 지나치게 세부적인 계획 프로세스, 불필요한 시스템, 부적절한 보고서 같은 것들 말이다). 또한 귀중한 시간과 비용만 잡아먹고 합리적인 가치를 창출하지 못하는 새로운 도구나 IT 시스템의 도입을 경계해야 한다. 더 높은 가치를 창출하는 업무를 위한 시간과 공간을 마련하는 것은 변화를 외치는 화려한 수사에서 벗어나 실질적인 성과를 일궈내기 위해 반드시 필요한 단계다.

■ 제2장 CFO는 분석가이자 조언자다 재무조직이 세부 업무와 복잡함에서 벗어나면 관리자들이 효과적인 의사결정을 하는 데 필요한 정보를 제공할 수 있는 시간이 생겨난다. 하지만 관리자들이 신뢰할 수 있는 소중한 비즈니스 파트너라고 인식할 수 있는 재무팀을 구성하기 위해서는 그것만으로는 충분하지 않다. CFO는 최고의 인재들을 끌어들이고 유지함

으로써 적합한 팀을 구성하기 위해 노력해야 한다. 사업에 대한 이해도가 높은 직원들이어야만 높은 수준의 분석능력을 발휘하고 개선을 돕는 아이디어를 제시할 수 있기 때문이다. 그런 팀원들이 효과적인 커뮤니케이션을 수행하고 하나의 팀으로서 일할 수 있다. 그들은 조직 전체에 재무적인 지식과 의사결정 능력을 전파해주는 스승이자 멘토 역할을 할 것이다. 또한 기술을 적절히 활용하여 낮은 가치를 창출하는 업무를 제거하고 통제를 향상하며 적시에 정보를 제공할 것이다. 이러한 방식을 통해 재무팀은 가치를 창출하는 서비스와 성과 개선에 관한 통찰력을 제공함으로써 전략회의 테이블에서 자신의 몫을 다할 수 있다. 투자 결정에 관한 확고하고 독립적인 관점 역시 그들의 신뢰도를 높여줄 것이다.

■ 제3장 CFO는 적응형 관리의 설계자다 CFO는 연 단위 사업계획에 따라 획일적으로 운영되는 패턴에서 탈피하여, 지속적으로 계획을 조정하고 실행되도록 하여 관리자들이 더욱 자유로워질 수 있게 해야 한다. 또한 CFO는 계획수립이나 의사결정과 관련된 일부 권한을 일선 팀원에게 넘겨줄 자세가 되어 있어야 한다. 그렇지 않으면 신속한 대응으로 얻은 이점들이 무의미해질 수도 있다. 하지만 통제력이 손상되는 것은 아니다. 사실 관리자들이 과거의 성과에 머물기보다는 빠른 실적과 핵심성과지표, 롤링 예측, 트렌드 분석 등을 이용해 미래의 사건에 영향을 미칠 때 CFO의 통제력은 강화된다. 목표설정 및 성과평가를 위한 시스템 역시 변화시킬 필요가 있다. 연간목표 대신에, 동료나 전년도와 비교했을 때의 상대적 발전을 판단하는 기준들이 성과평가를 위한 중요한 접근법이 되어야 한다. 이를 통해 관리자들은 계획보다는 실제적 관리영역에 집중할 수 있게 된다.

■ **제4장 CFO는 낭비를 막는 전사다** 가치를 창출하기 위한 더 많은 시간이 확보되면, CFO와 재무팀은 오랫동안 방치해두었던 막대한 규모의 비용을 제거하는 데에 집중할 수 있다. 수직적 조직구조를 수평화하고, 거래처리 과정을 집중화·표준화하며, 가치를 창출하는 꼭 필요한 프로젝트만 진행하도록 만드는 것이 중요한 목표가 되어야 한다. 또한 CFO는 '린 싱킹lean thinking'의 교훈을 배우고 현장에서 적용해야 한다. 도요타 생산 시스템의 설계자인 오노 다이이치大野耐一는 린 싱킹을 이렇게 요약했다. "우리는 고객이 주문을 하는 순간부터 우리가 현금을 거둬들이는 순간까지의 타임라인timeline(일정)을 관찰한다. 그리고 그중에서 가치를 만들어내지 못하는 낭비 지점을 제거함으로써 그 타임라인을 단축한다."[38] 모든 프로세스에서 가치를 창출하지 못하는 업무를 없애는 것은 비용을 절감하는 동시에 사이클 및 고객서비스를 향상할 수 있는 길이다. 이러한 비용절감으로 인해 조직이 좀 더 유연해지고 경쟁력을 갖출 수 있다. 그러나 이를 위해서는 이사회를 비롯한 조직 내 핵심인물들의 지원과 협조가 필요하다.

■ **제5장 CFO는 측정의 달인이다** CFO는 측정 과정을 통제하에 두어야 하고 그 의미에 대한 명확한 가이드라인을 제시해야 할 필요가 있다. 모든 단계의 관리자들은 단지 6~7개의 측정지표 정도면 충분하다. 측정지표는 목적과 전략에 적합해야 하고, 하위 관리자들이 학습하고 발전할 수 있도록 하는 데 활용되어야 한다. 측정지표가 목표들과 연계되어서는 안 된다. 연계되는 경우, 관리자들은 더 가치 있는 대안을 찾는 대신 목표를 달성하기 위한 행동에 급급하게 될 것이다. 더 높은 위치에 있는 상부 관리자들은 패턴과 추세를 관찰하고, 자세한 설명을 요하는 비정상적인 현상이나

사건이 목격될 때에만 하위 수준에 개입해야 한다.

■ 제6장 CFO는 리스크 조정자다 CFO는 적절한 통제와 리스크 관리를 위한 효과적인 틀을 제공해야 한다. 이는 기업지배구조 통제, 내부통제, 전략적 통제, 피드백 통제 등을 지원하는 다양한 수단을 이용함으로써 실현 가능하다. 과도한 리스크 감수를 부추기는 압박지점을 파악하고, 그것을 적절하게 다뤄야 한다. 또 개별 부서나 프로젝트에만 집중해 리스크를 관리하는 협소한 방식에서 벗어나, 기업 전체와 프로젝트 포트폴리오에 더욱 폭넓게 초점을 맞춤으로써 리스크를 효과적으로 관리할 수 있어야 한다. 관리자들이 리스크 관리를 투자 제안이 받아들여지게 하기 위해 해결해야만 하는 또 하나의 장애물로 바라보는 시각에서 벗어나, 열린 자세로 미래의 불확실성을 마주하고 거기에 대처할 수 있도록 독려해야 한다. CFO는 리스크 관리가 특정한 전문가들의 영역에만 속하는 것이 아니라 조직 구성원 모두에게 주어진 책무라는 사실을 주지시켜야 한다.

■ 제7장 CFO는 변화의 옹호자다 마지막 장에서는 자신의 재무조직을 변화시킨 CFO들을 살펴볼 것이다. 그들이 어떻게 변화를 주도하기 시작했는지, 어떤 비전과 목표를 세웠는지, 어떻게 조직 내 핵심인물들의 동의를 얻어냈는지, 궁극적으로 어떻게 변화를 이끌어냈는지 살펴본다. 아메리칸 익스프레스, 톰킨스, 세계은행을 비롯한 다양한 조직의 사례를 소개한다.

변화를 향한 여행

변화의 길은 험난한 과정이다. 재무팀에 있는 많은 기존 관행과 시스템에 물음표를 던져야 하기 때문이다. 기존 관행에 내재한 문제점들을 반드시 인식해야 하고, 변화의 여정이 시작되기 전에 거기에 수반될 어려움을 똑바로 직시해야 한다. 이를 위한 가장 좋은 출발점은 변화가 진정으로 의미하는 바가 무엇인지 이해하는 것이다. 아래의 공식은 변화를 위한 여정을 무엇보다도 잘 나타낸다.

변화의 여정을 위한 강력한 공식

$$D \times V \times F \rangle R$$

D: 불만족(Dissatisfaction)
V: 비전(Vision)
F: 신뢰 구축, 핵심인물 동참을 위한 첫 번째 단계(First steps)
R: 변화에 대한 저항(Resistance to change)

불만이 아무리 깊다 하더라도 그 자체만으로는 충분하지 않다. 새롭게 변화하는 조직이 나아가야 할 방향에 대한 강력한 비전 또한 수반되어야 한다. 그러나 이 두 가지 요소에도 다시 세 번째 요소가 추가되어야 한다. 그것은 바로 신뢰를 구축하고 핵심인물을 동참시키기 위해 필요한 첫 번째 단계가 무엇인지 명확히 이해하는 일이다. 변화에 대한 저항을 극복할 수 있을 만큼 이 세 가지 모두가 뚜렷하고 강력해야 한다.

점점 더 많은 조직이 학습과 발전으로 이끄는 조직문화가 조성되도록 지원하는 최고 수준의 재무조직을 만들어나가고 있다. 그 가운데 두드러지는 몇몇 조직을 소개하면 다음과 같다.

■ 알셀Ahlsell 10억 달러 규모의 스웨덴 유통업체로서 수익성 측면에서 꾸준히 업계 최고 자리를 지키고 있다. 지난 8년 동안 23개 기업을 인수했다. 각각의 피인수 기업들은 곧바로 알셀의 독특한 성과관리모델의 일부로 통합되었고, 고정된 목표들이 사라지게 되었다. 실적대비일람표에 개별 사업단위들의 성과를 올리고 있다(대개 자신들의 상대적인 성과가 얼마나 형편없는지 깨닫고 놀란다). 개별 사업단위는 자신의 수익성에 책임을 지고 스스로 의사결정을 내릴 수 있다. 또한 본사의 지원부서와 지속적인 대화가 이루어진다. 분기별 롤링 예측은 각각의 팀들에 의해 준비되어 본사에서 신속히 통합된다. 성과관리 시스템은 중앙통제보다는 자율규제 방식을 지원한다.

■ 아메리칸 익스프레스American Express 290억 달러의 매출을 올리는 미국의 금융서비스 기업으로, 최근 몇 년간 크게 성장하여 현재 동종업계에서 가장 높은 주가수익비율Price/Earning Ratio(PER)을 보이고 있다. 동인에 기반을 둔 롤링 예측에 중점을 둔 효율적인 계획수립 프로세스를 도입했다. 이제는 더 이상 자원을 몇 달 전에 미리 할당하지 않으며, 매달 예측을 통해 각 사업단위의 신청 목록을 바탕으로 자금 지출의 우선순위를 결정한다. 그 결과 자원 요구량을 놓고 조작이나 술수를 벌이는 일이 줄어들고 자금 사용에 대한 책임감이 증가했으며, 재무운영이 회사의 전략과도 잘 조화되고 있다. 또한 이 기업은 많은 데이터센터를 비용이 덜 드는 셰어드서비

스센터로 대체하여 비용을 크게 절감했다.

▪ 코그노스 Cognos 8억 달러의 매출 규모를 지닌 캐나다의 소프트웨어 회사로서 소프트웨어업계에서 가장 빠르게 성장하고 있으며 수익성이 높은 기업 중 하나다. 연속적인 계획수립, 예측, 보고, 통제를 가능하게 하는 기업성과관리 Corporate Performance Management(CPM) 및 비즈니스 인텔리전스 시스템 Business Intelligence System(BIS)의 세계적인 선두기업이다. 최근에 내부 시스템을 개선하여 현재 많은 사용자에게 비즈니스 인텔리전스와 실시간 성과 정보를 제공하고 있으며, 이로써 컴플라이언스 및 통제 시스템을 획기적으로 향상했다.

▪ GE캐피털 GE Capital 전 세계 47개국의 고객과 기업을 상대하는 자산 규모 6,000억 달러의 미국 기업이다. GE캐피털은 미국 최고의 금융회사 가운데 하나로 명성을 얻고 있으며 종종 GE라는 왕관에 박힌 '보석'이라고도 불린다. 재무에 관한 역량을 개발하는 데 탁월한 면모를 갖고 있으며, 재무능력 개발 프로그램을 수료한 많은 사람이 GE그룹과 여타 기업들에서 출중한 인재로 활약한다.

▪ 스벤스카 한델스방켄 Svenska Handelsbanken 20억 달러의 매출과 1만여 명의 종업원을 자랑하며 600여 개의 이익중심점 profit center을 갖고 있는 세계적인 스웨덴 은행이다. 한델스방켄은 최고의 원가효율 cost-efficient과 수익성을 가진 기업 가운데 하나로, 지난 30년에 걸쳐 성과관리 시스템을 변화시켜왔다. 이 은행은 고정성과계약 fixed performance contracts으로 왜곡된 행

동을 유발하지 않고 빠르고 신뢰도 높은 실적을 창출한다. 각 지점은 매달 몇 가지 간단한 기준들을 토대로 작성된 실적대비일람표를 통해 서로의 성과를 비교한다. 정보는 신속하고 개방된 루트로 이동한다. 지점은 온라인으로 손익계산서를 산출하고, 그것을 고객별로 분석할 수 있다

■ 텔레콤 뉴질랜드Telecom New Zealand 혁신적인 정보통신기업으로서 뉴질랜드와 호주의 고객들을 대상으로 인터넷, 데이터, 음성, 이동통신, 유선전화 서비스를 포함하는 포괄적인 서비스를 제공하고 있다. 수익은 약 52억 뉴질랜드달러(이 가운데 70%는 뉴질랜드에서, 30%는 호주에서 벌어들였다) 규모이고, 최근에 성과관리 시스템을 대폭 정비한 결과 뛰어난 성과를 달성할 수 있었다. 최근 수년간 텔레콤 뉴질랜드의 주가는 경쟁 기업들을 상당한 수준 차이로 넘어서고 있다.

■ 톰킨스Tomkins 50억 달러의 매출을 기록하고 있는 영국의 종합제조업체로서 100여 개의 독립 사업단위들이 소규모 본사에 직접 보고하는 방식을 채택하고 있다. 사업단위들은 매달 월말이 되기 4일 전에 '섬광flash' 롤링 예측을 활용하여 경영진에게 보고한다. 또 분기마다 18개월 롤링 예측도 수행한다. 이는 이사회의 통제권을 강화하는 데 기여한다. 고정계약은 존재하지 않으며, 모든 팀은 전년도의 성과 개선을 토대로 보상을 받는다. 각 사업단위는 자율성과 책임감을 갖고 있다. 예측이 주요한 경영관리도구이며 성과측정과는 분리되어 있다. 직원들의 위험 행동이 사라졌고, 문제점을 해결하고자 하는 의지가 향상되었다. 최근 수년 동안 톰킨스의 주가는 지수를 25% 상회하는 성과를 올렸다.

■ 유니레버Unilever 영국-네덜란드계 기업으로서 연간 매출 430억 유로에 23만 4,000명의 종업원을 두고 있다. 빠르게 변화하는 소비재 시장에서 활약하는 세계 최고 기업 중 하나다. 최근 몇 년간 목표설정 및 성과평가 과정performance evaluation process의 변혁을 비롯하여 재무조직 운영을 크게 변화시켰다. 비록 아직 변화의 초기 단계이지만 이러한 노력이 조직 전체의 성과 변화를 이끌고 있다는 징후들을 곳곳에서 확인할 수 있다.

■ 세계은행World Bank 개발도상국 또는 후진국들의 빈곤을 감소시키기 위한 대출, 정책 조언, 기술적 지원, 지식 공유 서비스를 제공하고 있다. 약 200억 달러에 이르는 자금을 매년 개발도상국에 투자하는 한편, 매년 약 19억 달러를 운영비용으로 사용하고 있으며 항상 전통적인 예산 운영 방식을 유지해왔다. 하지만 최근 세계은행의 재무팀은 그러한 과정을 재검토해보고, 기존의 운영방식이 시간이 너무 오래 걸리며 비용도 많이 드는 데 반해 가치를 거의 창출해내지 못한다고 결론 내렸다. 그래서 재무팀은 분기별 성과 검토를 기반으로 하는 더 전략적이고 비용효율적인 프로세스를 도입했다. 이러한 새로운 프로젝트는 '예산 개혁budget reform'으로 알려져 있다.

　이 책은 CFO와 재무팀이 낭비를 줄이는 기업, 적응력이 높고 윤리적인 기업으로 가는 길을 막는 주요한 장애물들을 제거하는 방법을 소개할 것이다. 그것이 따르기 쉽지만은 않은 여정임은 틀림없다. 또 편하고 쉬운 방법만 알려주리라고 약속하지도 않겠다. 그러나 내가 제시하는 내용을 실천하면 결코 기울인 노력이 아깝지 않을 만큼의 보상을 얻게 될 것이다.

CFO의 새로운 역할 수행을 위한
체·크·리·스·트

☑ 만일 재무부서가 늘 평일 야근과 주말 근무를 하고 있다면(대개 초과수당 없이), 그런 상황을 변화시키기 위해 무언가를 해야만 하지 않을까? 지금 당장 변화를 꾀하라.

☑ 그러한 초과근무와 스트레스가 발생하는 이유가 무엇인지 스스로에게 물어보라. 개선을 하려는 당신의 노력이 오히려 조직을 더 복잡하게 만들고 있지는 않은가? 당신은 너무 많은 세부항목을 다루려고 애쓰지는 않는가? 너무 많은 시스템을 실행하고 있지는 않은가? 인원을 감축했는데도 업무량은 예전과 똑같은가(혹은 증가했는가)?

☑ 재무운영 방식을 되돌아보고, 그 성과를 베스트 프랙티스 기업들과 비교하여 정직한 평가를 내려보라. 계획, 예산안, 예측, 보고, 리스크 관리 측면에서 얼마나 잘하고 있는가? 재무관리자와 다른 관리자들을 대상으로 설문조사를 실시해보라.

☑ 이사회 멤버 및 현업 관리자들과 대화를 나눠보고 그들이 필요한 정보를 제때 얻고 있는지 물어보라. 당신이 해야 할 일은 무엇인가?

☑ 당신의 핵심 성공 요인들을 알고 있는가? 그것들은 당신의 전략, 측정기준, 목표, 조직행동과 조화를 이루고 있는가? 만일 그렇지 않다면, 그것은 부적절한 조치와 행동을 낳는 주요 원인이 될 수 있다. 만일 조화를 이루고 있다면 그 핵심 성공 요인을 모든 이해관계자(투자자를 포함해서)에게 알려주라.

☑ 재무운영을 향상하기 위해 당신이 채택하고 있는 비전은 무엇인가? 만일 '비전 A'(상의하달 방식의 목표설정과 통제)라면 다시 생각해보라. 당신은 아마도 진짜 중요한 문제(즉 시스템의 문제)는 다루지 못하고 주변만 맴돌고 있을 확률이 높다. 게다가 열정과 혁신을 위한 에너지를 억압하고 있을 가능성도 크다.

☑ '비전 B'를 중심으로 당신의 방향을 설정하라. 이 비전은 이전과 다른 방향으로 당신을 안내할 것이다. 비용이 적게 드는 기업, 적응력이 높고 윤리적인 기업으로 가는 길로 말이다. '비전 B'를 택하면 사기를 북돋울 수 있을 뿐만 아니라, 재무조직이 조직 전체의 성과에 커다란 영향을 미칠 수 있게 된다.

제1장

CFO는
자유의 투사다

산업화 사회에서 대부분의 사람은
빠른 시간 안에 많은 데이터를 손에 넣을 수 있다.
문제는 가장 적절하고 의미 있으며 명확한 정보를 확보하여
이를 유용한 지식과 지혜로 바꿀 수 있는가 하는 점이다.

데이비드 섕크

재무업무 담당자들은 가공되지 않은 수많은 데이터를 다루고 이를 활용하도록 훈련을 받는다. 그런데 이러한 데이터들이 정보와 지식의 채널에 과도하게 넘쳐나고 있다. 세부항목과 복잡성이라는 안갯속에서 그 정보들의 적절한 맥락과 의미가 사라져가고 있으며, 총계정원장과 예산안들은 불필요할 정도로 자세한 수준의 분석을 담고 있다. 재무업무는 너무 많은 측정치와 보고서들을 만들어내고, 이로 인해 관리자들이 핵심 메시지를 받아들이고 거기에 반응할 수 있는 능력은 질식되고 있다. 상부 관리자들이 더 강력한 IT 시스템을 사용하여 더욱 상세한 수준의 데이터에 접근하고 부적절한 질문들에 대해 즉각적인 대답을 요구함에 따라, 사고와 계획에 투자해야 할 소중한 시간이 희생되고 대신 '원격제어에 따른 관리'가 자리를 잡고 있다.

나는 ERP 시스템을 판매하는 주요 업체들이 '경영 조종석management cockpit'이라는 비전을 광고하는 것을 보았다. 본사 직원들이 빨강, 노랑, 초록색 불빛이 나타나는 여러 개의 컴퓨터 스크린을 활용해, 미리 정해놓은 목표나 계획들과 비교해 모든 사업단위와 운영팀의 성과를 통제 감독할 수 있는 시스템이다. 이는 IT 기술을 과도하게, 심지어 비생산적으로 사용하는 것이다. 하지만 내가 중앙집중 정보 시스템에 전적으로 반대하는 것은 아니다. 다만 분명히 구분해서 생각해야 할 점은 있다. 상세 데이터를 더 많이 얻게 해주는 IT 시스템의 유용성을 무조건 무시해서는 안 된다. 오히려 경영진에게는 성과를 감독하기 위해 중앙집중 정보 시스템(예컨대 통합 총계정원장 등)이 필요하다. 하지만 그들은 사업단위에서 나타나는 세밀한 변동사항들보다는 패턴과 추세라는 더 큰 그림에 집중해야 한다. 추세곡선이 전체적으로 올바른 방향으로 나아가고 있다면 관리자는 팀원들에게 간섭하거나 단기적 수익 하락에 대해 설명하라고 요구해서는 안 된다.

그러나 좀 더 강력한 IT 시스템이 제공하는 정보에 대해 그러한 관점에서 바라보는 CFO는 별로 많지 않다. 발전에 관한 그들의 비전은 계획 입안, 의사결정, 통제를 더욱 중앙집중화하는 쪽을 향한다. 이는 영국 재무부가 채택하고 있는 접근법이기도 하다. 정부 각료들은 분산화를 더 강화해야 한다고 말하지만, 그와 동시에 특히 의료보건, 교육, 경찰 부문 관리자들이 반드시 달성해야 하는 목표들을 증가시키면서 강력한 집중화를 추진하고 있다. 경찰 부문의 목표 가운데 하나는 범죄 수사율을 높이는 것이다. 이 목표를 달성하기 위해 영국의 일부 경찰은 가정사건(예컨대 부부 사이의 폭행)을 2개의 사건으로(즉 남편과 부인 각각의 입장에서) 기록한다. 그러면 해당 사건이 해결되었을 때 1개가 아니라 2개의 긍정적인 성과를 올리게 되기 때문이다. 이는 물론 수치적 결과를 왜곡하는 데 일조한다. 이와 같은 '목표를 통한 책임감'이라는 비전은 애초의 의도와는 반대로 성과를 향상시키는 데 실패한다. 대신 열정과 혁신을 억누르고, 관리자들로 하여금 시스템을 개선하기보다는 최소한의 기준 목표량만 달성하는 데 집중하도록 만든다.

CFO는 이와 같은 데이터 위주의 마이크로매니지먼트micro-management◆에서 벗어나야 한다. 물론 시스템의 어느 영역에서는 데이터와 문서를 기록할 필요가 있고, 필요할 때 그러한 데이터에 접근할 수 있어야 한다(사베인스-옥슬리법은 이를 요구하고 있다). 그러나 그것은 수많은 데이터가 총계정원장, 예산안, 보고 시스템과 같은 중요한 통로들을 막아버리게 허용

◆ 작고 사소한 부분까지 과도하게 감독하는 관리 및 통제방식.

하는 것과는 다르다. 세부항목과 복잡성을 줄이고, 검토와 분석을 위한 더 많은 시간을 만들어내기 위한 노력에 앞장서는 것이 CFO의 임무다. CFO는 사람들이 올바르게 정보를 활용하고 적절한 의사결정을 내릴 것이라고 신뢰해야 한다. 정보가 투명해지면(즉 모든 관리자가 상부가 정해주는 '알 필요가 있는 정보'에만 접근할 수 있는 게 아니라 조직 전반의 정보에 접근할 수 있다면) 일선 관리자들이 간부들과 똑같은 결정을 내릴 수도 있다는 사실이 놀랍게 느껴질 수 있다. 이는 상의하달 방식의 세세한 통제에 대한 필요성을 감소시킨다. 그 결과 특정 계획이나 조치를 더 빠르게 실행하고 비용도 절감할 수 있다. 또 이와 같은 접근방식은 가장 효과적인 통제 시스템, 즉 빠르고 개방적이며 투명한 정보 시스템이 자리 잡을 수 있게 만든다.

그러나 복잡성과 맞서는 전투에서 싸움 없이 승리하기는 불가능하다. CFO는 현 상태를 유지해야만 이익을 취할 수 있는 많은 사람의 저항을 극복해야 한다. 그들은 대개 높은 지위의 관리자들이 입맛에 맞는(또 대개는 거북한 부분을 삭제한) 진실만을 접하게 되도록 정보를 조작하거나 속임수를 쓰는 데 능하다. 때로는 자신의 위치가 불안하다고 생각하는 재무팀원들이 그런 무리에 포함되기도 한다.

이번 장에서는 이러한 도전과제들을 살펴볼 것이다. 여기서 논할 CFO의 임무는 다음과 같다.

- 넘치는 정보에서 관리자들을 구해낸다.
- 시스템을 단순화하고 보고서를 줄인다.
- 진실과 투명성에 집중한다.
- 불필요한 도구와 시스템을 피한다.

넘치는 정보에서 관리자를 구해내라

≪포천≫ 선정 세계 500대 기업의 근로자들은 평균적으로 하루에 178개의 메시지를 주고받는다. 미국의 평균적인 사무직원들은 커뮤니케이션을 처리하는 데에 근무시간 중 1~2시간을 보내고, 근무시간 이외에 또 1~2시간을 보낸다.[1] 이와 같은 '정보 과다'를 감안하면 대개의 관리자들이 생각하고, 분석하고, 계획하는 데 쓸 시간이 부족하다는 사실은 충분히 이해할 만하다. 데이비드 섕크David Shank는 말한다. "우리에겐 정보와 접촉이 필요하다. 하지만 현재 우리는 정보를 입수하는 것이 문제가 아니라, 우리 자신을 어떤 정보에 노출시킬지를 명확하게 판단하는 것이 관건인 상황에 처해 있다."[2] 또 게리 맥거번Gerry McGovern은 실리콘밸리에서 기인한 '남성적 요소'가 정보에 대한 요구를 부채질해왔다면서 이렇게 말한다. "많은 양의 전화와 이메일을 처리할수록 더 똑똑하다고 여겨졌고, 휴가도 반납한 채 하루에 18시간씩 근무하면 더욱 생산적이라고 여겨졌다." 나아가 그는 관리자들이 의사결정의 개수를 줄인다면 훨씬 더 나은 의사결정을 내릴 수 있을 것이라고 충고했다.[3]

데이터의 양이 증가한 것과 그 데이터를 다루는 능력이 향상된 것은 CFO를 비롯한 고위 경영진에게 일어난 중요한 변화다. 과거의 CFO들은 정보를 획득할 수 있는 능력에 한계가 있었기 때문에 조직에서 일어나는 일들과 정보에서 어느 정도 차단되어 있었다. 그렇다면 정보의 양과 처리 능력이 향상된 지금은 어떨까? CFO들의 미결재 서류함과 이메일 보관함이 넘치고 있다. 설령 그들에게 그런 정보를 제대로 활용할 수 있는 충분한 능력이 있다 할지라도, 실제로 그렇게 할 만한 물리적인 시간이 부족하다. 많은 CFO가 주의력결핍장애attention deficit disorder를 겪고 있는 것도 그리 놀랄 일이 아니다. 그들은 현상을 제대로 이해하지 못한 채 그저 반복적으로 상황에 반응하고만 있을 뿐이다. 그리고 통제력의 결여는 스트레스를 유발한다.

신호와 잡음을 구분하라

유니레버의 재무변화 리더인 스티브 몰리지Steve Morlidge는 또 다른 문제를 지적한다.

정보의 대부분은 조직 내부에서 형성된 것들이다. 우리가 외부 세계에서 얻어낼 수 있는 데이터는 수집하기가 어렵기 때문에 그 양이 현저히 증가하지는 않는다. 따라서 있는 정보만 쥐어짜서 무언가를 도출할 수밖에 없다. 이는 곧 CFO가 내부의 세부항목에 압도되어, 외부의 핵심 기회나 기업의 흥망에 영향을 미치는 위협들을 다룰 시간이 부족해짐을 의미한다.[4]

몰리지는 관리자들에게 진정 필요한 것은 중요한 것과 그렇지 않은 것을 선별해 판단할 수 있는 방법이라고 생각한다. 대부분의 사람은 끊임없는 정보의 흐름을 잡음으로 인식한다. 내부 시스템 내에서 임의로 변화하는 잡음으로 말이다. 그러나 자신이 듣는 잡음이 모종의 신호일 수도 있다는 사실을 이해할 필요가 있다. 따라서 모두가 명확하고 일관성 있는 신호를 얻을 수 있도록 정보를 걸러내는 방법이 마련되어야 한다. 이를 위한 한 가지 방법은 통계적 공정관리Statistical Process Control(SPC)◆를 활용하는 것이다. 이는 관리자들이 꼭 필요할 때에만 행동을 취할 수 있도록 데이터를 걸러낼 수 있게 도와주는 기법이다. 모든 시스템이나 공정에는 두 가지 종류의 변동이 존재한다. 하나는 일반적인 원인(파악하여 제거 및 개선할 수 있는 시스템 내의 결함들, 예컨대 에러율이나 형편없는 정보 시스템 등)에서 기인하는 것이고, 다른 하나는 특별한 원인에서 기인하는 것(즉 시계열 그래프에 잠깐 나타나는 사건이나 일회성 사건들)이다. 만일 관리자들이 '이번 달' 또는 '연초부터 현재까지' 칸에 기재된 회계 변동사항에 집중하는 대신 시간의 추이에 따른 동향이나 이상異狀 현상을 관찰한다면(다시 말해 SPC 기법에 의지한다면), 잡음의 원인을 설명하느라 시간을 허비하는 대신 중요한 신호에 반응할 수 있게 될 확률이 높아진다.

의사결정을 위임하라

정보를 선별하는 또 다른 좋은 방법은 계획수립이나 예측, 의사결정과 관련된 권한을 위임하는 것이다. 상부 관리자가 조직의 하위 직원에게 적절한 결정을 내리고 그에 따라 행동할 수 있는 권한을 위임하면, 하위 직원들이 CFO의 책상까지 올라갔을지도 모를 많은 정보를 미리 걸러낼 수 있다. 이는 CFO나 다른 고위 경영진이 굳이 알 필요가 없는 세부사항들을 막아주는 완충 역할을 한다. 고위 관리자는 하위 사업단위에서 행해지는 업무의 세세한 부분들에 관여할 필요가 없다. 그보다는 사업부문 전체를 주시하고 감독하면서, 경고 신호가 될 만한 패턴이나 추세 변화가 목격되면 거기에 대응해 움직여야 한다. 이런 시스템하에서는 적은 수의 사람

◆ 통계적 분석 기법을 통해 공정에서 품질 변동을 일으키는 원인과 공정의 상태를 파악하고, 품질이나 생산 목표를 달성할 수 있도록 경영 사이클을 관리해가는 방법.

들이 데이터를 다루므로 오류나 잘못된 보고가 발생할 가능성도 낮아진다. 권한 위임은 전략적 선택이 아니다. 그것은 낭비를 줄이는 기업, 적응력이 높고 윤리적인 기업을 창조하기 위한 필수적인 변화 과정이다.

덴마크의 석유화학 기업 보리알리스Borealis는 이와 같은 권한 위임의 모범이 될 만하다. 보리알리스의 각 사업단위 관리자들은 업계 표준과 비교해 꾸준히 성과를 향상하는 임무에 대해 책임을 지고 있다. 본사에서 주도하는 마이크로매니지먼트는 존재하지 않으며, 각각의 사업단위가 설정된 한계 내에서 스스로 비용을 관리하고 통제한다(1990년대 중반에 고정비용에 대한 설정 방식이 상당히 축소된 수준에서 마련되었다). 경영진은 세세한 변동사항들보다는 전체적인 패턴과 추세를 관찰한다. 그리고 추세곡선이 특정한 범위를 벗어날 때에만 경영진이 하위 관리자들에게 세부적인 설명을 요구한다. 이러한 접근법은 "비용이 통제되고 있는가?", "올바른 방향으로 나아가고 있는가?" 등과 같은 고위 관리자들이 답을 알고 싶어하는 핵심 질문들을 해결해준다.

권한 위임 대 분권화 권한 위임과 분권화의 차이를 반드시 이해해야 한다. 물론 많은 기업이 자신의 운영 체제를 분권화해왔다. 그런데 많은 경우, 이러한 분권화는 부서나 대규모 사업단위 수준에서 **중앙집권적 의사결정 체계**를 만들어내는 결과만을 가져온다. 하위부서들이 낸 성과에 따라 부서 책임자가 크게 화를 낼 수 있고, 이러한 체계에서는 창의적 주도보다는 순응이라는 태도가 나타나게 마련이다.

중요한 것은 엄격한 통제의 끈을 더 느슨하게 하여 하위 관리팀들이 성과를 최대화할 수 있는 분위기를 조성해주는 것이며, 이를 위해서는 종종 혁신적 전략이 필요하다. 이러한 변화를 표현할 때 내가 사용하는 단어는 권한 위임이다. 많은 관리자에게는 이 단어가 생소하게 들릴지도 모른다. 권한 위임이란, 본사로부터 일선 관리자들에게 힘을 이전하여, 그들이 허용된 범위 안에서 성과를 추구하되, **특정한 계약이나 목표에 의해 강제적 구속을 받지 않으면서**, 스스로 직관과 주도적 태도를 활용해 성과를 낼 수 있도록 권한을 주는 것을 의미한다. 이는 특정한 행동을 명령하고 지시하는 것이 아니라 대응력 있고 조화된 행동을 장려하는 것을 토대로 한다. 권한 위임을 가장 잘 보여주는 예는 미국 의회와 각 주州들 간의 관계다.

권한 위임이 상당한 이익을 가져다준다는 사실이 많은 연구를 통해 드러났지만, 권한 위임과 관련해 많은 오해와 모순된 측면이 존재하는 것 또한 사실이다. 하버드 대학 교수인 크리스 아지리스Chris Argyris는 권한 위임을 오랫동안 연구했고, 다른 사람들과 마찬가지로 그 역시 왜 지난 30년 동안 조직들의 권한 위임이 거의 증가하지 않았는지 의문을 품었다. 그는 관리자들이 이론상으로는 권한 위임에 동의하고 그것을 칭송하지만, 실제로 그들이 신뢰하는 것은 명령과 통제의 모델이라고 지적한다. 또 직원들 역시 권한 위임이라는 개념에는 찬성하지만 자신이 개인적으로 책임을 져야 하는 것은 달가워하지 않는다. 그러나 아지리스에 따르면 권한 위임이 '벌거벗은 임금님의 옷'(사람들 앞에서는 소리 높여 칭송하면서도 스스로는 그것이 왜 자기 눈에 보이지 않는지 어리둥절해 하는)처럼 되어버린 진짜 이유는 두 종류의 헌신이 존재하기 때문이다. 첫째는 외부의 요구에서 비롯되는 비본질적 헌신이다. 이것은 반드시 달성해야 하는 일반적인 성과계약이다. 둘째는 각 개인에게서 나오는 본질적 헌신이다. 이것은 개인들이 어떤 계획이나 목표에 참여함으로써 형성되며, 사람들로 하여금 리스크를

감수하고 자신의 행동에 대한 책임을 지도록 이끈다.[5]

  문제는 많은 리더들이 권한 부여와 **본질적 헌신**을 설파하지만, 그와 동시에 모든 목표와 계획, 보상 및 인정 시스템들은 **비본질적 헌신**을 강조하는 메시지를 보낸다는 점이다. 따라서 한 가지 측면만 득세하는 거대한 문화 충돌이 발생한다. 고정된 목표에 대한 충족을 높이 평가하는 기업문화 속에서는 언제나 상의하달 방식의 관리와 측정이 가진 힘이 행동을 결정하는 주요 요인이 된다는 얘기다.

예외 중심 관리를 하라

  예외 중심 관리Management By Exception(MBE)[*]는 그다지 새로운 개념이 아니지만, 최근 데이터 처리량이 급격히 증가하면서 예외관리를 실천하는 일이 간과되어왔다. 예외관리는 간단한 운영 원칙에 기반을 두고 있다. 바로 조직의 가치와 방침 내에서 행동할 것이라고 직원들을 신뢰하고, 그들이 그러한 신뢰를 저버렸을 때에 처벌(대개 가장 강력한 처벌인 해고)을 가하는 것이다. 그러나 많은 조직이 이런 방식을 채택하길 주저한다. 직원 비용청구를 생각해보자. 회사경비 사용이라는 사안에서 직원들은 종종 범죄자 취급을 당한다. 직원들이 경비 사용 내역을 속일 것이라고 보는 시각이 지배적이기 때문이다. CEO가 엄청난 금액의 회사 자금을 개인 용도로 사용한 것으로 최근 밝혀진 타이코나 홀링거 같은 기업의 사례를 감안하면, 기업들이 비용계정을 면밀하게 조사 검토해야 한다고 생각하는

---

[*] 예상과 크게 다른 결과를 초래한 예외적 항목을 중점적으로 감독하고 조치를 취하는 관리 기법으로, 최근에는 EBM(Exception-based Management)이라는 개념으로 확대되어 적용되고 있다.

이유를 이해하기는 어렵지 않다. 그러나 비용 내역 제출건들을 세부적으로 관리하고 승인하는 데에는 시간과 비용이 많이 들어갈 뿐 아니라, 그런 절차는 업무 때문에 사용한 비용을 회사로부터 돌려받길 기다리는 직원들에게 불쾌감을 유발한다.

예외 중심의 관리를 하는 조직들은 시스템을 악용하거나 신뢰를 저버릴 1%의 직원들을 찾아내는 데 주안점을 두고 시스템을 설계하지 않는다. 그런 조직은 직원들로 하여금 온라인으로 지출 내역을 제출하게 하고, 자동적으로 해당 비용이 직원의 은행계좌로 직접 들어가게끔 한다. 하지만 지출 내역 가운데 일부를 임의로 선택하여 그 내용을 철저히 조사한다. 그 결과 속임수가 적발된 직원은 해고를 감수해야 한다. 이와 같은 온라인 프로세스를 이용하면 총계정원장을 통해 따로 입력하거나 체크할 것이 거의 없으므로, 처리 비용이 획기적으로 줄어든다.

이와 같은 무작위 추출 검사법은 경영진이 충분히 안심할 수 있는 수준으로 고안되어야 한다. 그리고 같은 원리를 내부 관리통제에도 적용할 수 있다. 한델스방켄의 경영진은 매년 모든 지점을 방문하여, 해당 지점의 경영팀이 정해둔 어젠다들을 따라가기보다는 현재와 미래의 성과 및 사업 환경, 리스크 등에 대해 틀에 박히지 않은 자유로운 방식으로 대화를 나누며 회의를 진행한다. 내부감사팀 역시 그러한 방식을 택해야 효과를 높일 수 있다. 예를 들어 품질 테스트에 통과하여 인정받은 공급업자들도 정기적으로 체크하여 감독하는 것이다. 신뢰는 일종의 상호작용이다. 그러나 먼저 움직여야 할 사람은 고위 관리자들이다. 무작위 추출 검사법은 그다음에 이어진다. 이것은 가장 간단하고 효과적이며 비용이 적게 드는 통제 메커니즘 가운데 하나다.

시스템을 단순화하고 보고서를 줄여라

의사결정 권한 위임과 예외 중심 관리가 CFO에게 늘어나는 데이터를 효과적으로 관리하는 방법을 제공한다면, 업무량(특히 거래처리 영역에서의 업무량)을 줄여주는 방법들도 존재한다. 평균적인 재무조직 업무량의 3분의 2 이상이 거래처리와 기타 일상업무에 몰려 있으며, 그 대부분에서 오류가 발생하기가 쉽다. 업계에서 가장 효과적으로 관리되고 있다는 미국 컴퓨터 제조업체 영국 지사의 매출 및 매출채권 담당부서 사례를 살펴보자. 연구조사 결과 판매 견적의 43%가 잘못되었고, 배송의 76%가 부정확했으며, 주문의 45%가 잘못 처리된 것으로 나타났다. 판매 영역을 전체적으로 보았을 때 1파운드당 35펜스가 부적절한 업무에 낭비되고 있었다.

더 높은 가치를 창출하기 위한 시간과 공간을 확보하기 위해 CFO는 이와 같은 업무에 소비되는 시간을 줄여야 한다. 거래처리 과정, 예산안 수립, 총계정원장 작업, 보고 등을 단순화하는 것을 비롯해 많은 방법을 생각해볼 수 있다.

거래처리 과정을 단순화하라

해킷그룹에 따르면, 일류 기업들은 일상적인 거래처리업무량을 16% 감소시킴으로써 비용을 50% 가까이 절감했다고 한다. 관리팀의 통제범위 span of control◆도 역시, 일반 기업들은 그 비율이 1 : 7인 데 비해 일류 기업들은 1 : 15에서 1 : 20으로, 일류 기업이 훨씬 높았다.[6] 일부 기업은 거래

◆ 한 사람의 상사가 직접적 · 효율적으로 관리할 수 있는 부하의 수를 나타낸다.

처리업무를 아웃소싱해오고 있다. 예를 들어 BP(브리티시 패트롤륨British Petroleum)는 자사의 회계 및 재무업무 전체를 IBM에 아웃소싱해왔다. 털사, 리스본, 방갈로르에 있는 서비스센터들이 매입채무, 매출채권, 재무보고 등의 업무를 처리한다. 이 같은 접근법을 택하면(제대로 시행할 경우), 거래처리를 주요 재무업무에서 분리할 수 있을 뿐 아니라, 사베인스-옥슬리법 때문에 생겨난 데이터 관리 및 기록에 대한 부담을 상당 부분 아웃소싱 계약자에게 이전할 수 있다.

대부분의 조직이 아직 이 정도의 단계까지는 나아가지 못했으나, 경영지원업무back-office functions를 소수의 데이터센터로 집중화하는 움직임은 나타나고 있다. 예를 들어 아메리칸 익스프레스는 데이터센터 46개를 없애고 셰어드서비스센터 2개만 운영하고 있다. 이 회사의 일반회계, 보고, 거래처리업무 대부분은 현재 애리조나 주 피닉스(미국)와 델리(인도)에서 이루어진다. CFO 게리 크리텐던은 이렇게 말한다.

이와 같은 변화로 매년 1,000여 명의 인력과 1억 달러의 비용이 절약된다. 전에는 소수의 관리인과 회계 인력이 이곳저곳에 배치된 채 본사에서 멀리 떨어진 세계 각지의 시장들에서 많은 업무가 수행되었다. 참으로 힘겨운 시스템이었다. 하지만 이제는 그 업무들이 높은 수준의 표준과 실행력을 지닌, 효과적으로 통제되는 환경에서 이뤄지고 있다. 우리는 셰어드서비스센터와 시장 사이에 커뮤니케이션이 정확하게 이루어지도록 관리하기만 하면 된다. 이는 재무분야의 획기적인 성과다.

크리텐던에 따르면 이와 같은 방식에는 네 가지 주요한 장점이 있다.

첫째, 비용이 상당히 절감된다. 둘째, 개선을 이뤄내기가 더욱 쉽다(공통된 기준을 수립하기가 더 쉽다). 셋째, 경영지원업무 직원들이 경력에 대한 더 확실한 전망을 갖는 데 도움이 된다. 넷째, 2개 이상의 서비스센터를 둠으로써 경영지원업무의 일시적 공백이나 붕괴를 피할 수 있다.[7]

또한 이와 같은 셰어드서비스센터들은 기업이 사업계획안을 수립할 때 사용할 수 있는 더욱 신뢰할 만한 표준화된 정보를 제공한다.

다른 업무 부문들 역시 집중화·표준화할 수 있다. 인사관리와 정보기술(IT) 업무가 가장 대표적인 예다. 인사 및 IT 프로세스를 집중화하지 못한 기업은 집중화한 기업들에 비해 복리후생 관리업무의 에러율이 2.5배 높고, 인건비는 3배 높으며, 직원 1인당 비용은 98% 더 높다. 해당 프로세스를 집중화하면 IT 비용 역시 감소한다. 애플리케이션 개발비용이 41% 감소하는 것으로 나타났다.[8] 집중화가 커다란 영향을 미칠 수 있는 또 다른 영역은 구매부문이다. 구매 요청에서 발주처리, 주문, 선적에 이르기까지 구매 사이클을 자동화하여 처리 속도와 정확성을 더욱 향상함으로써 비용을 크게 절감할 수 있다.

거래처리를 자동화한 대표적인 회사는 260억 달러 규모의 반도체 회사인 인텔Intel이다. 이 회사의 매입채무(AP) 업무를 살펴보자. 인텔의 2003년 모토는 '2004년 모든 송장의 전자화'였다. 온라인 송장을 발부해야 할 등록 공급업체가 4,000개가 넘는 상황에서 인텔의 재무기능은 '100% 온라인 비즈니스'를 향해 부지런히 나아가고 있다. 기획 및 재무담당 부사장인 레슬리 컬버트슨Leslie Culbertson은 "손을 사용할 필요 없는 AP"로 인해 데이터의 정확도 증가, 작업시간 절약, 거래당 비용 감소, 소모 인력 절감

등의 이점을 취하게 될 것이라고 전망한다. 인텔은 2001년 4월에 온라인 송장 시스템을 시험운영했으며, 2002년 5월부터 전면적으로 실행하기 시작했다(물론 신규 공급업체는 항상 생겨나지만 말이다). 2003년 말 기준으로 이 시스템은 한 달에 1만 6,000건의 거래를 처리하고 있었다.[9]

톰킨스의 CFO 켄 레버는 사내의 모든 비즈니스 재무팀business finance team 에 매출채권계정, 매입채무계정, 송장처리 등을 비롯해 모든 프로세스를 단순화할 방법을 찾으라고 말한다. 레버는 이렇게 말한다.

가치를 창출하지 못하는 활동을 프로세스에서 제거해야 한다. 여기에는 직원들이 서류를 처리하는 횟수를 줄이는 일과 같은 간단한 것도 포함된다. 만일 우리의 일반관리 프로세스가 제조공정만큼의 효율성을 달성할 수 있다면, 아마도 엄청난 비용절감과 효율성 제고를 기대할 수 있을 것이다. 대부분의 일반관리 프로세스에서, 다른 방해를 받지 않고 또는 해결해야 하는 문제가 발생하지 않고 A 지점에서 B 지점에 이를 수 있는 거래는 불과 15~20%밖에 되지 않는다.[10]

앞으로 거래처리업무에서 점점 더 웹 기반의 기술에 의지하게 될 것이라는 사실은 틀림없다. 손으로 하는 업무를 줄일수록 오류와 재작업이 줄어들고 비용도 절감될 것이다. 그러나 한편으로 CFO는 공급업체나 고객과의 인간적 관계를 높은 수준으로 유지해야 한다는 사실 역시 인식해야 한다.

예산계획 프로세스를 단순화하라

낮은 가치를 창출하는 많은 양의 업무가 수반되는 또 다른 프로세스는 예산계획 수립이다. 한 연구 결과에 따르면 재무팀 직원들은 여전히 계획 수립 시간의 79%를 낮은 가치를 창출하는 업무활동(예컨대 자료수집 및 처리)에 소비하고 있으며, 수치 자료를 분석하고 해석하는 데에는 불과 21%의 시간만을 쓴다고 한다.[11] 대부분의 예산수립 시스템에는 너무 많은 세부사항이 존재하며, 이로 인해 오류율이 높아지고 완료 사이클이 더 길어진다. 아메리칸 익스프레스, GE캐피털, 도요타를 비롯한 일부 기업에도 물론 예산이라는 것이 있긴 하지만 그것에 수반되는 악영향을 상당 부분 희석했다. 이러한 기업들은 대부분 선행계획주기를 더 짧게 줄였고(대개 분기별로), 이제는 예산을 하나의 회계연도 내에서 4개의 분기 계획으로 다룬다.

한델스방켄, 알셀, 톰킨스, 세계은행 같은 조직들은 더 과감한 결단을 내려 연간예산 수립을 아예 하지 않았다. 한 CFO는 연간예산 수립을 하지 않기로 함으로써 재무조직의 어깨에서 무거운 짐을 떨쳐내었다. 이는 재무조직의 업무량에 커다란 변화를 가져왔다. 처음으로 1월부터 3월까지의 기간에 초과근무가 없어졌고, 이로 인해 수천 파운드의 비용이 절감되었을 뿐 아니라 과도한 업무 스케줄에서 오는 스트레스도 줄일 수 있었다. 더욱이 1999년 10월에서 2000년 4월 사이에(새로운 시스템은 2000년부터 시행되었다), 경영관리팀은 KPI에 기초한 새로운 보고 시스템과 월 결산기간을 8일에서 4일로 줄인 새로운 회계 시스템을 도입하는 등 사업을 재조직했을 뿐 아니라(상당한 예산 재편성이 수반되었을 작업이다) 연말결산까지 완료했다. 이 모든 작업이 초과인력이나 초과근무 없이 수행되었다.

일부 CFO는 세밀한 예산수립을 택하는 대신 '간략한' 예측을 수행하는 데 더욱 초점을 맞추어 업무를 상당량 줄이고 있다. 보리알리스의 경우에는 이와 같은 접근법으로 예산수립에 소요되던 시간의 95%를 절약했다고 추정했다.

예산계획 단순화는 재무조직 역량의 상당 부분을 가치를 더 창출하는 업무에 쏟을 수 있게 만들어준다. 그것은 또한 조직 내에서 재무조직의 이미지를 향상해준다. 관리자들은 업무량을 '줄여주는' 변화 이니셔티브를 그 무엇보다도 반기기 때문이다. 예산 없이 조직을 경영해나가는 방법에 대해서는 제3장에서 살펴볼 것이다.

총계정원장을 단순화하라

해켓그룹의 공동 설립자인 데이비드 액슨David Axson에 따르면, 총계정원장은 회계장부를 마감하는 데에 사실상 필요한 것보다 5~10배나 많은 계정을 포함하기도 한다.[12] 문제 중 하나는 공통비용의 배부다. 어떤 은행의 한 부서가 자신들이 컴퓨터 비용을 부담해야 하는지 아니면 그 비용을 다른 부서에 배부해야 하는지를 놓고 수개월 동안 논쟁에 시달렸다는 이야기를 들은 적이 있다. 결국 고위 임원까지 나서야 했다. 상황은 아무런 소득 없이 몇 개월간 지속되었으며(해당 부서가 비용을 감당하지 않아도 되었던 것만 제외하고), 은행에는 엄청난 비용이 발생했다. 일부 CFO는 총계정원장을 단순화하여, 분석 및 보고 목적과 적절한 관련성을 갖는 높은 수준의 계정들만 포함하도록 만들었다. 만일 경영진이 특정한 계정에 대해 더 상세한 사항을 알고 싶어 하면 누군가 찾아서 가져오면 된다.

영국 은행 바클레이즈Barclays의 재무변화 리더인 루퍼트 테일러Rupert

Taylor는 재무비용을 약 3,000만 파운드 감소시켰고 재무인력을 1,650명에서 1,150명으로 감축했다. 현재는 자료를 수집하고 처리하는 데 걸리는 시간이 예전보다 줄어들었고, 분석과 사업 자문 서비스에 더 많은 시간을 보낸다. 테일러가 가장 먼저 한 일은 37개의 서로 다른 총계정원장 시스템들을 비롯한 모든 재무 시스템을 공통의 ERP 플랫폼으로 통합한 것이다. 그는 이렇게 말한다.

> 단지 비용절감만을 목표로 한 게 아니었습니다. 업무의 상당 부분까지 공통된 플랫폼을 기반으로 하도록 만들었습니다. 통제 환경을 개선하고, 외상매입, 총계정원장, 관리보고 업무를 셰어드서비스센터로 통합했습니다. 또 공급자들과 적절한 계약을 맺고, 우리가 약정에 맞게 지불하는지 확실히 하기 위해 공급사슬 관리를 강화했습니다. 우리는 우리가 추진한 변화의 결과에 매우 만족하고 있습니다.[13]

브라이언 마스켈Brian Maskell과 브루스 배걸리Bruce Baggaley는 공저『실용적인 린 회계Practical Lean Accounting』에서 린 원칙lean principle이 재무조직에도 적용될 수 있다고 말한다. 매입채무, 매출채권, 총계정원장, 월 결산, 내부통제 등에도 린 원칙을 적용할 수 있다는 의미다. 총계정원장과 월 결산에 대한 저자들의 시각은 매우 혁신적이다. 먼저, 그들은 조직 차원의 가치 흐름 아래 단계에 있는 모든 총계정원장 계정들을 없애야 한다고 말한다. 린 방식을 중시하는 도요타 같은 기업에서는 제품 라인이나 제품군 같은 커다란 가치 흐름을 중심으로 하여 총계정원장이 구성된다. 따라서 가치 흐름에 관련된 모든 거래가 계정에 기입된다. 자동차 한 대에 들어가는 평균비용은 단순히 축적된 총비용을 생산된 단위 개수로 나눔으로써 산출된다. 다음으로, 그들은 모든 기말 발생주의와 배분을 없애고 기업이 현금주의 회계방식으로 변화해야 한다고 제안한다.[14]

린 싱킹◆은 거래처리 과정을 변화시킬 수 있다. 매입채무를 살펴보자. 미국의 한 대형 자동차회사의 매입채무 부서가 500명이 넘는 인원을 고용했다. 이 부서 관리자들은 비용을 줄이기 위해서 인력을 20% 줄이겠다는 목표를 세웠다. 이는 달성하기 쉽지 않은 목표처럼 보였지만, 관리자들은 자신의 회사보다 규모가 작은 경쟁사는 똑같은 업무를 겨우 4명으로 진행하고 있다는 사실을 알게 되었다. 회사 규모를 감안하더라도 그 차이는 놀라웠다. 관리자들은 자사의 기존 시스템을 분석해보고 많은 문제점을 발견했다. 서류들이 검토와 승인을 받기 위해 빠른 속도로 사내를 이동하고 있었고, 직원들은 주문과 상품구매서를, 그리고 다시 상품구매서를 매입송장과 맞춰보는 데 많은 시간을 쏟고 있었다. 각각의 서류마다 열네 가지 검토가 뒤따랐고, 또 그 과정에서 많은 항목이 일치하지 않는 현상이나 수정해야 하는 문제가 발생했으며, 공급업체에게 몇 번이나 서신을 보내거나 전화를 해야 했다. 이로 인해 전체적으로 승인 절차가 더뎌지고 지불 일정을 예측하기 어려워졌으며 공급업체의 불만이 생겨났다.

반면, 린 방식을 택하고 있는 경쟁사는 그런 문제들을 겪지 않았다. 먼저 경쟁사는 매입송장 없이 업무를 진행하고 있었다. 구매주문이 발생하면 온라인 데이터베이스에 기록하는 시스템이었기 때문이다. 상품이 도착하면 상품구매서를 그 온라인 데이터베이스와 비교해 확인하고, 내용이

◆ 낭비를 제거하고 가치를 창출해내는 날씬한 사고를 뜻한다.

맞으면 상품을 수령한 뒤 온라인으로 자동 입금이 이루어진다. 만일 내용이 일치하지 않으면 상품이 입고되지 않고 공급자에게 돌려보내진다. 그 외에 다른 조치는 취해질 필요가 없다. 다시 말해 이 회사는 거래처리의 대부분을 차지하는 검토, 조정, 추적, 기록, 요약 등의 과정을 없앤 것이다. 물론 앞서 언급한 대형 자동차회사에 비해 비용도 훨씬 적게 든다.

보고 시스템을 단순화하라

재무조직은 보고 어젠다를 지시하는 경향이 있으며, 이러한 보고 어젠다는 주로 전략적 요구보다는 결산주기에 초점이 맞춰진다. 보고서의 92%가 달력의 보고 주기에 따라 작성되고, 실질적인 요구나 필요성에 의한 것은 8%에 불과하다.[15] 보고서 수는 해마다 증가하고 있는 듯하다. 어떤 대기업에서는 매달 750개의 보고서가 작성되지만 그 가운데 극히 일부만이 가치가 있는 것이라는 이야기를 들은 적이 있다. 한 자료에 따르면 기업에서 만들어지는 보고서의 절반은 별로 필요 없는 것이고, 그 나머지 중 20~50%는 별개로 작성하지 않고 통합될 수 있는 것이라고 한다. 통합되는 보고서 중 다수는 자동화 처리가 가능하므로 적은 인력이 그 나머지를 다룰 수 있다.[16] 몇몇 CFO는 자체적인 가치 분석을 수행한 뒤, 잠재적 이용자들의 의견도 묻지 않고 기존에 작성하던 엄청난 수의 보고서를 없애고 나서 불만을 제기하는 전화나 이메일이 도착하는지 관찰했다. 하지만 그런 전화나 이메일은 거의 오지 않았다. 소니픽처스엔터테인먼트Sony Pictures Entertainment는 그와 같은 접근법을 택했다. 이 회사의 부사장이자 스튜디오 서비스 부문 회계책임자인 어윈 제이콥슨Irwin Jacobson은 이렇게 말한다. "우리는 사람들이 요청하는 것이 정말로 필요한지, 제대로 검토되고 있는지, 유용한지, 전과 완전히 다른 방식으로 실행할 수는 없는지 항상 생각해봅니다."[17]

최고의 재무조직은 불필요한 보고서를 없애고 불필요한 회의에서 직원들을 해방하는 데 초점을 둔다. 일부 CFO는 몇 개의 (중요한) 보고서만을 만들고, 하위 관리자들로 하여금 스스로 데이터 웨어하우스에 접근할 수 있도록 한다. 그러나 가장 중요한 점은, 그들의 경영진이 바보 같은 질문을 던지며 답변을 요구하지 않게 되었다는 사실이다. 이를 달성하기 위한 또 다른 방법은 차이 보고서(계획 대비 실적 차이에 대한 보고서)를 없애는 것이다. 한 글로벌기업에서는 매달 관리회계에 예산차이 보고가 포함되지 않았다는 사실을 이사회 멤버들이 1년 동안 알아채지 못했다. 현재 이 이사회는 정말 중요한 측면들과 비즈니스 개선방안에 집중하고 있다. 무엇보다 중요한 것은 지식과 통찰력이다.

도요타 생산 시스템Toyota Production System(TPS)의 설계자인 오노 다이이치는 회계 통제에 반대한다. 그는 도요타 생산 시스템의 성공 이유가 경영자가 원가회계담당자에게 간섭하지 않았기 때문이라고 말한 것으로 알려져 있다.[18] 한델스방켄은 모든 보고서의 적합성 여부를 정기적으로 검토한다. 일례로 어느 한 해에 이 은행은 보고절차의 상당 부분을 점검하여 비즈니스 메모 30%와 컴퓨터 보고서 40%의 감축을 이뤄냈다.

영국의 한 양조회사 CFO는 많은 수의 보고서들이 존재하는 것이 과연 적합한지 의문을 가졌다. 예산 시스템의 변화를 논의하기 위한 공장 회의에 참석할 때마다 그녀는 '녹색 장부green book'라는 단어가 빈번하게 언급되는 것을 들었다. 알고 보니 그것은 공장 직원들이 공장 관리자에게 매주 제출하는 보고서였다. 공장 관리자는 표준 효율성과 실제 효율성을 비교해보기 위해 그것을 요구했다. 공장 관리자는 주말마다 녹색 장부를 집에 가져가서 면밀히 검토하고, 월요일 아침마다 형편없는 성과를 낸 직원들을 꾸짖곤 했다. 모든 직원은 이제 어떻게 해야 하는지 잘 알고 있었다. 직원들은 보고서의 수치 성과를 높이기 위해서 갖은 방법을 다 동원했다. 요일별 성과 수치를 조정해서 기입하는 것이 한 가지 방법이었다. 공장 관리자 이외에 아무도 그 장부를 참고하지 않았다. 그리고 CFO는 직원들이 그런 보고서를 준비하는 데 상당한 시간(비용으로 환산하면 연간 12만 달러에 해당하는)을 투입한다는 사실을 알았다.

많은 CFO가 세부사항과 과다한 보고서를 줄이기 위한 '전담반'을 만들었다. NCR의 CFO인 얼 섕크스Earl Shanks는 과거에 자신의 회사가 재무조직이 만든 1,200개의 맞춤형 보고서를 처리했다고 말한다. 표준화 작업을 시행한 이후 이 수는 100개 남짓으로 줄어들었다.[19] 크라프트 푸즈Kraft Foods의 CFO인 랄프 니콜레티Ralph Nicoletti는 나비스코Nabisco와의 합병 이후 모든 재무 직원의 업무를 단순화하기 위해서 '업무제거팀'을 만들었다. 예를 들어 4명으로 이루어진 한 팀은 "월별 업데이트와 예산을 준비하기 위해 회사가 겪어야 하는 고된 과정"을 분석했다. 철저한 분석 후에는 이들 업데이트 내용을 7쪽 분량으로 줄이고, 가장 중요한 영역에 속하는 핵심 메시지를 포함한 3개의 시스템 데이터로 보충했다.[20]

진실과 투명성에 집중하라

일부 재무업무가 과다한 수준의 세부사항을 필요로 하는 이유 가운데 하나는, 재무조직이 각 사업단위에서 발생한 수치를 검증해야 한다는 점이다. 예를 들어 대부분의 비용 수치는 더 작은 단위의 데이터를 토대로 만들어지고, 그 수치를 수집하는 사람이 그것을 정의하고 해석해야 하며, 그 수치의 목적이 검토되어야 한다. 똑같은 데이터라 하더라도 전통적인 회계방식을 적용하면 손실이 발생하는데, 다른 방식(경제적 부가가치를 발생시키는 관리나 행동 중심의 관리)을 적용하면 수익이 발생할 수도 있다. 문제가 되는 또 다른 영역은 원가배분이다. 일례로 미국의 한 대형 은행에서는 예산수립 시간의 약 60%가 원가배분과 이전가격 산정transfer pricing(TP)에 쓰이고 있었다. 이와 같은 문제를 해결하는 방법은 언제나 단 하나의 '진실한 방법'만이 조직 전반에 적용되도록 하여 완전한 투명성을 추구하는 것이다. 하지만 그런 경우는 좀처럼 보기 드물다. 일부 기업은 원가회계, 관리회계, 재무회계 각각에 대한 장부가 따로 존재하고, 거기에다 세금 및 규제 당국에 대한 보고를 위한 장부까지 존재한다.

만일 엔론 사태 이전에 사베인스-옥슬리법이 존재했다 할지라도 엔론의 사기 행각은 중단되지 않았을 것이다. 엔론은 늘 모든 서류를 점검했다. 그러나 엔론이 갖고 있지 않았던 것은 바로 투명한 정보였다. 많은 CFO들은 권한을 갖고 있는 사람만이 정보에 접근해야 한다고 믿는다. "시스템을 완전히 공개하는 것은 너무나도 위험하다"라면서 그들은 이렇게 말한다. "어떻게 직원들이 민감한 정보에 접근하도록 놔둘 수 있겠는가? 그러면 그 정보는 금세 경쟁사의 귀에까지 들어갈 것이다." 반면 마이크로소프트Microsoft의 회장 빌 게이츠Bill Gates는 리더가 정보를 통제하려 들지 말고, 많은 사람이 그것을 접할 수 있도록 개방적인 태도를 가져야 한다고 믿는다. 그는 "모든 이들이 커다란 그림을 이해하도록 만들고 각자를 신뢰하는 것에 따르는 가치는, 거기에 따르는 리스크보다 훨씬 더 크다"[21]라고 말했다.

한델스방켄의 CFO 레나트 프랭크Lennart Francke는 자신이 갖고 있는 가장 명확한 운영상 책임 가운데 하나가 내부회계 시스템을 외부회계 시스템과 일치시키는 것이라고 생각한다. 또한 그는 이를 위해서는 끊임없는 노력이 불가피하다면서 다음과 같이 말한다.

조직 내에는 이런저런 증진을 강조하기 위한 갖가지 종류의 인센티브가 사용되길 원하는 세력이 항상 존재한다. 예를 들어 신용카드 사업을 성장시키려면 지점 매니저의 노력을 증가시키기 위한 특정한 인센티브를 도입해야 한다고 대부분 생각한다. 나는 그런 의견에 대해 항상 반대하면서 우리는 그렇게 하지 않는다고 말한다. 우리는 신용카드 사업에 적절한 비용과 적절한 수익 목표를 책정한다. 다른 상품에 대해 그렇게 하는 것과 마찬가지로 말이다. 그렇기 때문에 우리 은행의 내부 관리자들이 손익계정에서 보는 내용과 외부계정에 나타나는 내용은 똑같다. 우리는 내부차익 실현을 대단히 경계한다. 내부차익 실현은 많은 논란을 야기할 수 있고, 실제 고객에게서 나오는 수익이 아니라 내부수익 창출에 집중하게 만들기 때문이다.[22]

불필요한 도구와 시스템을 피하라

컨설턴트들은 CFO를 최신의 성과관리 시스템과 도구의 잠재적 구매자로 여긴다. 그러한 도구 대부분은 타당한 이론에 바탕을 두고 있지만, 실제로는 형편없는 효과를 발휘한다. 그리고 이미 막대한 시간과 비용을 잡아먹은 도구나 시스템들은 컨설턴트가 물러가고 내부의 프로젝트 옹호자들이 그 자리를 대신하면서 폐기된다. 이처럼 성과관리 시스템이나 도구가 실패하는 이유 가운데 하나는 미흡한 변화관리 방식 때문이다(대개 직원들의 검토와 지지를 구하기보다는 그들에게 시스템을 강요한다). 그러나 그런 시스템이 애초에 도입되지 말았어야 하는 경우도 많다. 시스템이나 도구를 도입했다가 실패하면 관리자들의 사기가 저하되고 복잡성이 증가하며, 시간만 낭비하는 결과를 낳는다. CFO는 이런 일이 발생하지 않도록 막는 역할을 해야 한다.

오늘날 가장 널리 쓰이는 전략 도구 가운데 하나인 균형성과표를 살펴보자. 균형성과표는 더 나은 전략 관리를 위한 방법으로서 1990년대 중반에 기업들에게 크게 주목받으며 인기를 끌기 시작했다(서론에서 언급한 내용을 참조하라). 최근 10~15년간 나타난 다른 대부분의 도구나 모델과 마찬가지로 균형성과표에 담긴 목표와 철학 역시 명확하다. 조직이 '전략에 집중하는 것'이 잘못이라고 말할 사람이 어디 있겠는가? 문제는 그 실행 방법에 있다. 균형성과표의 개발자인 카플란과 노턴의 권고에도 불구하고, 대부분의 균형성과표는 'KPI성과표'일 뿐이며 상의하달 방식의 통제 시스템으로 사용되고 있다. 소프트웨어업계 역시 균형성과표를 그런 식으로 바라본다. 자동표시기 신호들은 지표의 상승이나 하락을 알려주는 여러 색깔의 '신호등'을 가진 '목표/실제 차이' 보고 시스템이다. 이와 같은 종류의 시스템은 거의 가치를 창출하지 못할 뿐 아니라 오래가지도 못한다. 해켓그룹의 수석 비즈니스 고문 존 맥마한John McMahan은 "대부분의 기업이 균형성과표에서 거의 가치를 얻어내지 못하고 있는데, 이는 균형

성과표가 효과를 발휘하게끔 하는 기본규칙을 따르지 않기 때문이다"라고 말한다.[23]

균형성과표를 효과적으로 활용하는 방법은 하위 팀들에 책임을 위임하는 것이다. 카플란과 노턴은 균형성과표를 효과적으로 사용하는 기업들을 관찰하고, 전략을 최전방 직원에게 위임하는 것이 얼마나 중요한지 깨달았다. 그러한 기업은 "개방된 보고 시스템을 갖추고 조직 구성원 모두가 성과를 알 수 있도록" 하고 있었다. '전략은 모두의 임무'라는 원칙으로, 업무에 필요한 정보를 모든 직원에게 제공함으로써 '모든 구성원'에게 권한을 부여했다.[24]

문제는 많은 기업이 도구나 시스템을 선택하고 실행할 때 '비전 A'를 따른다는 것이다. 즉 상의하달 방식 통제를 강화하고 기존 시스템(대개는 문제투성이인 시스템)을 더 효과적으로 작동시키는 것을 목표로 삼는다. 이 때문에 대부분의 품질개선 시스템이 근본적으로 시스템은 개선하지 못하고 관리자들이 리스트의 항목을 점검하게 하는 데에서 그치고 마는 것이다. 2003년에 미국에서 도요타는 포드보다 79%, 크라이슬러보다 92% 더 적은 수의 자동차를 리콜 조치했다.[25] 놀라운 수치 아닌가? 도요타의 품질이 그처럼 뛰어난데도 도요타에는 왜 품질관리부서가 없는 것일까? 도요타는 모든 것을 단순하게 유지하고 '도구'를 거의 사용하지 않기 때문이다. 도요타는 품질을 검사하는 것이 아니라 시스템 자체의 품질을 높이는 데 주안점을 두고 있다.

많은 기업이 비용을 투자하는 또 다른 도구는 고객관계관리Customer Relationship Management(CRM) 시스템이다. 고객관계를 엄밀하게 추적하고 모두가 각각의 고객 거래현황을 '볼 수' 있게 만드는 일이 대단히 중요하다고 믿는 게 일반적이다. 그러나 CRM 시스템의 성공률은 미미한 수준이다. 영국의 한 보고서에 따르면 CRM 시스템의 70%가 '부정적인' 결과를 가져 온다고 한다.[26] CRM 시스템을 실행하면서 고객의 관점에서 시스템을 재 고해보지는 않고 기록과 스캐닝, 행렬화, 일괄처리, 카운팅, 라우팅, 기록 (각각의 프로세스는 오류와 재작업이 발생하기 쉽다)에만 집중하면 문제가 더 욱 악화될 수 있다. 게다가 이런 시스템들은 꾸준한 정비(상당한 시간과 비 용이 소모된다)가 필요하지만, 이들 시스템이 가치를 창출하고 고객 경험 을 향상하는지는 의문스럽다.

다음에 소개하는 사례들이 보여주듯이, 프로세스 흐름을 능률화하는 것이 좋은 해결책이 될 때가 많다. 주택임대료 보조금 산정과 지급을 담당 하는 영국의 한 지역 자치단체는 추가 자원 투입이나 CRM 시스템의 도움 없이 불과 몇 달 만에 최악의 상태에서 손꼽을 만한 훌륭한 사례로 변화했 다. 변화를 추진하기 1년 전만 해도 이 자치단체는 처리해야 할 밀린 청구 건이 7,700건으로 일반적인 수준보다 20배나 높은 최악의 상태였다. 청구 건 하나에 대한 지급을 처리하는 데에 6개월 이상이 걸렸다. 편지나 전화, 방문 항목 가운데 새로운 청구와 관련된 것은 3분의 1에 불과했다. 그 외 에 나머지 업무는 모두 이전의 미해결 때문에 생겨난 요구들을 처리하는 일이었다. 사무실을 한 번 방문해 청구가 해결되는 고객 비율은 3%에 불 과했다. 대부분 고객이 적어도 3회 이상은 방문했고, 일부는 10회까지 찾 아오기도 했다. 이 자치단체는 서류를 검토할 때 그것을 세 번 분류하고 여덟 번 확인하는 시스템을 갖고 있었다. 당연히 미처리 건이 쌓일 수밖에 없었다.

자치단체는 상황을 개선하기 위해 먼저 고객이 원하는 것을 파악하고 고객서비스를 향상하는 데 기여하는 업무에만 집중했다. 그리고 시간이 얼마나 걸리든 상관없이 가용자원 모두를 투입하여 업무를 100% 완벽하게 처리하도록 했다. 또 프로세스가 끝날 때까지 고객을 관리하고 그들에게 진행상황을 늘 알려주었다. 상황 개선을 위한 핵심 열쇠는 '명확한' 정보를 얻는 것이었다(진짜 방해 요인은 청구건을 심사하는 과정이 아니라, 애초에 명확한 정보를 확보하지 못한 것이었다). 그래서 자치단체는 고객과 약속을 했다. 청구자가 제대로 된 서류를 모두 제출하면 해당 청구건을 즉시 처리해주기로, 또는 다른 곳에 서류를 보내 확인해야 할 사항이 있는 경우 수일 내로 처리해주기로 말이다. 자치단체는 공식적인 업무사항을 얼마나 잘 이행하고 있는지가 아니라 직원들이 고객에게 중요한 사항을 얼마나 잘 충족시키고 있는지 알 수 있는 측정기준들을 도입했다. 3주간의 시험운영 결과, 프로세스 흐름을 단일화하여 시스템을 변화시키면 직원들이 청구건을 (몇 시간은 아니더라도) 며칠 내에 처리할 수 있다는 것을 알게 되었다. 밀린 청구건은 300개로 줄어들었고, 직원들은 고객에게 욕을 먹는 대신에 꽃이나 케이크 같은 선물을 받게 되었다. 조직의 사기와 업무의 질도 높아졌으며, 남는 인력을 추가 비용을 들이지 않고 일선에 배치할 수 있었다.

린 방식을 채택한 도요타나 한델스방켄 같은 조직은 먼저 문제를 진정으로 이해하려고 노력하면서 새로운 시스템에 접근하고, 문제를 해결해줄 가능성이 있는 방법을 하나 이상 시행해보고, 그러고 나서야 IT 솔루션이 추가적인 가치나 이익을 가져다줄 수 있을지 검토해본다. 도요타는 로봇공학에는 수십억 달러를 투자하면서도 IT 시스템 도입에 많은 비용을 쏟는 것은 대단히 신중하게 결정한다. 이 회사는 오래전에 개발된 많은 시스템을 여전히 계속 쓰고 있다. 확실한 이유가 있거나 이윤이 명확하게 예상

될 때에만 시스템을 업그레이드하기 때문이다. 공장 관리자들은 컴퓨터 정보에 의지하기보다는 '직접 가서 눈으로 확인하는' 방법을 더 신뢰한다. 도요타 부품부서의 한 관리자는 이렇게 말했다.

현장관리자 입장에서 보면, 의자에 앉아 컴퓨터 모니터만 들여다봐서는 필요한 모든 것을 알 수는 없다. 부품의 실제 사이즈와 공장의 상황을 직접 보고 느껴야 한다. 컴퓨터는 부품 조달 분석가에게 재고 물량을 알려줄 수 있지만, 창고가 좁아 재고를 수용할 장소가 부족해 직원들이 애를 먹고 있다는 사실은 알려줄 수가 없다.[27]

도요타 직원이라면 다음과 같이 말할 것이다.

우리는 정보 시스템이 아니라 자동차를 만드는 사람들이다. 자동차를 만드는 프로세스를, 그리고 정보 시스템이 그것을 어떻게 뒷받침해줄 수 있는지를 보여달라.

데이비드 섕크는 새로운 도구와 시스템에 대해 '회의적인 시각'을 견지하며 말한다.

새로운 기술을 맹목적으로 사용하지 마라. 그것을 단순히 재미를 위해 사용하지도 마라. 새로운 도구가 어떤 행동을 장려하고 어떤 행동을 자제시키는지 생각해보라. 새로운 도구가 만족스럽지 않은 방향으로 당신 삶에 영향을 미치지 않도록 경계할 필요가 있지는 않은지 현명하게 판단하라.[28]

관료주의를 없애고 시스템을 단순화하고 의사결정을 분권화하라

>> 스벤스카 한델스방켄

로빈 프레이저와 나는 한델스방켄에 관한 첫 번째 보고서를 작성하여 은행장인 얀 발란더 박사에게 건넸다. 그는 먼저 은행의 운영방식을 훌륭하게 분석했다며 칭찬을 하고 나서 우리가 중요한 실수를 했다고 말했다. 보고서 마지막 단락에 "이 은행은 지금껏 우리가 본 것 가운데 가장 발전된 관리모델을 보여준다"라고 쓴 게 잘못됐다는 것이었다. 그는 '발전된'이라는 단어를 '간결한'으로 바꿔달라고 했다. 그제야 우리는 그의 말뜻을 이해했다. 과거에 조직은 지금보다 규모가 더 작았고, 직원들 서로가 사업에 가장 이익이 되는 방향으로 노력하리라고 신뢰감을 갖고 일하는 친밀한 공간이었다. 그러나 시간이 흐를수록 관료주의가 강화되면서 그러한 친밀성은 사라지기 시작했으며, 수많은 통제가 구성원을 엄격한 규칙만을 따르게 만들었고, 이러한 상황은 더욱더 심해졌다. 휴가 승인에서부터 크리스마스 파티에 사용할 수 있는 금액에 이르기까지 모든 사항에 대해 본사에서 지시가 전달된다. 기업 감사관이 정해진 계획안과 일치하지 않는 모든 비용지출을 조사할 수 있도록 예산이 엄정하게 수립된다. '예산과 통제'와 마찬가지로 '간결함과 속도'는 늘 함께 붙어 다니는 단어이지만, 그 두 쌍의 조합은 새로운 경제 상황에서 조직을 경영하는 방법에 관한 전혀 다른 철학을 나타낸다.

한델스방켄의 기본 철학은 "잘 훈련된 역량 있는 직원에게 개인적 권한을 부여하고 그들이 각자의 위치에서 신속하고 결단력 있게 움직이도록 하면 결국 고객충성도와 고객만족도가 높아진다"는 것이다. 또 이러한 방침은 결국 지속성 있는 수익성 제고와 주주가치 증대를 가져온다. 이는 곧 중앙집중식 통제가 아니라 일선 직원의 주도적 기업가 정신 함양을 지향하는, 조직문화의 혁신적 변화를 의미하며, 여기에는 신중한 인재 선택, 지속적인 개발, 좀 더 성숙한 조직의 자원과 지지 등이 뒷받침되어야 한다. 그러한 기업에 어울리는 단어는 신뢰, 성실, 책임, 헌신이다. 한델스방켄의 경영모델 설계자인 발란더는 1970년대 초반에 관료주의를 없애고, 시스템을 단순화하고, 의사결정을 분권화하며 변화를 진행한 경험을 다음과 같이 설명했다.

> 나는 본사 부서가 업무나 보고에 반드시 필요한 내용과 관계없는 그 어떤 비즈니스 메모도 각 지점에 보내지 못하게 했다. 예산수립과 관련된 모든 행동과 이전 예산안과 관련된 후속 행동도 모두 금지했다. 당시 본사에는 다양한 개발프로젝트에 참여하는 110개의 위원회와 업무 그룹들이 있었다. 이들에게 하던 일을 즉각 멈추라고 지시했고, 비서들에게는 그 시점까지의 결과를 정리해 1쪽 이내의 보고서를 제출하라고 요청했다. 수백 명의 직원이 새로운 데이터 시스템을 만드는 중이었다. 그 역시 중단시켰다. 마찬가지로, 장기계획 수립과 비전 및 전략 구상과 관련된 부서에도 작업을 멈추라고 지시했다. 당시 한델스방켄은 스웨덴에서 손꼽히는 대형 광고주였다. 40명으로 구성된 본사 마케팅부서가 주요 광고 캠페인과 대대적인 광고활동을 준비하고 있었다. 이 작업 역시 중단시켰고, 얼마 후 그 부서의 직원 수는 40명에서 1명으로 줄었다.[29]

경영성과를 이끌어내는 힘은 큰 개인적 보상을 가져다주는 개별적인 목표가 아니다. 경영성과를 높여주는 것은 인간의 가장 기본적인 욕구에 어필하는, 더욱 높은 수준의 동기부여다. 그것은 바로 공동의 목표에 대한 기여도를 동료에게서 인정받고 싶어하는 욕구다. 한델스방켄에서 모든 성과측정과 보상은 경쟁을 배제하고 물리치는 데에 초점이 맞춰져 있다. 내부경쟁(지점 간의 성과 비교)이든, 외부경쟁(타 은행과의 비교)이든 말이다. 그리고 지점들끼리 서로 긍정적인 의미의 경쟁(고객을 서로 데려가려는 경쟁이 아니라)을 하도록 독려하고 정보와 베스트 프랙티스를 공유하기 위한 장기적인 이윤분배 계획이 세워져 있다.

대부분의 외부인이 보기에는 분권화가 더욱 효과적인 통제를 낳는다는 사실이 역설적으로 느껴질 것이다. 한델스방켄에는 경영진이 세 단계로만 이루어져 있어서 자료를 위조하거나 속일 수 있는 가능성이 매우 낮다. 다른 조직에 비해 훨씬 투명성이 강한 것이다. 예산 검토를 토대로 통제가 이뤄지는 것이 아니라, 현재 상황에 대한 파악을 토대로 통제가 이루어진다. 따라서 전적으로 빠르고(온라인), 개방적이며(모두가 동시에 같은 정보를 얻는다), 포괄적인(모든 사용자가 필요한 지원을 받는다) 정보 시스템에 의존하여 투명성이 실현된다. 그리고 경영진은 그런 정보 시스템을 이용하여 일선 업무에 세세하게 개입하고 감독하지 않는다. 그들은 거래량, 고객 수 증감, 고객 이익, 지점 이익, 비용, 생산성 등과 관련된 전반적 패턴을 관찰하고 감독할 뿐이다. 만일 지역 회계책임자가 지점의 이윤곡선이 잘못된 방향으로 향하는 것을 발견하면, 해당 지점에 그것을 상기시키기 위해 전화를 건다. 그 이후에 특정 조치를 취할지 여부는 지점이 스스로 판단해 결정한다. 진정한 관리기술은 예외적인 패턴이나 비정상적인 사태를 발견하고, 그것이 심각한 문제로 발전하기 전에 거기에 대처하되, 그 외의 경우에는 간섭하지 않는 것이다. 다시 말해 정보를 현명하게 이용하여(예컨대 큰 흐름과 트렌드를 감지하고 조직 전체의 리스크를 관리하는 것), 직원을 통제하기보다는 그들을 지원하고 발전을 돕는 것이다.

은행의 역사와 오랜 시간 함께해온 한델스방켄의 CFO 레나트 프랭크는 이와 같은 관리방식의 열렬한 옹호자다. 그는 이러한 모델을 유지하고 발전시키기 위해 어떻게 노력해왔는지 다음과 같이 설명한다.

우리는 항상 모든 일을 최대한 간결하게 하고자 노력한다. 예를 들어보겠다. 우리 부서가 하는 중요한 업무 가운데 하나는 최고경영진에게 수치 자료가 들어가지 않은 월간보고서를 제출하는 것이다. 거기에는 수치 자료 대신에, 총수익의 관점에서 볼 때 각기 다른 사업라인들이 얼마만큼의 성과를 내고 있는지를 알 수 있는 관련 정보가 들어간다. 또한 그 보고서에는 사업규모와 각 부문별 규모가 담겨 있다. 바로 우리 부서에서 그 보고서를 작성한다. 그리고 내가 직접 새로운 내용을 추가하거나 중요도가 떨어진다고 판단되는 정보들을 빼버리면서 보고서를 편집한다. 그렇게 해서 보고서의 분량을 늘 일정한 수준으로 유지한다.

또한 나는 우리 부서가 불필요하거나 복잡성만 증가시키는 새로운 시스템이 도입되지 않도록 막는 수비수가 되어야 한다는 사실을 늘 명심한다. 예를 들어 우리는 균형성과표 같은 시스템에 회의적이다. 우리가 갖고 있는 관리통제 시스템은 지난 35년간 기본적으로 크게 바뀌지 않았다. 그 시스템은 시장과 비즈니스 환경의 극심한 변화 속에서 생존해왔다. 우리는 분권화 모델에 따라 우리 은행을 운영하기 시작한 이래 심각한 재정 위기를 겪었고, 규제 완화를 경험했으며, 비즈니스 주기가 5~6차례 오르락내리락하는 것을 목격했다. 그것만 봐도 우리가 모든 가능한 시험을 거치고 멋지게 합격점을 받은 시스템을 갖고 있다는 것이 입증되지 않는가. 이는 곧 우리가 비즈니스 전략이나 관리통제 시스템의 모든 새로운 트렌드를 따라갈 필요가 없다는 것을 의미한다. 균형성과표가 비즈니스 세계에 등장했을 때, 우리는 그 개념 중 일부를 우리가 이미 한동안 사용해오고 있었다는 사실을 깨달았다. 예를 들어 우리는 항상 목표(업계 최고의 은행이 되겠다는 목표) 달성에 명확하게 집중해왔고, 그 목표에 맞춰 측정기준과 행동을 조정해왔다. 새로운 기술은 확실히 중앙집중화를 더 용이하게 만든다. 일부 조직은 이러한 힘을 이용하여 일선 직원에게서 의사결정권을 빼앗는다. 그러나 이것은 우리가 믿는 사업철학과 반대되는 것이다. 그러한 신기술에 저항하지 않는 사람은 그 신기술과 시스템의 노예가 되고 말 것이다.[30]

경영 관련 서적이나 잡지들은 이런저런 경영모델을 뒷받침하는 성공 스토리로 가득 차 있다. 그러나 확고한 시장 포지션이나 여타의 특별한 요인 없이 30년 넘게 꾸준히 경쟁사들을 앞선 자리를 유지한 기업이 얼마나 될까? 발란더의 비전에 따라 운영되어온 한델스방켄의 성과를 되돌아보면, 이 은행은 모든 측면에서 높은 점수를 내고 있다. 주주수익률은 단연 돋보이는 수준이다(이 은행을 가장 바짝 뒤쫓는 경쟁사보다도 33%나 더 높다). 무디스 등급◆은 'Aa1'으로 유럽에서 세 번째로 높다. 유능한 인재들은 그 어떤 금융 기업보다도 한델스방켄에서 일하고 싶어한다. 연봉과 복리후생 때문이 아니라, 분권화된 운영구조 안에서 젊은 관리자들이 "주도적으

◆ 세계 3대 신용평가사 중 하나인 무디스에서 평가하는 장기채권의 등급은 투자등급과 투기등급으로 나뉘며, 투자등급은 최고등급인 Aaa부터 Aa1, Aa2, Aa3, A1, A2, A3, Baa1, Baa2, Baa3가 있다.

로 자신의 사업영역을 운영"할 수 있기 때문이다. 이직률도 대단히 낮은 편이며(약 3%), 이는 직원들의 높은 만족도를 반영한다(잉여인력 감원도 거의 없다).

총자산 대비 비용(비용자산비율)*과 수익 대비 비용(비용수익비율)**이라는 두 주요 기준을 이용하여 살펴보면 한델스방켄은 유럽에서 가장 비용효율적인 은행이다. 2004년에 대부분 국제 은행들의 비용수익비율이 60%를 넘은 데 반해 한델스방켄은 43%를 달성했다. 이런 성과가 가능했던 한 가지 이유는 비용이 예산 시스템에 의해 보호받지 않고 지속적으로 도전을 받았기 때문이다. 또 다른 요인은 부실대출 비율이 극도로 낮다는 점인데, 그 주요 원인은 대출업무 책임을 일선 직원에게 위임하는 이 은행의 방침 때문이다. 한델스방켄이 업계에서 고객불만이 가장 적고 스웨덴에서 고객만족도 리스트의 상위에 꾸준히 머물 수 있는 이유는 아마도 각 지점이 고객을 '보유'하고(거래가 이뤄지는 지역이 어디이든 상관없이), 의사결정을 신속하게 내리며, 맞춤형 해법을 제공하기 때문일 것이다. 한 설문조사 결과에 따르면, 만일 은행을 바꿔야 한다면 한델스방켄에서 다른 은행으로 바꾸겠다고 답한 사람은 11%에 그친 반면에 한델스방켄으로 바꾸겠다는 사람은 38%였다. 이 은행에서는 특히 고객을 다루는 문제에서 개인적 책임을 강조한다. 한델스방켄 직원의 절반이 대출 관련 권한을 갖고 있다. 이는 곧 고객이 은행의 답변을 신속하게 얻을 수 있음을 의미한다. 고객 니즈에 대한 정확한 파악과 맞춤형 상품을 제시하는 능력 또한 이 은

◆ Cost/Total Asset Ratio(CAR), 총자산 대비 비용이 차지하는 비율.
◆◆ Cost/Income Ratio(CIR), 수익 대비 비용이 차지하는 비율.

행의 고객만족 프로세스의 핵심적인 요소다.

권한 위임 중심의 간결한 관리모델을 유지하라 》 가디언 인더스트리즈

어쩌면 이와 같은 관리모델이 스칸디나비아 같은 신뢰도 높은 환경에서만 성공할 수 있다고 생각할지도 모르겠다. 하지만 가디언 인더스트리즈Guardian Industries는 그러한 모델이 북미에서도(그리고 제조업계에서도) 훌륭하게 성공할 수 있음을 보여주는 좋은 사례다. 가디언 인더스트리즈는 상업, 자동차, 건설분야에서 사용되는 플로트유리float glass 제품을 생산한다. 이 회사는 세계 최대의 플로트유리 업체 중 하나로, 총거래액 50억 달러 규모에 1만 9,000명의 종업원을 두고 있으며 세계 50개국에서 사업을 운영하고 있다. 가디언은 자동화에 큰 금액이 투자되는, 변동성이 크고 경쟁이 치열한 시장에서 활동하고 있다. 가디언은 15년간(1960년대와 1970년대에) 주식회사였지만 현재는 미국의 거부인 윌리엄 데이비슨William Davidson이 소유하고 있는 개인회사 형태다.

한델스방켄과 마찬가지로 가디언 역시 분권화된 관리모델이 경영의 핵심요소다. 이 회사의 성공을 가능케 한 중요한 요인은 개인의 책임, 상호 신뢰, 지속적인 발전을 강조하고 독려하는 강력한 기업문화다. 또한 적응력 높은 계획 프로세스, 직원들 사이에 퍼져 있는 강한 책임감, 직위가 아니라 개개인의 노력과 가치를 중심으로 하는 인정 및 보상 시스템 역시 큰 역할을 하고 있다. 관료주의와 예산수립에 적극적으로 반대하는 데이비슨은 가족을 대하듯 가디언을 운영해야 직원의 창의성이 발휘되고 팀 단위의 책임감이 증가한다고 믿는다. 데이비슨은 본사 직원들이 마치 권력이라도 과시하는 양 "우리는 본부에서 나왔습니다"라고 말하는 것을 싫어

한다.

규모가 작지 않은 기업임에도 가디언은 명확하고 간결한 관리방식으로 운영되며 상부 관리체계도 단순하다. 이 회사의 직원들은 관료주의가 창의성을 질식시키며 의욕을 꺾는다고 여기는 데이비슨의 철학을 따르고 있다. 이와 같은 기업문화와 사고방식은 공식적인 사명 선언문과 조직도, 기업방침 매뉴얼을 없애고 관료주의의 모든 낡은 관행들(상의하달식 목표설정 및 예산수립)을 제거한 것에서도 잘 나타난다. 가디언의 기업문화 안에서 직원들은 좋은 의도가 아니라 성과에 의해서 평가받는다. 이러한 방식 덕분에 가디언은 45년간 꾸준히 성장하면서 이윤을 유지할 수 있었다.

◇   ◇   ◇

일반적으로 받아들여지는 관행과 시스템에서 벗어나려면 신념과 용기가 필요하다. CFO는 그와 같은 변화를 감행하는 조직들을 보고 자극과 용기를 얻어야 한다. 많은 CFO가 정보 과다에 대한 메시지를 접하고 있고, 만병통치약과도 같은 기술적 해결책과 IT 시스템의 유혹에 넘어가는 CFO가 줄고 있다. 또한 그들은 앞으로 재무조직의 역할에 대한 인식이 변하는 것을 목격하게 될 것이다. CFO와 재무조직이 관리자들을 괴롭히던 가치 없는 업무를 줄여줄 것이라는 명확한 메시지가 조직 전체에 걸쳐 관리자들에게 전달될 것이다. 또한 많은 CFO가 자신의 역할을 적극적으로 넓히며, 분석가이자 조언가로서의 역량을(그리고 신뢰도도) 높여가고 있다. 그들은 이제 신뢰할 수 있는 소중한 파트너로서 조직 발전에 기여할 수 있는 위치에 올라 있는 것이다.

CFO의 새로운 역할 수행을 위한

체·크·리·스·트

☑ 복잡성 제거에 앞장서는 선두주자가 되어라. 명확성과 단순성, 투명성, 책임성을 목표로 삼아라.

☑ 총계정원장을 통합하고 마이크로매니지먼트를 피하라. 조직 내에서 데이터를 적절한 수준으로 관리하라. 경영진과 이사회가 더 커다란 성과 그림에 집중할 수 있도록 이끌어라.

☑ 잡음과 신호를 구분하라. 비즈니스 활동과 재무 데이터들을 볼 때 패턴과 추세에 주목하고, 예외적인 이상 현상에 대처하라. 정상적인 범위 내의 변동은 무시하라.

☑ 명확한 원칙과 범위, 지침을 제공하여 관리자들이 스스로 데이터를 관리하고 의사결정을 내릴 수 있도록 지원하라.

☑ 예외 중심의 관리를 하고, 직원들이 맡은 바를 적절히 수행하리라고(예컨대 비용지출서 작성 등) 신뢰를 가져라. 그러나 그러한 신뢰를 고의로 저버리거나 악용하는 직원은 엄격하게 대하라(무작위 추출 조사를 활용하여 그러한 악용을 방지하라).

☑ 가치를 창출하지 못하는 업무의 근본원인을 파악하여 제거하라. 총계정원장과 계정의 수를 엄정하게 관리하라. 이는 측정과 보고에 연쇄적인 효과가 있다.

☑ 급여, 복리후생 관리, 소프트웨어 개발, 구매와 같은 일상적인 업무를 집중화하고 표준화하라. 시스템 통합을 향상하고, 세부적인 분석을 줄이고, 거래처리를 주요 재무업무와 분리함으로써(예를 들어 1~2개의 효율적인 셰어드서비스센터를 운영한다) 거래처리 프로세스를 능률화하라. 만일 이것이 너무 어렵다면 아웃소싱을 고려해보라.

☑ 예산안의 세부항목과 복잡성을 제거하라. 세부적일수록 더 정확해지는 것은 아니다. 사실 오히려 역효과를 내기가 더 쉽다. 계획이 단순해지면 보고서도 줄어든다. 예산수립 자체를 없애는 것도 고려해보라(3장 참조).

☑ 조직 내 모든 수준에서 6~7개 정도의 성과평가 항목만 사용될 때까지 측정항목을 줄여라.

☑ 불필요한 보고서를 없애라. 현재 당신은 아마 필요한 것보다 2배나 많은 보고서를 갖고 있을 것이다. 그것을 만들어내는 데에는 당신이 생각하는 것보다 더 많은 비용이 든다. 보고서 작성을 멈추고 어떤 변화가 일어나는지 지켜보라.

☑ 수치 자료에 관한 한 '하나의 진실'만을 허용하고, 이용하라.

☑ 추가적인 IT 시스템과 개발프로젝트에 투자하는 것에 대해 의구심을 가져라. 우선 현재의 시스템부터 철저하게 점검하라. 업무 흐름을 정확히 파악해보고 기존 시스템을 개선할 방법을 찾아라. 그러고 난 후에야 IT 시스템이 가치를 창출하는 해법이 될 수 있을지 고려해보라.

제2장

CFO는 분석가이자
조언자다

우리 기업문화에서 CFO는 항상 사업팀의 일부이며
경우에 따라서는 사업팀을 이끌기도 한다.

짐 파크_ GE캐피털 CFO

설문조사에 따르면 대부분의 CFO들이 단순히 회계전문가라는 역할을 넘어서 전략 파트너나 비즈니스 파트너가 되기를 원한다. 그러나 이러한 희망은 말 그대로 '희망'에 그쳐왔다. 지난 10년간 이러한 희망과 현실 사이에는 늘 커다란 차이가 존재해왔다. 실제로 자신의 역할을 그처럼 변화시킨 CFO는 거의 없었으며, 그 주요한 이유는 시간과 능력이 부족하기 때문이었다. 그러나 그 변화에 성공한 CFO들에게는 확실한 보상이 뒤따랐다. 그들은 신뢰받는 존재이자 사업개발팀에서 없어서는 안 될 필수적인 구성원이 되었다. 날카로운 분석능력, 그리고 기존의 정보와 새로운 정보를 노련하게 해석하는 능력을 이용해 진정한 가치를 창출하는 존재 말이다. 그들의 역할에 대한 시각에도 변화가 생겼다. 그들은 회계전문가로 여겨지기에 앞서 폭넓은 시각을 가진 비즈니스 제너럴리스트라고 여겨진다. 세계적인 화물배송업체인 UPS에서 비즈니스 파트너로 거듭난 한 재무관리자는 이렇게 말했다. "우리 회사가 하는 일은 화물배송이지, 회계장부 관리가 아니지 않습니까."[1]

모든 CFO가 이런 비전을 갖고 있는 것은 아니다. 일부 CFO는 자신의 최우선적인 역할이 사업에 조언을 제공하고 이익 성과에 기여하는 것이 아니라, 효과적으로 재정을 관리하고 장부를 기록하는 것이라고 생각한다. 그럼에도 지난 50여 년간 CFO의 역할 균형은 엄연히 전자의 방향으로 기울어왔다. 이는 CFO들이 컴플라이언스나 통제를 소홀히 해도 된다는 의미는 아니다. 사베인스-옥슬리법은 그러한 임무의 중요성을 명확히 일깨워주었다. 그러나 CFO와 재무팀은 이를 변명 삼아 회계나 통제 역할로 되돌아가서 갈수록 어려운 의사결정에 부딪히고 있는 일선 관리자들과의 접촉을 피해서는 안 된다.

단순한 회계전문가로서의 CFO와 달리 비즈니스 파트너로서의 CFO가 하는 일은 무엇일까? 물론 회계 전문능력은 인정받는다. 그러나 그들은 회계를 넘어서 전략계획, 예측, 자원관리, 프로젝트 관리, 프로세스 개선, 의사결정 지원, 운영효율성 제고, 리스크 관리와 같은 다른 많은 업무에도 관여한다. 비즈니스 파트너로 거듭난 많은 CFO들이 실제로 재무센터에서 멀리 떨어져 있는 장소로 옮겨 업무를 하며, 의사결정팀에 필수적인 존재가 된다. 이는 CFO가 단순히 이미 내려진 결정사항을 점검하고 승인하는 역할에 그치는 것이 아니라 사업 과정에 지속적으로 참여해야 함을 의미한다. 또 다른 변화는 그들이 더 이상 운영부서 직원들이 요구하는 정보를 제공하는 역할에만 머물지 않는다는 것이다. 그들이 가진 지식과 경험을 동원해 계획수립과 주요 의사결정에 영향을 미치기 때문이다. 투자 제안이나 여타의 프로젝트 기반 결정에 대해 고찰할 때 그들은 노골적인 냉소가 아니라 건설적인 회의와 비판이라는 태도로 접근한다. 그들은 동료의 의견에 의문을 제기하고, 때로는 충돌이 일어나는 상황도 감수한다. 그리고 어떤 조치나 상황이 윤리적 기준선을 넘었다고 생각되는 경우에는 소신 있는 확고한 자세를 견지한다.

분석가이자 조언자의 역할을 하는 재무전문가는 또 다른 강점을 지닌다. 일반적으로 그들은 의사결정 결과에 이해관계를 갖지 않는 독립적인 구성원으로 여겨진다. 마케팅 직원들이 시장점유율에, 생산부서 직원들이 생산품의 양과 질에 집중하는 반면, 재무팀 직원들은 올바른 결정이 내려지는 데에만 관심을 가진다. 그리고 잠재 수익에 비해 리스크가 너무 크다고 판단되면 다른 구성원들에게 있는 그대로의 사실을 말해준다.

그러나 CFO와 재무팀이 신뢰할 수 있고 가치 있는 비즈니스 파트너가 되기 위해서는 중요한 여러 단계가 필요하다. CFO는 다음과 같은 점들을 실천해야 한다.

- 통제와 의사결정 지원 사이에 균형을 맞춘다.
- 높은 성과를 내는 팀을 구축한다.
- 기술을 이용하여 질 높은 정보를 제공한다.
- 의사결정을 효과적으로 지원한다.

통제와 의사결정 지원 사이에 균형을 맞춰라

어떤 CFO들은 먼저 비즈니스 파트너로서의 역할을 중시하고 그다음에 회계전문가로서의 역할을 상기한다는 것을 거북하게 느낀다. 독립적이고 객관적인 위치를 견지하면서 의사결정에 지나치게 관여하지 않는 것이 자신의 역할이라고 생각하기 때문이다. 프랑스 석유회사 토털Total의 CFO인 로버트 카스테뉴Robert Castaigne는 CEO인 티에리 데스마레Thierry Desmarest에게 '신중한 평형추'가 되어주는 것이 자신의 역할이라고 말한다. 티에리 데스마레는 그동안 과감한 인수와 투자전략으로 토털을 세계에서 네 번째로 큰 석유회사로 성장시켰다. 데스마레가 항상 낙관적인 타입이므로, 카스테뉴는 일이 어긋나는 것을 방지하기 위해 비관적이고 어두운 측면을 짚어주는 것이 자신의 역할이라고 생각한다.[2] 한편 다른 CFO들은 컴플라이언스와 통제를 내부의 전문가팀에게 맡기거나 완전히 아웃소싱하고 자신은 분석가이자 조언가의 역할을 하는 것이 중요하다고 본다. 아마도 곧

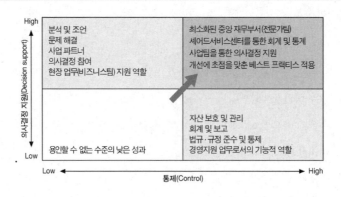

새로운 재무 역할 모델이 부상할 것이다(〈그림 2-1〉참조). 이 모델에 따르면, 본사 재무조직은 기준과 베스트 프랙티스 모범사례를 설정하고, 각 사업라인에 속한 재무관리자들('회계 및 통제'팀과 '의사결정지원'팀의 관리자들)의 업무를 감독하는 소규모 전문가팀이 된다.

제너럴 일렉트릭은 바로 이러한 모델을 채택했다. 1997년에 최초 투자가 이루어진 이래 GE캐피털은 자사의 재무회계 서비스를 인도에서 처리해왔다[이 사업부의 이름은 GE캐피털 인터내셔널 서비스GE Capital International Services(Gecis)다]. 1990년대에 여러 차례 인수가 진행된 이후, 2000년대 초반 GE캐피털은 연간 약 10억 달러의 비용을 줄이기로 결정했다. CFO인 짐 파크는 이렇게 말한다.

우리는 두 가지 측면에 집중했다. 하나는 시스템들을 통합하고 많은 수작업 업무를 제거하는 것이었다. 다른 하나는 가급적 많은 업무를 인도로 통합하는 것이었으며, 우리는 Gecis를 1만 7,000여 명(이 가운데 1만 1,000명이 회계 관련 인력이다)이 일하는 사업부로 성장시켰다. 얼마 전 우리는 Gecis 사업부의 60%를 다른 재무관리 구매자들에게 매각했는데(외부 고객들을 대상으로 계약 기간 동안 재무용역을 제공하게 했다는 의미), 그들이 외부 고객들과 더불어 사업을 더욱 훌륭하게 성장시킬 것이라고 생각했기 때문이다. 우리는 Gecis가 보여온 역량에 만족한다. 회계에 대한 전체적인 추진 방침과 완벽한 조화를 이뤄냈기 때문이다. Gecis의 직원들은 우리가 미국이나 유럽에서 확립하기 위해 고생했던 통제 메커니즘을 훌륭하게 도입했다(비록 한동안은 수작업이었지만). 또한 그들은 전 세계 다른 지역의 그 누구보다도 훌륭하게 식스 시그마*에 적응했다. 인도의 지적 자본은 놀라운 수준이다. 어떤 이들에게는 이상하게 보일지도 모르지만 우리는 그들을 아웃소싱 계약자라고 생각하지 않는다. 우리는 그들을 인도에서 우리 대신 업무를 수행하는 우리 직원들이라고 여기고, 그만큼 똑같은 책임감을 느낀다. 만일 일이 잘못되면 그것은 그들의 잘못이 아니라 우리 모두가 제대로 하지 않았기 때문이다. [3]

Gecis는 현재 산업별 또는 기능별로 분류된 450개의 프로세스를 관리한다[몇 개의 전문가팀Center of Excellence(CoE)이 나눠서 맡는다]. 재무 및 회계 전문가팀(평균연령 27세, 총 250명의 직원으로 구성된다)은 모든 거래처리를 담당할 뿐 아니라, 재고회전율, 현금 사용, 생산성 향상 등 다양한 문제에 대한 분석 및 보고를 제공하기 위한 데이터들을 처리한다. 어쩌면 미래의 재무업무는 다음과 같은 모습을 하게 될지도 모른다. 본사에는 소수의 직

◆ 모토로라(Motorola)에서 시작된 6δ 혁신활동으로, GE 혁신의 기본이 되었다.

원만 근무하고, 효율성 높은 팀들이 각 서비스센터에서 일하면서 이들이 기본적인 회계업무를 수행할 뿐 아니라, 데이터 분석과 보고를 비롯한 서비스까지 제공하는 형태다. 한편 분석 전문가팀에는 700여 명의 통계전문가, MBA 및 박사학위 소지자들이 일하면서 GE 사업 고객들의 준*부사장 역할을 수행하고 있다. 이들은 시장전략의 토대가 되는 모델을 만들고 GE의 목표 인수 회사들에 대한 사전조사를 실시한다.[4]

GE의 각 사업단위에 정상거래가격을 청구하는 Gecis는 2004년에 4억 400만 달러의 수익을 낼 수 있었다. 글로벌사업개발 책임자인 티아가라잔 VN Tyagarajan은 GE의 사업단위 모두를 합하면 비용을 35~40% 절감했다고 말한다. 그는 고객 관계가 3년간 지속되면 40%가 더 절감될 것이라고 추산한다. 그때쯤이면 프로세스 개선을 위한 Gecis의 노력이 이윤을 내기 시작할 것이기 때문이다. 이것이 바로 CEO 프라모드 바신 Pramod Bhasin이 생각하는 아웃소싱의 미래다. 그는 말한다.

아직도 많은 기업이 아웃소싱을 이른바 '복잡하고 골치 아픈 업무를 더 적은 비용으로 떠넘기는 방식'으로만 이해하고 있습니다. 그저 업무를 다른 곳으로 이동시키고, 거기서 실행하게끔 하면 된다는 거죠. 프로세스의 전문성과 분야별 지식에 관해서는 아직 충분한 발전이 이뤄지지 않고 있습니다.

아웃소싱되는 프로세스를 더욱 개선하면 노동비용 차액에서 오는 것과 동등한 수준의 비용 감소를 이룰 수 있다고 그는 말한다.[5]

높은 성과를 내는 팀을 구축하라

   필요한 지식이 부족하고 제 몫을 다해내지 못하는 재무관리자들은 사업개발팀의 일원으로 합류하기 어렵다. 그러나 CFO의 3분의 2 이상은 재무관리자와 직원에게 동기를 부여하고 그들의 역량 개발에 투자하기 위해 아직 더 노력해야 한다고 생각한다. 또 다른 문제는 CFO 자신의 능력과 기술이다. CFO들은 '뛰어난 재무조직'을 만들기 위해서는 자신의 능력이 중요하다는 사실을 알지만, 그들도 자신이 코칭이나 인재 개발에 서툴다는 사실을 인정한다(불과 22%만이 스스로 그런 기술에 능숙하다고 평가했다).[6] 그리고 마지막으로, 인정받는 비즈니스 파트너가 되기 위해서는 신뢰할 수 있는 수준의 분석과 조언 능력이 무엇보다 중요하다는 사실에는 이론의 여지가 없다. 최고 조직에서는 분석가의 100%가 운영 지식을 갖고 있는 데 반해, 평균적인 회사에서는 분석가 중 불과 58%만이 운영 지식을 갖고 있다.[7] 데이비드 액슨은 이렇게 말한다. "베스트 프랙티스 조직에서 일하는 분석가들이 운영관리팀operating management에게 더 큰 존중을 받고, 그 가운데 90% 이상이 비즈니스 파트너로 여겨진다는 사실은 별로 놀라운 일이 아니다."[8]

   그러나 그 정도의 수준에 오르려면 재무조직에는 정보의 흐름을 해석하고 다양한 단계에 있는 운영 관리자들을 지원할 수 있는 능력 있는 인재들이 있어야 한다. 시스코 시스템스Cisco Systems의 재무 및 기획 부사장인 조너선 채드윅Jonathan Chadwick은 이렇게 말한다. "우리는 다른 관점이나 다른 의사결정 포인트나 기회를 제공할 수 있는 인재들을 조직에 제공할 수 있어야 한다."[9] 셰브론 텍사코Chevron Texaco와 필립스 페트롤륨Phillips Petroleum이 합작해서 만든 60억 달러 규모의 화학회사인 셰브론 필립스Chevron Phillips의 CFO 켄트 포터Ken Pottere도 역시 재무조직을 혁신적으로 변화시키기 위해서는 재무 직원들의 역량을 높이는 것이 필수적이라고 생각한다. 그는 이렇게 말한다. "재무조직에 진정한 변화를 일궈낸 미국 기업들은 10% 남짓이며, 이것이 가능했던 것은 그들이 직원을 변화시켰기 때문이다."[10] CFO는 올바른 인재를 고용하고 그들의 역량을 개발해야 한다. 그러나 많은 CFO가 이를 힘겨워하고 있다. 사실 능력 있고 헌신적인 직원을 찾아내고 유지하는 것은 오늘날 CFO들이 직면한 가장 커다란 도전과제 중 하나다.

적절한 인재를 선발하라

CFO가 겪는 문제는 인재 채용 과정에서부터 시작된다. 재무 직원을 뽑을 때 그들이 조직문화에 적합한지 여부가 아니라 업무에 적합한지를 기준으로 채용하는 경우가 너무나 많다. 불행하게도 대다수의 재무관리자들이 분석능력과 커뮤니케이션 기술이 부족한 상태다. 사우스웨스트항공Southwest Airlines의 책임감 있는 기업문화를 낳은 핵심요인은 적절한 인재를 뽑는 채용방침이다. 이 기업은 올바른 태도를 지닌 인재를 채용한다. 사우스웨스트의 허브 켈러허Herb Kelleher 회장은 말했다. "우리는 아무리 능력이 뛰어나다고 해도 올바른 태도를 갖지 않은 사람은 채용하지 않는다. 가르치고 훈련하면 능력은 변화시킬 수 있다. 하지만 태도는 변화시킬 수 없다."[11]

또한 재무 직원들은 적응력이 뛰어나야 한다. 많은 업계에서 비즈니스 환경이 빠르게 변화하지만 재무인력은 그에 맞춰 변화하지 못하고 있다. 오로지 한 가지 직무에만 뛰어나고 적응력이 부족한 것은 치명적인 약점이 된다. 또 직원들에게 적응력이 부족할 경우, 핵심 인재들이 떠나면 조직에 불안정이 생겨날 뿐 아니라 시간과 비용까지 소모된다. 새로운 인력을 채용해야 하는 경우 대체 인력을 찾는 데 평균적으로 40일이 걸리고, 중간 수준 이상의 재무 직원을 대체하는 데에 5만 달러 이상의 비용이 든다.[12] 대부분의 사람들이 3년마다 직장을 옮기며, 이는 재무조직을 항상 불안한 변동상태에 있게 만들 수 있다.[13] 피자헛Pizza Hut과 타코벨Taco Bell 등을 소유하고 있는 얌Yum!의 사업부문인 얀캔레스토랑Yan Can Restaurants의 CFO 블레이크 바넷Blake Barnet은 인원수는 적어도 더 훌륭한 직원을 채용하는 것이 목표라고 말한다. 그는 성격이 밝고, 사업의 다양한 측면을 빨리 학습할 수 있고, 인간관계에 뛰어난 직원을 선호한다. 그래서 바넷은 이렇게 말한다. "요즘은 이런 직원이 훨씬 더 필요합니다. 예전에는 재무에 깊은 지식을 가진 사람을 채용했지만, 이제는 깊이와 넓이가 모두 필요합니다."[14]

재무팀이 뛰어난 역량을 이미 갖고 있으며, 그들을 이끌어줄 약간의 규율과 원칙만 필요한 경우도 있다. 닛산의 전 CFO(현 르노 CFO)인 티에리 무롱게는 바로 그런 경험을 했다. 당시는 1999년 르노의 닛산 인수 이후 무롱게가 CEO 카를로스 곤Carlos Ghosn과 함께 닛산 재건계획Nissan Revival Plan 을 추진할 때였다. 무롱게는 이렇게 말한다.

닛산이 바로 그런 상황이었다. 재무팀을 구성하고 있는 직원들은 대단히 유능했다. 우리는 추가 인력을 고용하지 않았다. 나는 단지 한두 명의 프랑스 동료를 데려왔을 뿐이다. 우리는 세계 전역의 재무팀들과 일했다. 대단히 개방적인 분위기였고 의견교환이 자유롭게 일어났다. 그리하여 모두가 같은 원칙을 이용하게 되자, 재무기능financial function(FF)은 작은 역할을 하

는 데서 벗어나 중심적인 역할을 하는 쪽으로 변화했다.[15]

커뮤니케이션 및 교육 기술을 향상하라

분석가나 투자자와 효과적으로 커뮤니케이션하는 능력이 점점 더 CFO의 중요한 역량이 되어가고 있다. 독일의 미디어기업 베텔스만Bertelsmann AG의 CFO인 지그프리트 루터Siegfried Luther는 이렇게 말한다.

CFO는 회계전문가인 동시에 전략가여야 한다. 그리고 두 역할 모두와 관련해 효과적인 커뮤니케이터가 되어야 할 필요성이 점차 증가하고 있다.[16]

그러나 이 말의 의미를 잘못 이해하기도 쉽다. 앤 멀케이Anne Mulcahy는 제록스Xerox의 CEO로 취임한 이후에 그것을 깨달았다. 그녀는 이렇게 회상한다.

2000년 10월 2일, 투자자들과 두 번째 전화회의가 열리는 날이었습니다. 제록스에겐 굉장히 암울한 시기였지요. 나는 회사에 손실이 나고 있다면 우리 사업모델이 지속 가능성이 없는 것이라는 확신이 들었습니다. 그래서 투자자들에게 그렇게 말하려고 했습니다. 그러니까, 지금의 사업모델로는 나아질 수가 없다는 사실을 우리도 잘 알고 있다고 말입니다. 하지만 그렇게 말하는 건 분명한 실수였습니다. 심지어 나는 경고도 들었습니다. 동료 경영진이 '세상에, 정말로 투자자들한테 그렇게 말할 겁니까?'라고 하더군요. 하지만 문제의 본질을 솔직한 태도로 밝히면 보상이 뒤따를 것이라고 생각한 건 저의 순진한 착각이었습니다.[17]

복잡한 회계 변화를 설명해야 할 필요성으로 인해 많은 CFO들의 커뮤니케이션 능력이 시험대에 오르고 있다. 예를 들어 2005년에 국제회계기준이 의무화되면서 그것이 기업 회계에 미칠 영향을 설명하기 위해 CFO가 분석가 그룹과 폭넓은 커뮤니케이션을 해야 할 필요성이 증가했다. 또한 분석가들은 전략과 관련해 CFO와 더 많은 대화를 나누기를 원한다. 영국의 한 헤지펀드의 경영 파트너인 앤드루 딕슨Andrew Dickson은 이렇게 말한다.

분석가들은 CFO가 전략을 명확히 설명하고 또 그것을 실행할 수 있길 기대한다. 그리고 CFO가 리스크를 통제할 수 있고 또 다른 어떤 리스크가 존재하는지 설명할 수 있다는 사실을 보여주길 기대한다. CFO가 그런 모습을 보여주면 투자자들은 더욱 확신을 갖게 되고, 그 기업에 더 쉽게 투자하기 마련이다.[18]

이사회도 뛰어난 커뮤니케이션 능력을 가진 CFO를 선호하고 있다. 투자자와 효과적으로 커뮤니케이션하는 능력 덕분에 CFO라는 자신의 입지를 확실히 다진 인물은 프랑스의 유리 및 건축자재 기업인 생고뱅Cie. de Saint-Gobain의 CFO 필리프 크루제Philippe Crouzet다. 크루제는 투자자들이 수치 이상의 무언가를 원한다고 말한다. "투자자들은 기업의 현재 상황에 대한 이야기를 듣고 싶어합니다." 또 그는 투자자들의 말을 경청하고 그들에게서 배울 줄도 알았다. 예전에 그는 높은 재고 수준을 유지하는 것이 고객을 위하는 현명한 방법이라고 생각했다. 하지만 재고 수준을 낮추는 게 좋겠다는 투자자들의 조언을 듣고 재고 수준을 엄격하게 통제했다. 그 결

과 회사의 매출은 25억 유로 증가했음에도 운전자본은 불과 1억 달러만 증가했다.[19]

CFO들은 또한 자신과 같이 일하는 재무관리 직원들이 효과적인 커뮤니케이터가 되어야 할 필요성을 깨닫고 있다. 재무관리자들은 동료인 다른 관리자들에게 재무분석의 기초를 가르치는 데에 좀 더 많은 시간을 쏟을 필요가 있다. 캐터필러Caterpillar의 사내 회계팀원들은 바로 이러한 접근법을 택하여 여러 부서에 수치 자료들이 무엇을 의미하는지, 또 그 내용이 그들에게 어떤 영향을 미칠 수 있는지를 가르쳐주었다. 이들은 '사업의 기초 이해하기Understanding the Business 101'라는 프로그램을 만들어 1,100명의 정규직원과 2,000명의 시급 근로자들을 대상으로 기초적인 내용을 설명했다. 직원들은 재무 결과, 회계팀원들이 정보를 수집하는 방법, 그것을 사용해 성과를 측정하는 방식 등에 대해 배웠다. 회계팀원들은 용접공이 사업에 어떤 영향을 미치는지, 구매담당자가 회사 운영에 어떤 영향을 미치는지도 설명해주었다. 회계팀원들이 효과적인 커뮤니케이션을 수행함으로써 사실상 수천 명의 사람이 비즈니스 전문가의 면모를 갖추도록 도운 셈이다.[20]

점점 더 많은 경제전문 뉴스채널이 인터뷰를 요청하거나 방송 분량을 채울 콘텐츠를 찾고 있기 때문에, CEO와 마찬가지로 일부 CFO는 언론의 조명도 받고 있다. 이 역시 CFO들의 커뮤니케이션 능력이 드러나는 시험대가 된다. 복잡한 재무 이슈들을 제대로 이해할 줄 아는 금융담당 기자들은 거의 없기 때문이다. 모토로라Motorola의 CFO인 데이비드 데본셔David Devonshire는 말한다. "기자들의 이해력이 예전보다 나아진 것 같긴 하지만 아직도 한참 부족한 수준이다. …… 정직함을 유지하게끔 해주는 한 가지가 현금흐름이라는 것부터 그들이 깨닫게 되길 바란다."[21]

재무관리자가 사업을 제대로 이해하도록 이끌어라

일부 CFO는 재무전문가를 본사 재무팀이나 지역별로 배치하지 않고 사업팀에 배치함으로써 그들이 적절한 경험을 하게 한다. 다른 CFO들은 폭넓은 교육 및 역량 개발 프로그램을 실시한다. 예를 들어 인텔은 재무 직원의 능력을 개발하기 위한 프로젝트를 진행하고 있다. 이 프로젝트에서는 직원의 리더십 역량을 키우고 그들이 전략적으로 사고하도록 교육한다. 재무담당 부사장인 레슬리 컬버트슨은 이렇게 말한다.

재무조직의 운영방식이 변화하려면 부서 내 모든 지위의 직원들이 그 변화에 동참해야 한다. 또한 재무조직에는 조직의 다른 부서들과 효과적으로 커뮤니케이션할 수 있는 직원이 필요하다. 이를 위해서는 조직 내에서 훌륭한 네트워크를 유지하는 능력, 다른 관리자와 원활한 업무관계를 유지하는 능력이 필요하다. 그럼으로써 재무 직원은 기업이 올바른 방향으로 나아가도록 돕는 중요한 조력자로 인식될 수 있다.[22]

페덱스익스프레스FedEx Express의 CFO 캐시 로스Cathy Ross가 한 말은 깨어 있는 현명한 CFO가 어떤 태도를 지녀야 하는지 우리에게 알려준다.

나는 재무팀 직원들에게 재무팀을 떠나 조직 내의 다른 부서에서 일해볼

◆ 재무가 그만큼 중요하다는 것부터 인식되길 바란다는 의미다.

것을 장려한다. 그것이 결국 회사의 발전에 도움이 되고, 개인의 시야와 역량도 넓혀주기 때문이다.[23]

최고 수준의 팀 만들기 》 GE캐피털

GE캐피털의 탁월한 재무운영 방식은 GE 그룹 내에도, 그리고 북미 지역 내에도 널리 알려져 있다. GE캐피털의 CFO로서 15년을 보내는 동안 거둔 가장 뛰어난 성과가 무엇이라고 생각하느냐고 묻자, 짐 파크는 처음 CFO로 취임한 1990년에 약 9억 5,000만 달러였던 순이익을 2005년 90억 달러 이상으로 증가시킨 것이라고 대답했다. 그는 말한다. "그것으로 15년 간 어떻게 사업을 성장시켜왔는지, 다양한 경기 순환 속에서 수용 가능한 리스크들을 어떻게 감수해왔는지 알 수 있죠." 그는 그러한 성공이 팀원들의 역량과 자질 덕분이었다고 확신한다. GE캐피털은 다른 경쟁사들이 부러워할 만한 재무관리 프로그램을 개발했다. 그는 다음과 같이 말했다.

나는 직원들의 자질이 그 무엇보다 중요하다고 생각한다. 우리는 몇 가지 독특한 인재개발 프로그램을 만들었다. 하나는 재능 있는 대학생을 고용해 가르치는 재무관리 프로그램이다. 그들이 회계 지식을 얼마나 갖고 있느냐는 중요하지 않다(입사했을 때 나도 회계 지식이 많지는 않았다). 이는 직무 순환 경험과 교실수업을 중심으로 하여 재무 기초를 가르치는 2년 과정의 프로그램이다. 또 우리의 감사팀은 실제로 리더십 개발 프로그램 역할까지 겸한다. 앞에서 말한 재무관리 프로그램을 수료한 사람들 가운데 뛰어난 인재에게는 감사팀원으로 일해볼 것을 권유한다. 감사팀은 다른 부서에서 잠재성 높은 인재들을 데려오기도 한다. 이 리더십 개발 프로그램은 2~5년 과정으로, 참가자는 1년이 끝날 때마다 과정을 지속할지 아니면 그만둘지 결정할 수 있다.

감사팀의 경우 대개 2년(최대 5년) 후에는 대폭적인 물갈이를 진행한다. 아마 비효율적인 것처럼 들릴 것이다. 그리고 나는 그들에게 경험이 부족하다는 사실도 잘 안다. 그러나 나는 전 세계의 어떤 감사팀과 견주어도 손색이 없을 정도로 그들을 키워놓는다. 그들은 최고다. 그들은 원하는 것을 할 자유를 갖고 있고 원하는 곳으로 갈 수 있다. 그들은 스스로 어젠다를 설정하고 그것을 외부감사인과 조정한다. 그들이 참여하는 프로그램은 거의 하루 24시간, 일주일 내내 진행되는 강도 높은 프로그램이다. 그들은 시간의 95%를 가족과 떨어져 보내지만 힘겨운 과정의 터널 끝에 빛이 존재한다는 사실을 잘 안다. 4~5년 후 프로그램을 마치고 나면 그들은 재무조직의 높은 직위에 오르게 된다. 우리 회사에는 재능 있는 인재를 인정하고 받아들이는 기업문화가 존재한다. 그들이 어떤 과정을 거쳤는지, 그들의 전임자들이 무엇을 이루어놓았는지 모두가 잘 알기 때문이다. 직원들은 그들이 가진 재능을 인정한다. 그들의 경험이 많고 적음은 별로 중요하지 않다. 기업문화와 사업에 대해 제대로 알고 있는 똑똑한 인재라고 생각하기 때문이다. 우리 프로그램은 아마도 가장 강도 높은 학습 기회 가운데 하나일 것이다.

직접 경험해보기 전까지는 많은 사람이 이 프로그램의 우수성을 반신반의한다. 우리는 세계 각지 출신의 인재들을 채용한다(50% 가량이 미국 이외 출신이다). 2년이 지나고 나면 그들은 재무업무에 집중할지 아니면 산업·서비스업무에 집중할지 결정해야 한다. 우리는 그들 중 절반가량에게 재무부문에 남기를 권유한다. 리스크를 이해하는 것과 감사는 다른 부서들의 업무와 완전히 다르기 때문이다. 이 프로그램 덕분에 우리는 GE의 다양한 사업들과 그 각각에 수반되는 리스크를 제대로 이해하는 많은 인재를 얻을 수 있었다. 감사 업무를 거치고 나면 이 인재들은 GE 그룹 내에서 고위직에 올라가곤 한다.[24]

기술을 이용하여 양질의 정보를 제공하라

재무팀이 기술을 사용하여 운영 관리자들에게 적절한 관련 정보와 보고 내용을 제때 전달해주는 빠르고 통합된 정보 시스템을 제공하지 못한다면, 재무팀은 조직에서 신뢰를 얻지 못할 것이다. 이와 같은 정보 시스템의 기획과 실행은 대단히 중요하다. 대부분의 새로운 도구와 시스템이 과다한 선전 내용과 달리 실패하고 마는 이유는, 그것들이 본사 주도로 실행되고, 일선 직원은 본사 직원과 일선 팀원 사이의 전투에서 본사가 사용하는 또 다른 통제 무기라고 인식하기 때문이다. 그 결과 그러한 도구나 시스템에 대한 수용도와 적극적인 관심은 지극히 낮아진다. 한 조사 결과에서는 기업들의 53%가 올바른 ERP 시스템을 갖고 있으면서도 그것을 제대로 활용하지 못하고 있다고 대답했다.[25] 낭비되는 투자 금액이 대단히 큰 것이다.

이러한 상황을 방지할 수 있는 한 가지 방법은 하위 조직을 그러한 시스템의 도입을 고려하고 계획하는 단계에 참여시키는 것이다. 그들이 ERP 시스템의 필요성과 유용함을 확신하게 되면 시스템을 지지하고 받아들일 가능성도 커진다. 그러나 시스템 도입으로 인해 그들이 받아야 할 교육이나 작성해야 할 보고서(그들의 성과평가기준이 되는)만 늘어난다고 인식하게 되면, 아무리 도입 취지가 훌륭해도 그 시스템은 성공하기 힘들다. 특히나 그런 보고서들은 직원들의 업무량만 배가시키기 때문이다.

만일 재무조직이 새로운 시스템의 기획과 도입에 참여하지 못하면, 해당 시스템이 조직이 필요로 하는 것을 충족시켜주지 못하는 경우 재무조직은 스스로를 탓할 수밖에 없게 된다. 다시 말해 재무조직이 시스템의 기획과 도입에 참여하지 못하는 경우 IT업체가 제공하는 '디폴트' 경영정보시스템만을 받아 쓰게 된다는 얘기다. IT업체들은 '비전 A'(더 많은 세부사항, 상세 데이터 접근, 마이크로매니지먼트 중심의 비전)의 관점을 갖고 있는 경우가 많다. CFO는 시스템 도입 계획 단계에서 주도적인 역할을 하고, IT 기술이 관리자들에게 진정 필요한 것(즉 신속하고 적절한 정보)을 제공하도록 힘쓸 필요가 있다. 시스코 시스템스의 CEO 존 체임버스John Chambers는 이와 같은 접근법의 유용성을 다음과 같이 설명한다.

나는 이제 24시간 내에 결산을 마칠 수 있다. 매주 수익이 얼마인지 한 달 내내 파악하고 있었기 때문이다. 나는 우리의 비용, 수익성, 총이익, 부품재고 현황 등을 알고 있다. …… 그 포맷에 내가 파악한 데이터를 넣으면, 예전 같으면 결제라인을 거쳐 사장에게 올라왔을 의사결정들을 담당자 선에서 내릴 수 있는 상태가 된다. …… 하위 단계에서 빠른 의사결정이 내려질수록 이익률도 높아진다. CEO와 CFO가 분기마다 50~100건의 의사결정을 내리는 대신에, 조직 전반에 걸쳐 관리자들이 수백만 번의 결정을 내릴 수 있다. 이런 방식을 택하지 않는 기업은 경쟁력을 잃을 것이다.[26]

통합 시스템을 개발하라

헬스사우스HealthSouth는 통합 시스템이 없는 경우 어떤 일이 발생할 수 있는지 보여주는 대표적인 사례다. 믿기 어렵겠지만, 이 기업의 CFO 5명은 조직적인 회계부정을 저지르면서 그 사실을 6년 동안이나 투자자들이 알지 못하도록 숨겼다. 이들은 수익과 주가를 보호하기 위해서 27억 달러에 이르는 조작된 수익을 장부에 기입했다. 그런데 이러한 회계부정을 가능케 한 핵심 원인은 각각의 사업단위 회계 시스템과 기업의 회계 시스템이 분리되어 있었던 점이다(월드컴WorldCom의 경우도 이와 유사했다). 이 기업에서 그룹 계정들의 통합은 수작업으로 이루어졌다. 1960년대에 손으로 쓴 비밀원장에 자물쇠를 채워 보관하던 것처럼 말이다. 따라서 재무팀이 통합 시스템을 통해 거래 과정을 관찰하는 견제와 균형check and balance 같은 것은 찾아볼 수 없었다. 회계법인 언스트앤영Ernst & Young의 관계자는 헬스사우스를 두고 "이사회나 감사위원회의 효과적인 감독은 부재한 채 1~2명의 개인이 경영을 장악하고 있다"라고 말했다.[27]

헬스사우스의 사례는 다소 극단적인 경우일지 모르지만, 파편적으로 개발되고 서로 연결되어 있지 않은 정보 시스템 때문에 많은 조직이 업무 지연과 높은 오류율을 겪고 있다. 대부분의 부서 사이에 소통이 제대로 이루어지지 않는다. 수년에 걸쳐 진행되는 일련의 기업 인수 때문에 그와 같은 문제가 발생하는 경우도 많다. 그러나 이제 소프트웨어업체들이 전혀 다른 시스템들로부터 데이터를 뽑아내 더 통합된 시스템을 만들 수 있는 보고 및 통합 능력을 제공함으로써 그런 문제를 줄여나가고 있다. 최종적인 목표는 조직 전체를 위한 하나의 통합된 시스템을 마련하는 것이다. 그런 시스템이 가져다주는 가시적인 이점 가운데 하나는 데이터 재입력 시간이 절약되고 수많은 월말조정을 없앨 수 있다는 점이다.

또 다른 이점은 재무조직이 통합 플랫폼을 사용하여 사업 규칙과 구조를 구축할 수 있다는 점이다. 그리고 사업지역 추가, 생산라인 중단이나 추가, 원가 중심점 변화와 같은 변화들을 쉽게 수용하면서 시스템을 수정할 수 있다. 이러한 시스템은 사업팀이 융통성 있게 여러 비즈니스 시나리오를 구상, 비교, 평가할 수 있게 해준다. 또 팀들이 수개월이 아니라 며칠 내에 사업모델을 수립할 수 있도록 해준다. 데이터 정의data definition◆는 ERP나 총계정원장 시스템과 같은 다른 소스들로부터 정의된 것을 수용할 수 있다. 또 정의를 위해 기능 간 통합모델cross-functional model을 수립하는 것도 가능할 것이다.

톰킨스는 기술을 효과적으로 사용하여 뚜렷한 성과를 얻은 대표적인 기업이다. 이 회사의 CFO 켄 레버는 그 과정을 다음과 같이 설명한다.

우리는 인터넷을 폭넓게 사용하여 거래 속도 및 처리 과정을 향상한다. 그룹 차원의 거래처리 시스템 덕분에 우리는 효율성을 현저히 증가시킬 수 있었다. 모든 운영부서는 자신의 정보를 이 시스템으로 복사, 전송할 수 있다. 이러한 거래처리 시스템은 우리의 통합 시스템과 더불어 개별 사업팀이 가장 중요하게 활용하는 것이다. 많은 운영부서가 자신만의 ERP 시스템을 사용하고 있다. 따라서 우리가 가장 주안점을 둔 것은 그 시스템들에서 중앙보고 시스템으로 데이터를 옮기는 일이 가능한 한 매끄럽게 이루어지도록 하는 것이다. 이제는 이쪽 시스템의 데이터를 저쪽 시스템에 재입력하는 일

◆ 데이터와 데이터 간의 관계에 대한 정의.

이 거의 없다. 이는 엄청난 시간과 비용을 절약해준다. 데이터 재입력이 전혀 없다는 얘기는 아니지만 과거에 비해 현저하게 줄어들었다. 그리고 우리는 그런 종류의 업무를 완전히 없앨 방법을 지속적으로 찾고 있다. 또한 우리는 다른 영역에도 기술을 활용하고 있다. 예를 들어 우리의 자본투자 평가 프로세스는 이제 전면 자동화되어 있다. 이로 인해 투자 프로세스의 속도가 상당히 빨라졌다. 과거에는 많은 수기 서류들이 시스템 내를 돌아다녔지만 이제는 모두 전자형태로 처리되고 있다.[28]

통합 시스템은 또한 월말이나 분기 말에 장부를 신속하게 마감해야 하는 부담감에서 벗어나게 해준다. 일부 베스트 프랙티스 기업은 신속한 속도로 회계장부 마감을 끝내는 반면(일부 경우에는 하루 안에 끝난다), 많은 기업이 신속한 결산을 하지 못하고 있다. 하지만 GE캐피털의 CFO 짐 파크는 관리자들이 필요할 때 필요한 기본정보를 대부분 얻을 수 있는 경우에는 그것이 그렇게 중요하지 않다고 생각한다.

우리는 결산이 마무리되지 않으면 최종 순이익만을 알지 못할 뿐이다. 우리는 우리의 운영비용을 알고 있고, 인력 현황이 어떤지 알고 있으며(가장 커다란 비용이다), 이자비용도, 자산 가치도 알고 있다. 우리는 이러한 수치들을 즉시 알 수 있다. 따라서 장부를 신속하게 마감하지 못해서 업무 흐름이 느려지거나 어떤 방식으로든 사업 결정에 문제가 생기는 일은 발생하지 않는다. 그 모든 것을 신속하게 통합하지 못하는 것이 문제가 되는 경우는 외부에 보고해야 할 때뿐이다.[29]

통합 시스템의 또 다른 장점은 분권화된 의사결정의 효율성이 증가한다는 점이다. 기업본부Corporate Center(CC)의 직원들이 패턴과 추세, 예외적인 사건들을 관찰하면서 토의나 논의가 필요한 움직임이 관찰되었을 때만 간섭해야 한다. 이런 접근법을 취하면, 하위 관리자들이 예산안이나 예산 차이에 기초한 상의하달식 통제 시스템에 맞춰 분주하게 움직이는 대신, 사업을 발전시킬 방안을 모색하는 데에 더 많은 시간을 사용할 수 있다.

스프레드시트에 대한 의존도를 줄여라

2003년 IBM이 450명의 CFO를 대상으로 실시한 설문조사에 따르면, 80% 이상의 조직에서 스프레드시트가 계획 프로세스를 지배하고 있었다.[30] 스프레드시트는 하위부서의 업무에서는 유용하긴 하지만, 조직 전체 차원에서 스프레드시트 자료를 통합해 합계를 내야 하는 경우에는 문제를 일으킬 수 있다. 또 대기업에서는 각각의 사업단위가 각기 다른 가정과 알고리즘, 소프트웨어를 사용하는 게 일반적이다. 이는 여러 예측을 통합하는 것을 어렵게 만든다. 아메리칸 익스프레스의 CFO 게리 크리텐던은 말한다.

스프레드시트들은 개인 생산성에는 도움이 된다. 그러나 그에 대한 공유와 합산이 많아지면 문제를 유발할 수도 있다. 동인 기반의 예측들을 특정한 목적을 위한 시스템 및 웹 기술과 함께 사용하면, 수많은 관리자가 예측 작업을 수행하고 그 결과물들을 모아 최고경영진에게 올리게 되며, 결국 이 사회에 전보다 더 많은 통제권을 부여하게 된다. 새로운 접근법 덕분에 우리는 단일 방식 표준화를 이루고 조직 전체가 사용하는 핵심 가정들과 알고

리즘을 통일할 수 있었다.[31]

사베인스-옥슬리법도 스프레드시트를 통합 계획수립 도구로 사용하는 것의 유효성을 위협하고 있다. 적어도 이론상으로는 방식상의 모든 변화와 심지어 행의 개수까지도 문서화해야 하기 때문이다. 이는 조직들이 전통적인 스프레드시트에 의존하는 것을 더 어렵게 만들 것이다. 심지어 마이크로소프트도 문제점을 인정한다. "'사람에게 힘을 주자'는 엑셀의 원래 의도와 사람들이 엑셀에 기대하는, 증가하고 있는 역할 사이에는 본래적 긴장이 존재한다"라고 마이크로소프트의 정보근로자Information Worker 사업부문(엑셀을 담당하고 있다) CFO인 마크 차던Marc Chardon은 말한다.[32] 말할 것도 없이 마이크로소프트는 협력적 업무에 더 적합한 새로운 버전의 스프레드시트 프로그램을 개발 중이다.

빠르고 통합된 정보 시스템 구축하기 ≫ 코그노스

코그노스Cognos는 비즈니스 인텔리전스 및 기업성과관리(CPM) 소프트웨어업계의 선두주자다. 2001년 이 회사의 CFO로 취임하기 전까지만 해도 톰 맨리는 기술이 정보의 질을 향상할 뿐 아니라 그 정보가 조직의 핵심인물들에게 더욱 효과적으로 전달되게 만들 수 있다는 사실을 알지 못했다. 이러한 상황을 그는 다음과 같이 묘사한다.

지난 2~3년간 우리 회사는 우리가 만든 제품들을 시험하는 장이 되었다. 과거에 우리는 분리된 비즈니스 인텔리전스를 갖고 있었고 하나의 통합된 비즈니스 관점을 향해 나아가지 못하고 있었다. 데이터는 넘쳤지만 지식은

거의 없었다.[33]

그래서 맨리와 CEO 롭 애시Rob Ashe는 '코그노스의 CPM'이라는 프로그램을 만들었다. 그것은 단순히 그들 제품의 사용성을 최적화하기 위한 것만은 아니었다. 그들은 더 나은 CPM 환경으로 나아갈 방법, 또 고객들 역시 그러한 과정에 동참하게 할 방법을 알고 싶었다. 두 사람은 회사의 전략지도와 성과표를 설계한 후 그것을 조직의 모든 구성원에게 전달했다. 직원들이 기업의 통합성과표(상세한 측정기준에 대한 설명도 포함하여)에 접근할 수 있게 했고, 따라서 직원 누구나 자신이 전략적 그림에 얼마나 부합하고 있는지 파악할 수 있었다. 그런 후 각각의 부서들은 기업의 전략과 조화를 이루는 자신만의 전략 로드맵을 세웠으며, 신중하게 작성한 보고서들로써 전체적인 CPM 환경을 보완했다. 동시에 경영진은 직원들이 스스로 분석을 수행하고 전체적인 전략에 적합한 올바른 결정을 내릴 수 있도록 하기 위해 그들에게 많은 정보를 제공했다.

그러나 직원들의 전폭적인 수용을 가능케 한 핵심요인은 계획 시스템의 개혁이었다. 그 이전까지만 해도 많은 직원이 효용을 거의 제공하지 못하는 계획 시스템을 지원하는 데 시간을 소비한다고 느끼고 있었다. 맨리와 애시는 직원의 투입 시간을 최소화하고 그들의 지식을 활용해 미래의 방향을 바꿀 수 있는 시스템을 만들어서 이러한 상황을 일신하고 싶었다. 맨리는 이렇게 설명한다.

나는 정보네트워크가 매우 효율적으로 형성되어 있어서 직원들이 날마다 중요한 정보를 흡수할 수 있는 환경을 머릿속에 그렸다. 새로운 정보는 지속적이고 역동적으로 데이터 입력을 처리하도록 설계된 계획 프로그램을 업데이트하는 단순한 행위가 되는 환경 말이다. 이러한 계획 환경은 의사결정에 가치를 부가하는 지원 시스템이 될 것이다. 나는 관리자들이 수치 자료들에 함몰되기보다는 자원을 할당하는 방식에, 그리고 성과를 향상하기 위해 전략적 측면에서 무엇을 해야 하는지에 초점을 맞추게 되길 바랐다. 나는 그들이 서랍 속에 넣어버리고 다시는 꺼내보지 않을 수많은 분석을 행하는 대신에 그들이 영향을 미칠 수 있는 무언가에 집중하길 바랐다.

내 경우를 예로 들어보겠다. 나는 매일 아침 출근해서 컴퓨터를 켜고 비즈니스 인텔리전스 환경에 접속하여 다섯 종류의 보고서를 확인한다. 첫 번째 보고서는 지난 24시간 이내에 성사된 계약들을 알려준다. 두 번째 보고서는 지난 24시간 사이에 모종의 변화가 생겨서 일시적으로 유보된 계약건들을 알려준다. 세 번째에는 이번 분기에서 다음 분기로 넘어간 계약건들이 담겨 있다. 네 번째는 우리가 보유 중인 큰 계약건들을 알려주며, 이걸 보면 우리가 지속적으로 어떤 고객과 거래하고 있는지 알 수 있다. 다섯 번째는 수익의 관점에서 볼 때 우리가 와 있는 위치를 알려주는 요약보고서다. 이것들을 검토하는 데 10~15분밖에 걸리지 않는다. 보고 틀에 익숙해지고 나면 변화와 예외 사항만 확인하면 되기 때문이다.

정말 중요한 문제는 직원들에게 해당 정보에 대한 책임을 지게 만드는 것이다. 그러나 현재의 컴플라이언스 활동을 감안할 때, 데이터의 충실도가 나날이 높아지고 있다고 자신 있게 말할 수 있다. 하지만 나는 그것만으로는 충분하지 않다는 것 또한 잘 안다. 우리는 계획과 예산수립 프로세스가 훌륭한 기획의 결과가 아니라 협상의 산물이라는 전통적인 사고방식을 버려야 한다. 최고의 솔루션은 경영을 효과적으로 만드는 활동을 지원한다. 대부분의 경우에 이는 다음에 취할 조치를 생각하는 것, 미래 지향적인 사업 관점을 갖는 것을 의미한다. 이 경우 경영자의 시간 중 아주 적은 부분만이 과거의 성과를 분석하는 데에 소비된다. 더 많은 정보를 쉽게 사용할 수 있고 사람들이 정보를 다르게 바라보기 시작하면, 협상능력이란 것은 그 의미가 퇴색될 것이다. 나는 그런 변화가 이미 시작되었다고 생각한다.

의사결정을 효과적으로 지원하라

CFO와 재무팀은 의사결정 과정에서 독립적이고 객관적인 참여자가 되어야 한다. 언제나 남들이 주저하는 질문을 던지고, 필요한 경우라면 전통적인 관점에도 도전할 준비가 되어 있어야 한다. 또한 수치 자료를 넘어 그 이상을 바라보고 특정한 결정이 낳을 수 있는 더 많은 결과를 내다볼 줄 알아야 한다. 아울러 숨겨진 비용을 찾아내고, 다른 기업의 베스트 프랙티스를 참고해야 한다.

의문을 품되 냉소적인 태도는 버려라

CFO는 경영진의 의사결정에 충실하게 독립적인 시각을 유지해야 한다. 자신도 모르게 주변 무리의 흐름을 따라가기가 매우 쉽다. 기업이 안정적인 수익을 내면서 빠르게 성장하고 있는 것처럼 보일 때는 특히 더욱더 그렇다. 순조롭게 경영되고 있던 회사의 바퀴가 부적절한 인수합병 같은 잘못된 결정 한 번 때문에 갑자기 멈춰 설 수 있다는 사실을 많은 기업이 경험했다. 인수 결정은 언제나 장기적인 예측을 기반으로 하여 내려진다. 즉 시너지 효과, 비용절감, 두 기업을 통합할 경우의 다양한 이점들을 고려한다. 그러나 이러한 장기예측들은 자기중심적이고 의문을 제기하기 어려울 때가 많다. 한 저자는 장기예측을 바라보는 CFO들에게 조언한다.

> 컴퓨터가 만들어낸 모델을 믿지 마라. 그것들은 그럴듯한 진정성의 분위기를 풍기지만 사실은 평범한 접근법에도 미치지 못하는 의심스러운 가정을 토대로 할 때가 많다. 정밀함과 복잡성을 신뢰하지 마라. 기술보다는 판단을 선호하라.[34]

CFO는 이사회나 특히 CEO와 불편한 관계에 놓일 때가 많다. 많은 CEO들이 사업을 운영하는 것보다는 주주가치를 창출하는 것이 자신의 임무라고 생각하며 연속적으로 인수를 추진한다. 종종 CEO들은, 기업이 더 빨리 성장하지 않으면 주가가 계속 저조한 성과를 낼 것이라고 이사회에 말하는 투자자들 때문에 압박을 받는다. 그리고 이는 결국 인수를 결정하는 방향으로 이끈다.

그러나 회계법인의 보고서에 따르면 인수 사례의 단지 30%만이 인수하는 회사의 주주들에게 가치를 가져다주었다.[35] CFO는 특히 시너지 효과를 창출한다는 유형의 이익들에 대해서는 의문을 품어야 한다. 스프레드시트상에서는 그러한 이익들이 매혹적으로 보이지만, 현실적으로는 기존 및 신규 사업부문의 구조를 재편하는 데 수반되는 고통과 비용, 그리고 그에 따르는 조직 구성원의 사기 저하 등이 스프레드시트상의 비용절감 효과를 훨씬 능가할 수 있기 때문이다. 캠벨Andrew Campbell과 굴드Michael Goold는 '시너지' 효과에 대해 광범위한 연구를 수행했다. 다음의 언급은 그들의 견해를 요약하여 보여준다.

시너지에 대한 갈망은 시각적 환상을 만들어낸다. 모회사 관리자들은 시너지가 이미 존재한다고, 그리고 인수 추진으로 숨겨져 있던 더 많은 시너지 이익이 드러나리라고 믿는다. 만일 모회사 관리자들이 시너지 창출 기회가 존재한다고 '믿고 싶어' 한다면, 상황을 낙관적으로 만들기는 비교적 쉽다. 특히 정확한 비용효익 분석이 어렵다는 점을 감안하면 말이다.[36]

전략전문가인 게리 하멜Gary Hamel은 '시너지'라는 말을 언급하는 것 자체가 투자자들이 등을 돌리게 한다고 말한다. "CEO가 '시너지'와 같은 실체가 없는 무언가를 강조하면서 수십억 달러 가치의 고정자산으로 대차대조표를 채우려 들면, 일단 경계해야 한다"[37] 사실 원대한 계획치고 열매를 맺는 경우는 드물며, 장기적인 예측이 이를 적은 종이만큼의 값어치도 못하는 경우도 빈번하다. 예측 불가능한 오늘날 환경에서는 전략적 계획보다는 유연성과 빠른 대응력이 더욱 강조되어야 한다.

비판적인 시각을 가진 CFO가 기업이 잘못된 흐름을 따라가거나 복잡성과 비용을 증가시키는 일이 없도록 방지할 수 있는 또 다른 영역은 지식관리 시스템Knowledge Management System(KMS)에 대한 투자다. 현명한 CFO라면 고비용의 지식관리 시스템에 대한 투자가 지니는 장점을 놓고 논쟁을 벌이는 대신 다음과 같은 질문의 답을 찾으려 할 것이다. "우리 조직에서 지식 공유를 방해하는 요인이 무엇인가?" "그 방해 요인을 어떻게 하면 제거할 수 있는가?"

관리자들이 지식을 공유하지 못하는 이유는 종종 성과관리 시스템의 작동 방식과 관련되어 있다. 관리자들은 사업부서에 배치되어 특정한 범위의 재무목표들을 달성하라는 임무를 부여받고, 그에 대한 인센티브를 받는다. 이러한 접근방식을 취하면 조직 내에서 지식이 거의 공유되지 않는다. 모든 관리자가 자기 부서의 이익만을 추구하는 데 집중하기 때문이다. 어떤 이들은 외부 경쟁자가 아니라 조직의 다른 부서를 적군처럼 여긴다. 지식 공유를 방해하는 또 다른 요인은 측정기준이 직원들이 실제 하는 일과 분리되어 있다는 점이다. 고위 경영진이 (지식이란 수직적 조직구조 내에 축적되는 것이라 판단하며) 직원들에게 특정한 절차를 따르라고 강요한다면, 직원들이 자주적인 창의성은 발휘하지 못하고 그저 규칙만 따를 가능성이 크다. BP아모코BP-Amoco의 CEO인 존 브라운John Browne은 지식 공유가 이루어지려면 먼저 올바른 조직 분위기가 형성되어야 한다고 말한다. 경영진은 조직을 통제하는 존재가 아니라, 조직에 자극을 주는 존재가 되어야 한다. 전략 방향을 제시하고, 학습을 장려하고, 깨닫고 배운 것들을 나눌 수 있는 메커니즘이 정착되게 하는 것이 경영진의 역할이다. 존 브라운은 다음과 같은 말로 이를 표현한다.

모든 단계에 있는 리더의 역할은, 구성원이 그들 스스로 생각하는 것보다 더 많은 것을 성취할 수 있다는 사실을 알려주는 것, 현재의 위치에 만족해서는 안 된다는 사실을 상기시키는 것이다. 행동을 변화시키고 새로운 사고 방식을 활성화하려면 리더는 때때로 "잠깐, 구태의연한 옛날 방식으로 하면 안 돼"라고 말해야 하고 도전을 자극해야 한다.[38]

CFO는 브라운의 조언에 귀를 기울이고 지식 공유를 막는 장애물을 제

거해야 한다. 또한 고비용의 시스템에 투자하는 것이 반드시 올바른 판단
은 아닐 수도 있다는 사실을 깨달아야 한다.

통념에 도전하라

시장점유율의 상승은 항상 바람직한 것일까? 모든 고객이 다 좋은 고객
일까? 판매 인센티브가 성과를 향상할까? 대량생산을 늘리는 것이 단위
비용을 줄이는 가장 좋은 방법일까? 대부분의 재무관리자는 "그렇다"라
고 대답하겠지만, 일부 관리자는 이 질문에 숨겨진 문제점들에 주의를 기
울일 것이다. 시장점유율에 대한 집착은 오히려 비용을 증가시키고 부적
절한(즉 수익성 낮은) 고객을 끌어들일 수 있다. 고객 전체를 하나의 집단
으로 보면 일반적으로 그중 20%가 이익의 225%를 발생시키고, 나머지
80%가 이익의 125%를 깎아 먹는다.[39] 문제는 관리자들이 어떤 고객이 그
20%에 해당하고 어떤 고객이 그 80%에 속하는지 알 수가 없다는 점이다.
판매 인센티브 또한 부정적인 효과를 발생시킬 수 있다. 높은 보너스를 얻
을 수 있을 때만 조직에 남아 있는, 돈만 보고 일하는 세일즈맨들을 끌어
들일 수 있는 것이다. 보너스가 줄어들면 그런 세일즈맨은 속이기 쉬운 또
다른 고용주에게로 옮겨 가버린다.

양보다는 품질을 우선시하는 것이 장기적인 수익성을 증가시키는 더
현명한 방법이며, 이는 도요타를 비롯한 여러 기업이 보여준 바 있다. 앞
서 언급한 질문들 가운데 '좋은' 고객에 대해 좀 더 생각해보자. 대부분의
마케팅 관리자나 세일즈맨들은 모든 고객이 좋은 고객이고 모든 판매는
직접비용만 감당할 수 있다면(따라서 간접비에 기여할 수 있다면) 좋은 것이
라고 여긴다. 그 결과 매출채권계정이 크게 증가하고, 세일즈맨들은 모든

판매를 무조건 성사부터 시키려고 든다. 하지만 고객이(또는 고객 세그먼트가) — 기존 고객이든 새로운 고객이든 — 정말 가치 있는 고객인지 평가하는 방법은 생각해보지 않는다. 다시 말해 어떤 고객이 유지할 가치가 있는가, 어떤 고객에게 잠재성이 있는가, 어떤 고객이 전략적으로 중요한가, 어떤 고객이 수익성이 높은가, 어떤 고객을 버려야 하는가 등은 생각해보지 않는다는 얘기다. 대부분의 마케팅 프로그램은 회사가 매년 잃게 될 것이라고 예상하는 고객 20% 대신에 새로운 고객을 유치하는 것을 목표로 삼는다. 새로운 고객을 유치하는 것보다 기존 고객을 유지하는 데 자원을 더 효과적으로 사용할 수 있는 방안은 연구해보지 않은 채 말이다. 프레드 라이켈트Fred Reichheld와 얼 새서Earl Sasser는 고객 이탈을 50% 감소시키면 기업의 평균 성장률이 2배 이상 증가한다고 말했다.[40]

CFO는 이런 상황에서 어떤 조언을 해주어야 할까? CFO는 마케팅, 판매, 재무팀이 함께 모여 고객 포트폴리오를 검토해보도록 이끌어야 한다(서비스, 지원, 신용관리팀의 대표자들도 함께하면 더 좋을 것이다). 전략적 중요성을 갖는 고객인지, 수익성 높은 고객인지, 또는 둘 모두에 해당하거나 어느 쪽도 아닌지 등등을 검토해야 한다. 고객이 전략적 중요성을 가질 수 있는 이유는 여러 가지가 있다. '가격'보다는 '가치' 때문에 제품을 구매한다면 그런 고객은 전략적으로 중요할 수 있다. 바로 그런 이유 때문에 델은 1990년대 초반에 PC 시장에서 초보자용 모델을 단종했다. 델의 가치 제안은 자신이 원하는 것을 잘 알고 따라서 상대적으로 기업의 지원을 덜 요구하는 고급 사용자에 맞춰 조정되었다. 특정 고객이 전략적 중요성을 갖는 또 다른 이유도 있다. 예를 들어 다른 고객들에게 쉽게 영향을 미칠 수 있는 고객은 전략적으로 중요하다. 특정한 영역이나 기술 플랫폼과 관련해 상대한 한 고객이 다른 많은 고객(지역사회, 일단의 기업들, 또는 경제적 네트워크economic web 등)을 끌어들이는 통로가 될 수도 있기 때문이다. 전략적인 관계와 관련된 다른 많은 질문도 생각해볼 수 있다. 이 고객은 성장할 가능성이 있는가? 이 고객에게서 우리가 뭔가를 배울 수 있는가? 특정한 고객 때문에 새로운 시장기회를 얻을 수 있는가? 이 고객은 우리가 효용을 얻을 만한 특별한 기술이나 뛰어난 시스템을 갖고 있는가? CFO와 사업단위 리더들이 이런 질문을 던져보지 않는다면, 고객의 숨겨진 중요성과 잠재성을 알아보기 힘들어질 것이다.

또 고객은 수익성이 있어야 한다. 대부분의 재무조직은 '총이익'의 관점에서(즉 직접비를 뺀 이후의 이익계산) 고객수익성을 분석하며, '순이익'의 관점에서(즉 고객을 지원하는 데 드는 모든 공통비를 감안한 이후의 이익을 계산) 분석하는 경우는 별로 없다. 하지만 판매·마케팅팀에게 그와 같은 순이익 관점의 분석은 대단히 중요할 수 있다. 예컨대 그런 분석을 통해 가장 큰 고객 집단의 일부가 동시에 큰 손실을 야기하는 고객들이라는 사실을 알게 될지도 모른다. 그 고객들이 분기 말의 모든 특별 제공품을 가져가고, 홍보 예산을 모두 흡수해버리고, 모든 할인 및 기타 혜택을 독차지하고, 조금만 결함이 의심되어도 제품을 반품하고, 주문예약에 대한 취소권한이나 특별한 계약조건을 요구하고, 지불을 늦게 하고, 귀중한 관리 시간을 빼앗을 수도 있는 것이다.

수익성 낮은 고객들을 어떻게 해야 할까? 아주 절망적인 상황이 아니라면, 첫 번째로 취할 수 있는 조치는 그들을 수익성 높은 고객으로 변화시키기 위해 노력하는 것이다. 대개는 수익성 문제를 발생시키는 몇 가지 원인이 있기 마련이다. 예를 들어 거래비용이 너무 높거나 배송·지원 비용이 과도하게 많이 들어가고 있을 수 있다. 모든 케이스의 장단점을 면밀히 살펴볼 필요가 있다. 그와 같은 지식을 갖춘 후에 판매나 지원부서 직원들이 고객과 직접 만나, 양측 모두의 가치를 증진하는 방향으로 관계를 개선할 방법을 찾아볼 수 있을 것이다. 이상적인 고객은 전략적 장점이 있는 동시에 수익성도 높은 고객이다. 그런 고객의 특성을 정리한 프로필을 만들고, 점진적으로 고객 포트폴리오를 바람직한 방향으로 변화시키기 위해 노력해야 한다. 그러면 전략적 장점이 없고 수익성이 나지 않는 고객들은 점차 줄어들게 될 것이다.

가치 있는 비즈니스 파트너로 거듭나기 》 아메리칸 익스프레스

아메리칸 익스프레스는 CFO 게리 크리텐던의 리더십을 중심축으로 하여 재무조직을 혁신적으로 변화시켰다. 가장 중요한 점은 크리텐던이 자신의 재무팀을 조직에서 없어서는 안 될 비즈니스 파트너로 만들었다는 것이다. 그는 말한다.

나는 재무조직이 '기업이 사업을 하는' 방식에서 필수적인 부분이며, 어느 누구도 자신의 선택사항이 무엇인지 명확하게 이해하지 않고는 무언가를 제대로 수행할 수 없다고 생각한다. 그 선택사항을 명확하게 이해하는 것이 바로 재무조직의 일이다. 따라서 만일 재무팀이 외부에서 간섭하고 개입하는 식으로 처신하면 그것은 힘든 일이 된다. 하지만 만일 재무팀이 끊임없이 앞선 사고를 하면서 사업팀의 실질적인 일부로서 역할을 한다면, 사업운영 관리자 스스로가 재무팀을 찾고 원하게 될 것이다. 그들은 어려운 결정을 내려야 할 때 재무팀의 의견을 알고 싶어 할 것이다. 우리는 적절한 정보를 제공하고 운영 관리자들이 효과적인 결정을 내리도록 돕는 방식으로 선택사항을 구성한다. 이는 제품이나 서비스를 구매하라고 끊임없이 설득하려 애쓰는 대신에 고객과 적절한 관계를 구축하여 '고객이 당신과 거래하고 싶게끔 하는' 것과 유사하다.

우리에게는 정말로 재능 있는 인재들이 있다. 그러나 진정 중요한 것은 그들이 자신의 지식과 능력을 사용해 사업운영을 지원할 수 있는 시간을 마련해주는 것이다. 우리는 업무방식을, 특히 재무 프로세스를 맡는 경영지원 부서가 일하는 방식을 재조직함으로써 이를 달성했다. 사업부문의 CFO들에 대해 내가 항상 하는 이야기는, 마치 그들이 나를 위해 일하는 것처럼 생각하도록 처신한다는 것이다. 사실은 자신이 속한 사업부문의 CEO를 위해 일하고 있으면서 말이다. 나는 사업부문의 CFO들이 그룹 전체의 재무기능에 대해 갖는 책임감을 인식하고 있기에 적절한 통제권을 행사하고 끊임없이 바람직한 프랙티스를 따른다고 생각한다. 하지만 그들의 진정한 초점은 사업운영 관리자들을 지원하는 일에 맞춰져 있다. 마땅히 그래야만 한다.[41]

◇　◇　◇

사업운영 관리자들은 재무팀이 가진 지식과 전략 기획 및 실행에 대한 재무팀의 기여를 중요하게 여겨야 한다. 그래야 재무팀원들이 사업개발팀의 일원으로 자리를 잡을 수 있다. 이를 위해 중요한 요소는 재무팀의 역량을 강화하고 재무팀이 사용하는 기술의 적절성을 높이는 일이다. 그러나 재무팀을 없어서는 안 될 중요한 존재로 만드는 결정적 요인은 의사결정에 필요한 지식과 정보를 제공할 수 있는지 여부다. 하지만 조직 전체의 성과에 진정으로 바람직한 영향을 미치고자 하는 CFO 앞에는 그보다 훨씬 커다란 기회들이 놓여 있다. 단순히 수치 자료를 관리하는 역할에서 벗어나 사업을 발전시킬 수 있는 존재로 변화하는 것이 중요하다. 다음 4개 장에서는 역량 있고 헌신적인 팀원의 지원을 받는 CFO가 어떤 성과를 이뤄낼 수 있는지 살펴볼 것이다.

CFO의 새로운 역할 수행을 위한
체·크·리·스·트

☑ 사업개발팀에서 없어서는 안 될 신뢰받는 일원이 되어라. 그러나 효율적인 회계 시스템과 통제가 없다면 그러한 목표를 달성할 수 없다는 점을 명심하라.

☑ 본사의 재무기능을 줄여라. 사업운영팀에 더 많은 재무관리자를 배치하라. 핵심 재무인력을 구성원으로 한 전문가팀을 구성하고, 높은 기준을 설정하고 유지하라.

☑ 아웃소싱을 할 때 주의하라. '복잡하고 골치 아픈 시스템을 더 적은 비용으로 떠넘기는' 방식을 추구하지 마라. 서비스 제공자와 협력하여 프로세스를 개선함으로써 복잡함이(그리고 비용도) 줄어들도록 하라.

☑ 회계 능력이 뛰어난 훌륭한 분석가와 커뮤니케이터를 포함한 수준 높은 팀을 구축하라.

☑ 올바른 인재를 채용하라. 올바른 태도(팀 플레이어의 자질)와 커뮤니케이션 능력을 먼저 고려하고, 그다음에 기술적인 면을 보라. 기술은 향상될 수 있다. 그러나 태도는 바꾸기 어렵다.

☑ 모든 단계에서 커뮤니케이션 기술을 향상하라. 재무관리자들이 스승과 멘토가 되어 다른 관리자들이 회계 지식을 향상할 수 있도록 돕게 하라.

☑ 재무관리자들이 사업을 정확히 이해하고 있어야 한다. 사업 구조상 가능하다면, 재무조직의 핵심 직원들이 사업팀 업무를 경험해볼 기회를 제공하라.

☑ 당신의 성과관리 비전에 맞는 통합 정보 시스템을 개발하라. 일선 팀원의 니즈에 적합하도록 그러한 시스템을 고안하라.

☑ 특정 목적에 맞는 계획도구를 사용하고, 계획, 예측, 통합 작업에서 스프레드시트에 대한 의존도를 줄여라.

☑ 객관적이고 독립적인 시각(냉소가 아닌 비판)을 유지하면서 의사결정을 효과적으로 지원하라.

☑ 필요하고 적절한 경우라면 일반적인 통념에 의문을 제기하라.

☑ 숫자 그 이상을 보라. 숨겨진 비용을 찾아내고, 중요 의사결정의 전략적 영향력을 살펴보라.

제3장

CFO는 유연한
관리체계의 설계자다

·
·
·
·
·
·
·
·
·
·
·
·
·
·
·
·
·
·

만일 내년에 고객이 무엇을 원할지, 경쟁사들이 무엇을
내놓을지 예측하지 못한다면(또는 고객이나 경쟁사가 누구인지도
알지 못한다면), 판매 및 수익 목표를 달성하기 위한 효과적인 계획을 세울 수 없다.

스테판 해켈_『적응형 기업』

일반적으로 CFO는 미리 정해진 연간 단위의 고정된 계획, 목표, 자원 등이 관련되는 성과관리 시스템을 운영한다. 이러한 시스템은 거래선들이 시장에 영향을 끼칠 수 있는 안정된 거래 환경에 알맞게 고안되어 있다. 그러나 우리 대부분이 잘 알고 있듯이, 시장은 늘 불안정하고 고객이 지배권을 쥐고 있다. 최근 항공업계를 생각해보자. 2001년 1분기에 항공업계는 몇 년간의 기록적인 수익에 뒤이어 계속 고공 행진을 하고 있었다. 운항 횟수가 증가했고, 요금도 높은 수준이었다. 대부분의 전문가들은 밝은 미래가 이어질 게 틀림없다고 예상했다. 그러나 예상은 빗나갔다. 2001년 2분기에 시작된 경기하락을 예측한 이들은 거의 없었고, 업무용 출장 승객이 급격히 줄어들 것을 예측한 이들은 더더욱 없었다. 그리고 물론 그 누구도 9·11 테러와 사스SARS*의 확산, 아프가니스탄 전쟁과 이라크 전쟁을 예측할 수 없었다. 이에 따른 경제적 영향은 어마어마했다. 항공업계에서 지난 4년간 축적된 손실은 200억 달러가 넘었고, 수많은 항공사가 파산에 이르렀으며, 10만 명 이상이 일자리를 잃었다.

연간계획 수립과 예산안에서 탈피해야 하는 수많은 설득력 있는 이유가 있는데도 많은 CFO가 변화하기를 주저한다. 그 이유 가운데 하나는 그들이 재무목표와 예산안만이 성과 향상을 촉진하고 관리자들이 성과에 책임지게 만들 수 있는 수단이라고 생각하며, 그것을 뛰어넘는 넓은 시각을 갖지 못하기 때문이다. 실제로 그런 생각을 하는 CFO가 더욱 늘어나고 있다는 증거도 존재한다.[1] 그러나 한편에서 일부 CFO는 성과 향상을 촉진하고 관리자가 성과에 책임지게 만들 다른 대안(부작용도 덜 낳는 방

◆ Severe acute respiratory syndrome, 중증 급성 호흡기 증후군.

법)이 존재함도 깨닫고 있다(이번 장의 후반부에서 더 자세히 알아볼 것이다). 그들은 관리자에게 미리 정해진 계획을 달성하는 책임을 부과하는 데 집중하기보다는, '현재 상황을 관리'할 수 있는 자유와 역량을 부여하는 데 더 집중한다. 이러한 접근법에서의 성과목표는 내부 동료나 외부 경쟁자들과 비교했을 때의 지속적인 발전 여부로 결정된다.

이러한 변화에 대처하기 위해, CFO는 모든 단계의 관리자들이 빠르고 현명한 의사결정을 내릴 수 있게 도와주는 시스템을 실행할 필요가 있다. 또 연간계획 수립 대신에 더 정기적인 사업 검토를 도입함으로써, 관리자들이 경쟁자들보다 먼저 패턴과 추세, 그리고 '곡선의 중요한 변화'를 파악하여 더 질 높은 의사결정을 내릴 수 있게 만들어야 한다. 특히 CFO들은 다음과 같은 역할을 해야 한다.

- 고객의 관점에서 유연하게 대응할 수 있는 시스템을 설계한다.
- 연속적인 계획주기를 통해 관리한다.
- 롤링 예측을 주요 관리도구로 삼는다.
- 핵심성과지표와 관련된 성과를 매일, 그리고 일주일 단위로 보고한다.
- 자원에 신속하게 접근할 수 있게 만든다.
- 상대적인 개선에 성과기준을 둔다.

고객의 관점에서 유연하게 대응할 수 있는
시스템을 설계하라

　CFO들이 재무목표를 세우고 관리자들에게 그 목표 달성에 대한 책임을 부과하는 것을 중요하게 여기는 이유 가운데 하나는, 조직을 상호작용하며 성과를 내는 일단의 부분들이 모여 만들어진 거대한 기계로 바라보도록 훈련받았기 때문이다. 만일 기계가 오작동을 하면 고장 난 부분을 고치면 되고, 그러면 전체 기계의 성과를 향상할 수 있다는 관점이다. 이와 같은 가치체계는 원인과 결과의 역학관계(톱니바퀴 하나가 돌아가면 그로 인해 또 다른 톱니바퀴가 돌아가는 식의 인과관계)로 현상을 설명하려는 뉴턴식 세계관에서 기인한다. 이 체계에 따르면 시스템이 제시간에 작동하고 예측을 수행하도록 만들 수 있다.

　그러나 런던 경영대학원 교수였던 고故 수만트라 고샬Sumantra Ghoshal은 이러한 세계관을 인간 조직에까지 확장해 적용하는 것은 커다란 실수라고 말한다.[2] 그는 그런 실수가 발생하게 된 책임의 상당 부분이 경영대학원에 있다고 생각한다. 경영에 대한 그와 같은 의사擬似 과학적 접근법이 널리 퍼진 이유는 경영학을 '고상한' 학문으로 만들려는 대학원들의 시도 때문이라는 것이다. 학자들이 기업 행동을 인간의 선택이라는 관점에서 분석하는 것과 같은 어려운 과정을 제거하고 대신에 비인격적인 패턴과 법칙을 통해 설명하려고 하면서, 일종의 비즈니스 물리학을 만들어놓았다고 그는 지적한다(고샬은 원래 물리학자였다). 고샬은 인간의 행동과 관계는 모델화가 불가능하기 때문에 사람들이 그런 것들을 편리하게 무시해버리는 것이라고 말한다. 그래서 재무수치를 토대로 한 방정식만이 남게 되는 것이다(때때로 간단한 인과관계 법칙과 함께). 조직행동에 대한 이와 같은 기계론적 관점에 따르면, 조직 내 한 부분에서 일어난 변화는 다른 부분에서 그에 상응하는 유사한 변화를 유발한다. 예를 들어 수익에서 비용을 뺀 결과가 이익이라면, 비용을 1달러 줄이면 이익이 1달러 증가하는 식이다. 이는 많은 재무관리자가 '숫자 중심의 관리'나 '원격제어식 관리'를 하는 이유를 설명해준다. 그러나 이러한 가정과 실행방법은 크게 잘못되어 있다.

MIT 교수인 미첼 레스닉Mitchel Resnick 역시 뉴턴식 모델이 현실을 설명해주지 못한다고 본다. 그는 일련의 새로운 분권화 모델과 비유가 과학계에 퍼지고 있으며, 점차 사회 전반에도 도입되고 있다고 말한다. 이제 연구자들은 많은 종류의 시스템(조류 무리에서부터 면역반응에 이르기까지)을 바라볼 때, 시계태엽 같은 메커니즘으로 보기보다는 분산된 상호작용과 피드백 고리에 의해 지배받는 복잡한 생태 시스템으로 바라본다.[3] 다시 말해 변화하는 환경에 반응하거나 도전하는 과정에서 시스템이 그 스스로를 재조직하거나 변화시킬 수 있다는 사실을 우리는 점차 깨닫고 있다. 이는 곧 '예측과 통제'를 중심으로 전략을 세우고 행동하는 대신에(즉 '지금 여기'에서 '다음번엔 저기'로 우리를 이동시켜주는 계획을 수립하고 실행하는 대신에) 경영에 대해 더욱 **적응력 있고 분산화된** 접근법을 채택해야 한다는 것을, 새로운 환경과 현실 앞에서 우리 스스로를 끊임없이 재창조해야 한다는 것을 의미한다.

변화에 대한 적응의 중요성을 말하는 리더는 많지만, 외부환경에 적절하고 자연스럽게 반응할 수 있도록 자신의 시스템을 어떻게 변화시켜야 하는지 아는 이는 거의 없다. 합리성과 예측과 통제에 대한 뿌리 깊은 믿음 때문에 리더들은 전략과 구조와 시스템을 배치하고 재배치하는 데에 엄청난 시간과 에너지를 소비하고 있다. 이는 시간과 비용이 많이 들고 어려운 과정이며, 그 과정을 함께하는 많은 직원들까지 불안과 위험을 감수해야 한다.

기업들이 불연속적이고 빈번한 변화에 대처하는 능력이 부족해진 원인 가운데 하나는, '계획-생산-판매' 비즈니스 모델이 깊이 뿌리박혀 있기 때문이다. 다시 말해 관리자들은 먼저 어떤 제품을 만들지 결정하고, 그것을 만든 다음, 마케팅과 판매에 엄청난 돈을 쏟아부으면서 고객에게 그것을 사라고 설득한다. 1960년에 쓴「마케팅 근시안Marketing Myopia」이라는 빼어난 글에서, 시어도어 레빗Theodore Levitt은 기업이 스스로를 상품과 서비스를 생산하는 존재가 아니라 고객을 끌어들이는 존재로 생각해야 한다고 말했다. 기업은 사람들이 그 기업과 거래하고 싶게끔 만드는 무언가를 해야 한다고 말이다.[4] 오늘날 대부분의 기업은 이 점을 모르고 있다. 영국의 소매업체 막스앤스펜서Marks & Spencer는 몇 년 전까지만 해도 그런 점을 깨닫지 못하는 대표적인 기업이었다. 다음에 소개하는 글은 어느 주주가 막스앤스펜서 경영진이 고객의 목소리에 귀를 기울일 줄 모른다면서 불만을 제기한 내용이다.

한마디로 표현하자면 그들은 오만했다. 오만함 때문에 그들은 40년 동안 머천다이징 전략에 신용카드 사용을 포함하지 않았다. 오만한 그들은 마케팅 결정을 내릴 때 고객에게 집중하지 않고 주로 경영진의 판단에만 의존했다. 그들은 고객이 불만을 품어도 제품의 질이 떨어지는 것에 신경 쓰지 않았다. 그들은 자신의 진정한 고객에게 초점을 맞추지 않았다. 또 오만한 그들은 경쟁 세력이 점차 증가하고 있다는 사실을 무시했다. 그들은 "소매업체의 중요한 역할은 이윤에 집중하는 것이 아니라 고객을 만족시키는 것이며, 고객을 만족시키면 이윤은 자연스럽게 따라온다'라는 격언을 간과했다. 그들은 '막스앤스펜서'가 무적불패의 이름이라고 생각했다. 그리고 그들의 오만함을 보여주는 마지막 사항은, 그 모든 실패에도 불구하고, 또 회사를 회생시키지 못한 무능력에도 불구하고, 이사회가 이 기업의 회장에게 보너스 지급을 고려하고 있다는 사실이다.[5]

최근에 기업 구조조정 및 개편이 이루어지긴 했지만, 막스앤스펜서는 시장 리더로서의 예전 위치를 되찾기 위해서 고군분투해야 했다.

이와 같은 접근법(일명 '밀어붙이기 시스템push system')과 대조되는 것은 '감지-반응sense-and-respond' 모델을 취하는 기업의 접근법이다. 이러한 기업들은 '끌어당기기 시스템pull system'을 채택한다. 끌어당기기 시스템에서는 예측을 토대로 한 생산관리 시스템에 의해 결정된 계획들에 의존하기보다는 고객의 주문 및 요구에 맞춰 전략을 세운다. 끌어당기기 시스템에서는 예측을 전혀 사용하지 않는다는 의미가 아니다. 특정한 기간에 필요한 자원을 계획할 때는 예측을 사용하지만, 전체적인 수요 사슬은 계획이 아니라 오로지 고객 주문에 맞춰 작동한다.

도요타는 '감지-반응' 모델을 택한 대표적인 기업이다. 판매 목표량을 달성하기 위해 엄격한 프로세스를 동원해 제품을 고객 방향으로 '밀고 나가는push' 대신, 도요타의 운영 시스템은 고객에서 출발한다. 즉 운영 프로세스와 직원들의 업무를 이끌어가는 출발점은 고객의 주문이다. '감지-반응' 모델을 취하는 기업에서, 미리 결정된 계획과 고정성과계약은 기피 대상이자 장애물이다. 그렇기 때문에 도요타처럼 적응력 높은 기업에서는 그것들을 찾아볼 수 없다.

　조직이 진정으로 고객의 요구를 감지하고 거기에 반응하고자 한다면, 그것을 가능케 하도록 운영 프로세스를 재편해야 할 뿐 아니라 성과관리 모델(즉 목표를 설정하고 자원을 관리하는 방식) 또한 재설계해야 한다는 사실을 모든 CFO가 명심해야 한다. 그렇지 않으면 관리자들이 (수평적인) 고객 중심의 사업 프로세스와 상충하는 (수직적인) 기능적 목표에 따라 움직이게 되어 치명적인 충돌이 불가피할 것이다. 하지만 이 두 시스템이 조화를 이룬다면 커다란 이윤이 뒤따르게 될 것이다. 영국의 직업심리전문가 존 세던John Seddon은 말한다.

　　시스템적 접근방법은 적응력 높은 조직을 만든다. 요구의 변화에 따라 구성원의 행동방식도 변화되게 하기 때문이다. 이는 명령과 통제 중심의 접근법으로는 달성하기 어려운 것이다. 그것은 구성원들이 원래 임무, 즉 고객과의 관계를 관리하는 데에 주목하게 한다.[6]

연속적인 계획주기를 통해 관리하라

　적응력 있는 조직은 불연속적으로 일어나는 변화가 이제 당연한 것이라고 생각한다. 그러한 조직에서는 계획수립을 현 회계연도에 구속되는 것으로 바라보지 않고, 사건(신제품 출시, 경쟁력 위협요소의 등장 등)과 새로 나타나는 정보를 동인으로 하여 추진되는 지속적이고 포괄적인 프로세스로 바라본다. 또 계획수립에 복잡한 도구들이 필요한 것도 아니다. 그들이 생각하는 계획수립은 신속하고 적절한 정보에 의존하며, 자신의 역할을 잘 이해하고 특정한 상황에서 어떻게 행동해야 하는지 아는 책임감 있는 사람들에 의존한다.

사우스웨스트항공의 회장 허브 켈러허는 이러한 접근법에 대해 다음과 같이 설명한다.

현실은 혼란스러운 반면, 계획수립은 질서와 논리를 토대로 한다. 이 둘은 서로 반대되는 성격을 갖고 있다. US항공US Air이 캘리포니아 주 6개 도시에서 철수한다면, 그들이 그런 계획을 내게 전화해서 알려줄 리 만무하다. 우리가 이러한 시장 변화와 관련해 간부들과 이사회의 승인을 요하는 커다란 전략적 계획을 세웠다면, 나는 간부들과 이사회에 찾아가 우리가 기존의 계획을 수정하길 원한다고 말해야 할 것이다. 그들은 내가 비행기 여섯 대를 더 사고 싶어 하는 이유를 알고 싶을 것이다. 문제는, 즉시 비행기를 구매하여 캘리포니아 항공시장을 지배하는 대신에 우리가 비행기 구매의 이점에 대해 석 달 동안 분석하고 논쟁하게 될 것이라는 점이다. 대부분의 전략계획 프로세스에서 목격되는 지나치게 꼼꼼하게 따지는 태도는 정신적 구속 요인이 되어, 나날이 빠르게 변화하는 업계에서 기업이 대응할 수 있는 능력을 떨어뜨린다.[7]

조직 전체 차원의 전략적 방향과 사업단위들의 시장 포지션은 가급적 안정된 지속성을 지녀야 하는 한편, 일선 업무 직원은 성과를 향상할 방법을 지속적으로 계획하고 변화하는 상황에 신속하게 대응해야 한다(조직이 지향점을 어디로 정하느냐 하는 것은 역량이나 정보 사용성 등을 비롯한 수많은 요인에 좌우된다). 따라서 지속적인 전략과 변화에 대한 빠른 대응력, 이 두 가지는 양립 불가능한 것이 아니다. 전략전문가인 마이클 포터Michael Porter 도 이렇게 말한 바 있다. "전략적 포지셔닝과 그것을 실현하기 위한 운영 적 효율성을 뚜렷이 구분하기만 한다면, 그 두 가지는 적절하게 동시에 추구될 수 있다."[8]

포터의 말이 의미하는 바는, 전략 포지션 간에 트레이드오프trade-off◆가 성립되는 여건을 만들기 위해서는 기본적인 포지셔닝(조직이 만드는 제품의 종류, 조직이 제공하는 핵심 가치 등)에 지속성이 유지되어야 한다는 것이다. 포터는 다음과 같이 설명한다.

그러나 그 지속성 내에 적극적이고 지속적인 변화 프로세스가 공존해야 한다. 높은 성과를 내는 기업, 다시 말해 업계 평균보다 꾸준하게 높은 성과를 보이는 기업을 살펴보면, 그들은 전략을 자주 바꾸지 않는다. 그보다는 안정적이고 지속성 있게 전략을 추구한다. 하지만 세부적인 면에서는, 즉 제품이나 서비스의 세밀한 측면에서는 많은 변화가 진행된다.[9]

오늘날처럼 빠르게 변화하는 정보경제사회 Information Economy에서 시장이나 경쟁사, 고객에게 일어나는 변화를 가장 정확하게 파악할 수 있는 사람들은 바로 일선 업무현장의 직원들이다. 그들은 변화하는 상황이나 새로 일어난 사건에 신속하게 대응해야 한다. 이는 곧 그들에게 필요한 조치를

◆ 이율배반적 경제관계.

취할 수 있는 권한을 부여해야 함을 의미한다. 그들에게 부여되는 자유의 정도는 사업모델의 성숙도에 따라 달라진다. 한델스방켄에서는 지점 관리자들이 상당한 수준의 자유를 갖고 있는데, 그러한 자유와 권한은 오랜 시간에 걸쳐서 점진적으로 확대되어온 것이다. 이 은행에는 상품 기반 자회사 5개와 본사 상품개발 그룹이 있지만, 각 지점에는 상품 기반의 목표가 존재하지 않는다. 또 지점의 팀들은 가격, 할인, 판매 상품 종류 등에 대해 융통성을 가지면서도 적절한 비용수익비율 내에서 업무를 진행한다.

GE캐피털의 CFO 짐 파크는 계획수립이 융통성을 지녀야 하고 하위 팀이 계획수립 권한을 가져야 하는 이유를 이렇게 설명한다.

> 우리는 한 분기에 두 차례 성과를 검토한다. 우리는 운영상태가 어떠한지, 시장에 어떤 변화가 일어나고 있는지, 어떤 새로운 기회가 등장했는지 등에 대해 질문을 던진다. 그리고 난 뒤에 가장 최근 정보를 토대로 하여 새로운 전망치를 산출한다. 계획들은 절대 애초에 기대했던 대로 이루어지지 않기 때문에, 상황을 봐가면서 계획을 수정하고 보완해야 한다. 특히 금융서비스업계에서는 언제나 새로운 리스크와 기회들이 생겨난다. 우리가 분기마다 검토하는 핵심성과측정 기준은 전년도와 비교해 얼마만큼 발전했는가 하는 점이다.[10]

이와 같이 권한 위임이 강화된 관리모델에서는 좀 더 지속성 있는(또는 사건 중심의) 계획주기를 택하게 된다. 지속적인 변화에 노출되어 있는 조직에서는 정기적으로(월마다 또는 분기마다) 전략을 검토하거나 중요한 사건을 토대로 전략 검토를 수행하는 것이 적절할 것이다. 그러한 사건은 긍

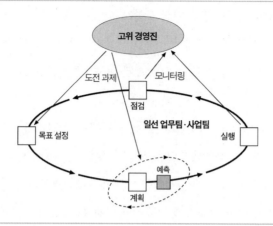

정적인 것(예컨대 신제품이나 새로운 사업모델 도입)일 수도 있고, 부정적인 것(예컨대 공급사슬 혼란이나 환경재앙에 대응하는 일)일 수도 있다. 중요한 것은 그러한 검토가 시간주기에 구애받지 않고 필요에 따라 수행된다는 점이다. 사업단위의 일반적인 계획주기는 다음과 같은 네 단계로 구성된다(〈그림 3-1〉 참조).[11]

1. 점검 Check   먼저 다음과 같은 질문을 던진다. 우리는 현재 어디쯤 와 있는가? 우리의 단기적 미래는 어떤 모습으로 예상되는가? 경쟁자들은 어떤 전략을 실행하고 있는가?
2. 목표설정 Aim   다음 단계에서는 이렇게 묻는다. 우리의 목적은 무엇인가? 우리가 생각하는 성공은 어떤 모습인가? 우리는 중기목표를 달성하기 위한 궤도에 올라 있는가? 우리의 전략은 변화할 필요가 있는가?
3. 계획 Plan   세 번째 단계에서는 이 점을 생각해본다. 성과를 향상하기

위해 어떤 조치를 취해야 하는가? 어떤 자원이 필요한가? 그러한 조치들이 성과에 어떤 영향을 미칠 것인가?

4. 실행 Act 네 번째 단계에서는 이 점을 생각해본다. 계획들을 어떻게 실행하고 현재의 사업을 어떤 식으로 관리해야 하는가?

이 4단계 주기의 어느 지점에서도 일선 팀이 상부 관리자에게 특정한 목표를 달성하겠다고 약속하지 않는다. 다시 말해 고정성과목표가 존재하지 않는다. 하위 팀 내에서 개선에 대한 노력이 자체적으로 이루어진다. 이와 같은 모델은 구성원의 내적 동기를 이끌어낸다. 목표와 계획을 설정하는 것은 팀이며, 그것이 실현되도록 하는 것도 팀이다. 조직의 본사 부서가 하는 역할은 전략적 방향과 더불어 명확한 운영지침과 성과기준을 설정하는 것이다. 또 본사 부서는 추세 분석과 롤링 예측을 활용하여 각 사업단위가 합의된 지표들과 관련해 일정한 범위 내에서 움직이는지 감독하고, 사업단위의 움직임이 그 범위를 벗어났을 때에만 개입한다. 적응력 높은 여러 조직이 이와 같은 '점검-목표설정-계획-실행' 모델을 채택한다. 그러나 성공의 가장 중요한 핵심은 그러한 모델이 자신의 상대적인 성과를 향상하려고 노력하는 '하위 팀'의 움직임을 중심으로 추진된다는 점이다.

이러한 계획주기가 실제로 어떻게 작동할까? 당신이 한 은행의 지점 관리자로 임명되었다고 생각해보자. 그곳에 가보니 상황이 여러 가지로 좋지 않다. 먼저, 당신은 현재 상황을 점검해본다. 지점의 실적이 바닥 수준이고 비용수익비율도 업계 경쟁자들에 뒤처져 있다. 둘째, 성과 개선을 위한 목표를 세운다. 팀원 및 다른 관리자들과 토론을 진행하여 향후 2년간 비용수익비율을 30% 개선하겠다는 목표를 설정한다(역시 개선을 위해 노력하고 있는 경쟁자들을 따라잡으려면, 가능하다고 생각되는 수준 이상의 도전적 목표를 세워야 한다). 셋째, 구체적인 행동을 계획한다. 목표 달성을 위해 취할 수 있는 조치와 행동에 대해 팀원들과 논의하고, 그 조치가 가져올 수 있는 결과를 예측해본다. 또 당신의 바로 아래 직급 관리자와 다양한 대안에 대해 이야기를 나누고 조언을 구한다. 그는 여러 가정과 리스크, 시간 척도 등에 대한 질문을 던지고, 다른 조직의 베스트 프랙티스와 관련된 정보를 제공해줄 수도 있다. 그런 다음, 당신은 계획을 실행하기 위해 필요한 자원을 확보한다. 마지막으로, 가장 성공 가능성이 큰 계획안을 선택하여 실행한다. 지점이 성과를 개선하기 위해 지속적으로 노력하는 과정에서 이와 같은 계획주기는 계속 반복될 수 있다.

최고의 조직들에는 전략의 위임을 가능하게 하는 다음과 같은 공통점이 있다.

- 전략에 대한 책임을 모든 구성원이 인식하게 한다. 각 팀은 자신의 권한 범위를, 그리고 성과에 책임을 져야 한다는 사실을 잘 안다.
- 팀들은 전략을 논의할 때 공통된 언어를 사용하며, 전략 개발을 위한 공통 프로세스를 갖고 있다.
- 전략에 대한 지속적인 논의에 참여하는 숙련된 전략전문가들이 조직 내에 존재한다.
- 사실적 정보에 기반을 둔 자유롭고 적극적인 토론을 장려하고 지원한다. 아이디어가 자유롭게 순환할 수 있게 하는, '비난하지 않는' 기업문화가 있다.
- 직원들이 장기적인 성과목표를 추구할 수 있는 분위기와 환경을 조

성한다. 전략적으로 사고하기 위해서는 분기 성과를 관리하는 것보다 더 폭넓은 시야가 필요하다. 조직의 방침, 스타일, 인센티브가 이같은 넓은 시각에 근거한 성과에 보상을 제공해야 함에도, 실제로 그렇게 하는 기업은 많지 않다.

분기별 검토 주기를 통해 관리하기 》 텔레콤 뉴질랜드

텔레콤 뉴질랜드는 인터넷, 데이터, 음성, 이동통신, 유선전화 서비스를 포함한 포괄적인 서비스를 제공하는 혁신적인 정보통신기업이다. 2005년 1월까지 2년 동안 텔레콤 뉴질랜드의 주가는 66% 상승했다. 2003~2005년에 이 회사는 CFO 마르코 보고이브스키의 주도로 재무계획·보고 시스템을 대폭 정비했다. 이 과정에서 텔레콤 뉴질랜드는 상향식 연간계획 수립과 예산안 주기를 없애고, 분기별 롤링 예측을 중심으로 하는 새로운 계획수립 프로세스를 도입했다. 보고이브스키는 이 새로운 프로세스에 대해 다음과 같이 설명한다.

매 분기마다 우리는 몇 가지 핵심적인 상대적 성과지표(재무적·비재무적 측정기준이 사용된다)에 집중하는 사업에 대해 향후 18개월에 대한 예측을 수행하며, 분기마다 우리가 택하는 접근법은 동일하다. 또 우리는 간략한 형식의 연간 전략 검토를 수행한다. 이 프로세스에는 장기간(3~5년)에 대한 간단한 하향식 검토가 포함되며, 이 검토는 우리가 어떤 시장이나 인접 산업에 진출하길 원하는지, 그러한 새로운 기회에 얼마만큼의 자본을 할당하는 것이 좋은지 등에 관한 것이다. 이러한 프로세스는 기존의 연간계획 수립 프로세스와 대단히 다르게 느껴진다. 따라서 이 같은 18개월 단위의 롤링 예측과 관련된 현안 중의 하나는 각 사업단위가 혼자 튀고자 하는 데 시간을 소비하지 않게 만드는 것이다. 우리는 18개월 앞을 내다보고 매년 하향식 전략 검토를 수행하는 사업단위 간에 균형이 이루어지길 원한다. 이러한 전략 검토에는 그들이 어떤 시장에 진출하고 어떤 시장에서 나와야 하는지, 우리가 그룹 포트폴리오 내에서 자본을 어떻게 재할당할 것인지 등이 포함된다. 각각의 사업단위에는 그러한 예측 결과에 따라 자본을 재할당하고 업무 역량을 운영하기 위한 더욱 유동적인 메커니즘이 존재한다. 일부 사업단위는 다른 사업단위보다 자본 재할당을 더 효과적으로 수행하고 있는데, 이는 무엇보다 그들의 시장 포지션을 반영하는 것으로 보인다.

예측 내용은 통합하여 이사회에 보고한다. 또한 우리는 그 예측들을 재무 시장의 다른 상대적인 벤치마크, 그리고 다른 통신회사와 비교한다. 우리는 가장 최근의 예측이나 전년도와 비교한 실제 성과를 보고한다. 이는 과거의 예산수립과 대조되는 방식이다. 그리고 일부 영역에서는 우리의 성장률을 시장 성장률과 비교해본다. 이때는 월별 보고가 중요한 역할을 한다. 또한 실제 보고 내용은 상당히 달라 보인다. 따라서 분기가 흐르는 동안 우리가 실제로 보는 것은 성과 궤도다. 만일 특정 서비스 라인에 대해서 업계 성장 속도보다 2배 빠르게 성장하는 것을 목표로 한다면, 1쪽 분량의 보고서를 작성해서 그 목표와 관련해 진전을 이루고 있는지 여부를 살펴보면 된다.[12]

롤링 예측을 주요 관리도구로 삼아라

대부분의 CFO들은 과거를 되돌아보는 것보다는 미래를 관리하는 데 더 많은 시간을 쓰고 싶어 한다. 따라서 관리자로 하여금 효과적인 예측을 하도록 도울 수 있는 능력이 점차 CFO의 핵심 역량으로 인식되고 있다. 그러나 대부분의 재무팀들은 아직 배워야 할 것이 많다. 재무팀이 가장 흔하게 저지르는 실수는, 예측이 미래의 성과를 미리 예견하고 통제하는 행위라고 가정하는 것이다. 예측의 목적은 의사결정에 도움을 주는 것(즉 미래의 성과에 영향을 미치도록 돕는 것)이지 미래를 예견하는 것이 아니다. 현실적으로 볼 때, 예측이 필요한 이유는 조직이 변화하는 상황에 즉각적으로 대처하지 못하기 때문이다. 그래서 신속한 대응력이 예견(또는 정확한 예견)보다 더 중요한 것이다. 미래를 정확하게 예견하는 것은 거의 불가능하니까 말이다. 사실, 예측과 관련하여 유일하게 확실한 것은 예측이 빗나갈 것이라는 점이다. 문제는 얼마만큼 빗나가느냐 하는 것이다. 그 차이를 좁혀주는 요인은 학습과 경험, 적절한 정보 시스템, 그리고 궁극적으로는 현명한 판단이다.

관리자들이 단기예측을 많이 수행해볼수록 그들의 예측능력이 향상된다. 그렇기 때문에 적응력 높은 조직은 연간예산안이나 장기 관측보다는 롤링 예측(대개 향후 12~18개월의 성과에 대한 롤링 예측)을 더 중요시하는 것이다. 제대로 수행되기만 하면 롤링 예측은 조직의 모든 부분을 연결하고 현재 위치와 단기적 전망에 대한 연속적인 그림을 경영진에게 제공하는 유용한 정보 시스템의 핵심 뼈대로 기능할 수 있다. 사실상 롤링 예측은 평상시 예측(기존 추세에 따른 추정)과 진행 중인 모든 계획의 총합인 셈

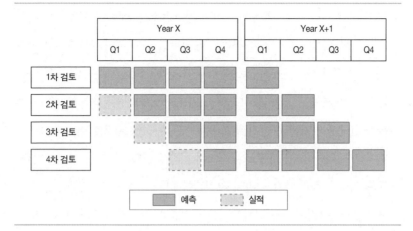

이다. 다시 말해 롤링 예측은 '사건'에 초점을 맞추되 '예상되는 사건들을 기준선에 합친 것'이다. 정직한 예측은 편향성을 갖지 않으며, 따라서 관리자들은 예측의 절반은 실제 성과의 높은 쪽에서, 절반은 낮은 쪽에서 목격할 것으로 기대할 수 있다. 이상적인 예측은 관리자들의 의사결정을 향상할 수 있는 정확한 데이터를 수반한다. 예측이 목표 달성에 대한 약속으로 여겨져서는 안 된다. 그렇게 여길 경우 편향성과 왜곡이 나타날 수밖에 없다. 그렇기 때문에 고정된 목표(대개 차이를 좁히는 데 집중하는)하에서 롤링 예측을 수행하면 거의 대부분 효과를 발휘하지 못하는 것이다. 만일 관리자들이 '더 높은 성과기준'을 부여하거나 '차이를 좁히려는' 시도를 하며 예측 프로세스를 방해하면, 현실에 대한 위험한 왜곡으로 이어지기 십상이다.

〈그림 3-2〉는 일반적인 5분기 롤링 예측을 보여준다. 현재 시점이 1분기가 끝나가는 시점이라고 생각해보자. 1분기에 대한 대략적인 수치는 이

제 나온 상태이고, 관리팀은 다음 네 분기에 대한 검토를 시작한다. 그런데 그 가운데 세 분기에 대해서는 이미 지난번 롤링 예측에서 예측한 내용이 존재하므로, 그것들에 대해서는 업데이트만 하면 된다. 하지만 그 이후의 분기에 대한 예측은 추가로 해야 한다(다음 해의 Q1). 수집할 수 있는 가급적 많은 관련된 정보와 비즈니스 인텔리전스를 이용하므로, 멀리 떨어진 분기보다는 가까운 분기에 더 많은 시간이 소요될 것이다.

뛰어난 조직들은 관리 프로세스에서 예측을 중요한 업무로 인식한다. 예측은 기업을 성장시키기 위해 처리해야 하는 또 하나의 귀찮은 업무가 아니라, 사업 관리자들의 의사결정을 도와주는 필수적인 도구가 된다. 핵심적인 몇몇 동인들에만 집중한다면, 예측 프로세스는 1~2일 이상의 시간이 걸리지 않을 것이며, 전문 재무인력 대신 사업팀 자체에 의해 수행될 수 있을 것이다.

예측을 측정 프로세스가 아닌 관리 프로세스로 삼아라

경영진은 예측을 성과목표를 재고하거나 재평가하기 위한 도구로 여겨서는 안 된다. 또 예측을 변화나 개선을 요구하기 위한 도구로 이용해서도 안 된다. 1999년에 프록터앤드갬블Procter & Gamble에서 벌어진 일은 예측과 목표를 혼동하는 것이 어떤 결과를 가져오는지 보여주는 대표적인 사례다. 1998~1999년에 대한 예산관리 프로세스를 없앤 후, 이 회사는 '도전적 수준'의 예측stretch forecast을 수행하고, 관리자들에게 과거 예산 시스템에서 설정했을 것보다 더 야심 찬 수준의 목표를 세우라고 말했다. 관리자들은 이를 따랐다. 그들은 예상 수익과 자원 필요량을 과거보다 높은 수준으로 잡았다. 그들의 상사는 좋아했지만, 이는 결국 공급업자와 고객, 주주들 사이에서 회사 평판이 크게 손상되는 결과로 이어졌다. 예측이 지나치게 낙관적이어서 비용과 재고가 부풀려졌고, 끝내 커다란 실패를 맛보고 말았다.[13] 문제는 그들의 예측 수치가 실제 사업 현실과 동떨어져 있었던 것이다. 관리자들은 고객의 목소리에 귀를 기울이는 대신에 상사가 듣고 싶어 하는 얘기만을 했다. 그리고 예산안 시스템을 없앴음에도 불구하고 협상과 술수의 문화가 여전히 뿌리 깊게 남아 있었고, 이는 예측 프로세스에도 고스란히 영향을 미쳤다. 베스트 프랙티스 기업의 리더는 관리자들에게 확실성을 요구하지 않고, 관리자들이 단일 예측을 사용할 것을 기대하지도 않는다.

경영진이 예측을 일선 직원에게서 즉각적인 행동을 요구하기 위한 도구로 삼으면, 기업문화에서 신뢰와 자신감은 급속도로 사라질 것이다. 한 프랑스 대기업의 고위 간부는 이렇게 말했다.

적절한 행동 계획과 신뢰도 높은 예측(즉 리스크와 기회를 파악하고 올바른 조치를 취할 수 있게 해주는 예측), 이 두 가지를 모두 확보하고 싶다면, 예측과 목표를 서로 독립적인 것으로 다뤄야 한다. 통제의 목적을 위해서 예측을 수행하거나 목표를 설정해서는 안 된다. 희망에 불과한 지나치게 낙관적인 사고도 경계해야 한다. 현실적인 관점을 유지하는 것이 중요하다. 예측은 기업이 경기의 영향을 받으며, 따라서 언제나 성장할 수만은 없다(정치적으로는 적절한 말이 아니겠지만 말이다)는 사실을 반영해야 한다.

예측하는 데 얼마만큼의 시간이 걸리는 게 적절할까? 예를 들어 금융서비스 기업의 경우에는 관리해야 하는 물리적인 공급시슬과 재고가 존재하지 않으므로, 예측작업에 하루 이상의 시간이 걸릴 이유가 없다. 하지만 빠르게 변화하는 자본집약적인 사업의 경우에는(대개 규모가 큰 자원 요구량과 관련된 핵심 결정들을 내리는 데 예측이 이용되므로) 예측을 만드는 데 수일이 소요되기도 한다.

예측하는 데 걸리는 시간이 정확히 정해져 있지 않을 뿐 아니라, 예측 단위 시간이나 예측의 업데이트 주기에 대해서도 정확히 정해진 답이 없다. 이는 운영, 사업 역량, 투자지출과 관련된 핵심 의사결정을 내리고 수행하는 데 걸리는 시간에 따라 달라진다. 다시 말해 만일 새로운 시설을 가동하거나 신제품을 제공하는 데에 2년이 걸린다면, 그에 적합한 예측 주기를 잡아야 할 것이다. 빠른 속도로 변화하는 항공업계에서는 매주 또는 매월 예측을 수정하는 편이 현명할 것이다. 공공기관에서는 분기마다 예측을 수행하면 충분할 것이다. 적응력이 높은 조직은 대부분 먼 미래보다는 가까운 장래를 예측하는 데 더 초점을 맞춘다.

예측은 중기목표와 비교했을 때 궤도의 어디쯤에 와 있는지, 따라서 다음 조치나 행동이 필요한지 여부를 관리자들에게 알려줄 수 있어야 한다. 즉 예측은 차이를 좁혀서 고정된 목표에 이르는 것보다는 '차이를 관리하는 것'을 위해 활용되어야 한다. 특정한 목표 수치들이 아니라 바람직한 결과의 범위라는 측면에서 바라볼 때 중기목표를 가장 효과적으로 검토할 수 있다.

또한 관리자들은 예측 기록을 통해 무언가를 배워야 한다. 보리알리스는 언제나 예측에 대해 사후분석을 실시한다. 비난하기 위해서가 아니라, 예측 정확도가 개선되고 있는지, 앞으로 어떻게 더 개선할 수 있을지 알기 위해서다. 예측의 부정확성은 프로세스 변동성과 같은 맥락으로 바라볼 수 있다. 따라서 팀원들은 그러한 변동성의 원인을 더 정확히 이해하고, 그것을 줄이기 위해 노력해야 한다.

롤링 예측을 이용해 사업 관리하기 》 톰킨스

과거에 톰킨스의 관리자들은 일명 '재무요약보고서'라는 것을 만들곤 했다. 이는 월말 이후 여덟 번째 업무일까지 작성해야 하는 보고서로서, 예산 대비 실적 차이를 보고하고 연말목표를 달성하기 위해 필요한 추가 조치를 설명하기 위한 것이었다. 이 프로세스에는 6분기 롤링 예측도 포함되어 있었지만, 회계연도가 아닌 분기에는 그다지 많은 관심을 기울이지 않았다. 롤링 예측은 월말결산monthly closing 프로세스에서 가장 마지막에, 대개는 재무 직원이 챙기는 업무에 불과했다. 다시 말해 롤링 예측은 중요하게 다뤄지지 않았으며 관리 프로세스의 핵심 부분으로 여겨지지도 않았다.

그러나 최근 이러한 관리방식에 큰 변화가 있었다. 이제는 모든 단계의 업무를 관리하는 데 예측 프로세스가 '핵심적인 관리도구' 역할을 하고 있다. 이 회사의 글로벌사업부의 CFO인 댄 디서Dan Disser는 말한다. "이제는 예측업무에도 월말결산에 쏟는 것만큼 에너지를 쏟고 있습니다." 이것이 바로 톰킨스가 월간예측 프로세스를 월말결산에서 분리한 이유다.

중요한 이슈(예를 들면, 적절한 제품을 생산했는가? 올바른 시장에 집중하고 있는가? 우리는 올바른 가치제안을 하고 있는가?)가 논의되는 연간 전략 수립 프로세스는 여전히 존재하지만, 이제 계획수립이 분기마다 이루어지고 있다. 이 분기별 사업 검토는, 6분기 롤링 예측과 더불어, 매 분기가 끝난 이후 3주가 된 시점에서 완료된다. 예측들은 성과측정과 (그리고 목표와도)

분리되어 있으며, 따라서 예측 프로세스에서 술수나 조작이 상당히 제거되었다. 연간 재무계획은 여전히 존재하지만, 그것은 회계연도에 포함되는 4개의 분기별 예측에 해당할 뿐이다. 이것이 분석가들에게 전달된다.

이 회사의 예측 프로세스에서 또 다른 중요한 요소는 월간 '섬광flash' 예측◆이다. 이는 매달 중순경에 해당 월말까지와 향후 2개월에 대한 예측을 수행하는 것이다. 따라서 경영진은 이제 월말이 되기 4일 전(업무일 기준)에 월별 성과와 단기예측(향후 2개월, 현재 분기, 1년에 대한 예측)을 보고받는다. 평균적으로 조직에서 월말장부를 마감하는 데 6일이 걸리고, 거기에다 보고서를 마무리하는 데 11일, 예측을 병행하는 데 15일이 걸린다는 점을 감안하면 톰킨스의 프로세스는 정보관리에서의 비약적인 발전이라고 할 수 있다.

톰킨스의 CFO인 켄 레버의 말에 따르면 이와 같은 프로세스는 관리자들의 행동에 커다란 영향을 미쳤다.

이제 관리자들은 성과를 최대화하기 위해 노력하지 않을 수가 없다. 과거에 그들은 목표를 결정하는 데 몇 주씩 소비했지만 지금은 사업성과를 개선하는 데 시간을 쏟고 있다. 우리가 과거에 프로세스의 일부로 받아들였던 술수나 조작도 이제 모두 사라졌다. 조작을 가할 작업이 없기 때문이다. 게다가 무의미한 예산 대비 차이를 설명하느라 시간과 에너지를 허비하지 않아도 된다. 이제 관리자들은 고객과 주주를 위한 가치를 증진하기 위한 방안에 집중하고 있다.[14]

◆ 기업에 따라 실적추정, 속보 등의 용어를 사용하기도 한다.

아메리칸 익스프레스는 예측 기법에 대해 많은 것을 배웠고 '동인 기반'
의 롤링 예측 모델을 개발했다. 과거의 예측 시스템을 버리고 변화를 추구
하는 것은 결코 쉬운 일은 아니었다. 이 기업의 세 사업부문(아메리칸 익스
프레스 여행 서비스American Express Travel Related Services, 아메리칸 익스프레스 금융
자문American Express Financial Advisors, 아메리칸 익스프레스 은행American Express Bank)
은 다양한 시장들을 토대로 한 단순한 스프레드시트를 사용하는, 자신만
의 예측 방식을 각자 갖고 있었다(예측 데이터의 75%를 수작업으로 입력해야
했다). 그리고 회사는 각 사업부문이 개별적으로 수행한 예측에서 나온 데
이터를 통합해야 했다. 예측을 완료하는 데에 수주일이 걸렸고, 최종 결과
물은 적절성을 갖기보다는 불필요한 내용이 중복되곤 했다. CFO인 게리
크리텐던은 새로운 예측 시스템을 도입한 과정을 이렇게 설명한다.

가장 중요한 것은 세부항목을 버리고 핵심 동인에 집중하는 것이다. 과거
의 시스템에서는, 상향식 예측을 정리하는 데 한 사업단위에 대해서만 8주
의 시간과 연인원 수백 명이 소요되었다. 이 때문에 의미 있는 사업 검토와
시기적절한 투자분석을 하기란 거의 불가능했다. 새로운 시스템을 위한 틀
을 만들기 위해, 사업단위들은 회사 고유의 알고리즘을 토대로 한 핵심성과
동인을 파악해야 했다. 중요한 질문은 이것이었다. 카드 결제금액 1달러 또
는 새로 가입한 카드 회원 1명이 최종 수익에 어떤 영향을 미치는가? 과거
에는 연봉이나 복리후생이 순이익에 미치는 영향에 많은 관심을 기울였다.
관리자들은 종업원 1명을 더 채용하거나 해고하는 데 드는 비용만 알면 된
다고 생각했다. 하지만 그들은 그러한 수치들이 순이익에 미치는 영향은

5%에 불과하다는 것을 깨달았다. 그들이 진정 알아야 했던 것은 수치의 80%에 영향을 미치는 사용량 동인이었다. 이것들은 손익계산서에서 불과 15줄만 차지했다. 우리는 카드 결제금액이 아메리칸 익스프레스의 사업을 이끌어가는 진정한 동인임을 깨달았다. 즉 카드 회원들이 외식을 하는 데, 비행기 티켓을 구매하는 데, 물건을 구매하는 데 돈을 얼마나 쓰는가 하는 것 말이다. 이러한 사용량 뒤에 숨겨진 2개의 특정한 동인은 아메리칸 익스프레스 카드의 개수와 카드 1개당 평균 사용액이었다. 이 두 항목을 파악하자 사업팀들은 결제금액 수치를 추산할 수 있었다. 또 이 수치는 손익계산서상의 상당히 많은 다른 항목에 영향을 미쳤다. 결제금액 수치에서 출발하여, 관리자들은 포인트 적립 사용도, 청구 지연 수준, 이자 소득액, 부실채권의 리스크 정도 등을 추정할 수 있었다. 중요한 것은 카드 결제금액을 정확하게 예측하는 알고리즘을 만드는 것이었다.

동인 기반의 예측을 특정 목적에 적합한 시스템이나 웹 기술과 함께 활용하면, 수많은 관리자가 함께 예측작업을 수행할 수 있고 높은 수준까지 결과에 대한 총합을 도출할 수 있으며, 따라서 관리자들이 그 어느 때보다도 큰 통제력을 갖게 된다. 우리는 새로운 접근법을 사용함으로써 단일 방식으로 표준화를 이루고, 조직 전체가 사용하는 핵심 가정과 알고리즘을 통일할 수 있었다.[15]

핵심성과지표와 관련된 성과를
매일, 그리고 일주일 단위로 보고하라

　적응력 높은 조직이 되기 위해서는 핵심성과지표(KPI)에 기반을 둔 적절한 정보가 신속하게 확보되어야 한다. 한델스방켄은 고객의 거래 패턴을 토대로 한 일간 지표를 사용한다. 이 은행은 광범위한 고객 설문조사를 실시하지 않는다. 그 대신 매일 이루어지는 10만여 건의 고객 거래에서 정보를 얻는다. 직원들이 은행의 눈과 귀가 되어, 고객의 문제와 경쟁력을 높일 수 있는 조치에 관해 끊임없이 피드백을 제공한다. 정보 시스템이 레이더 탐지기와 같은 역할을 하면서 거래 변화의 패턴을 보여준다. 인수, 고객 이탈, 할인, 수익성 등은 관리자에게 시장 상황을 알려주는 신호다. KPI는 적응력 높은 조직을 위한 핵심적 지표다. 관리자에게 발생할 가능성이 있는 문제와 필요한 조치를 미리 알려주는 경고 신호를 보내주기 때문이다.

　예를 들어 적절한 KPI는 연쇄적인 효과를 발생시켜 품질을 향상시키고, 결함 발생률을 낮추고, 재고 회전율을 높이고, 궁극적으로는 수익성을 높일 수 있다. 영국항공British Airways(BA)의 전 회장 존 킹John King의 사례를 살펴보자. 킹은 1980년대에 BA를 쇄신하는 작업에 착수하면서 하나의 KPI에 집중했다. 그는 BA의 비행기 운항이 지연되는 경우에는 그가 어디에 있든 상관없이 그 사실이 자신에게 보고되도록 했다. 해당 공항의 BA 임원은 만일 운항이 지연되면 회장으로부터 직접 걸려 오는 전화를 받게 된다는 사실을 알고 있었다. 얼마 안 가서 BA는 비행기가 반드시 제시간에 출발하는 항공사라는 평판이 생겨났다. 이는 수익성에도 상당한 연쇄효과를 일으켰다. 과거에 비행기 지연은 여러 가지 측면에서 비용을 증가시켰다. 추가적인 공항 이용료를 내야 하고, 야간 소음 규제 때문에 비행기 이륙이 금지되는 경우에는 밤새 승객들을 숙박시설에 수용하는 비용도 들기 때문이다. 비행기 지연은 고객불만족의 주된 원인이었고, 승객들이 목적지에서 가족이나 친구들(항공사의 미래 고객이 될지도 모를 사람들)을 만나는 시간을 지연시켜 불편을 끼쳤다. 또 랜딩 슬롯landing slot◆을 놓칠 경우 비행기가 공항 주위를 선회해야 하기 때문에 연료도 더 소비되었다. 게다가 운항이 지연되면 서비스 스케줄이 엉망이 되어 서비스 질이 낮아지고 고객의 항의에 시달려야 하는 직원의 불만도 늘어났다. 비행기 지연에 초점을 맞춘 BA의 KPI는 낭비되는 시간을 회복하는 것에 집중할 필요성을 일깨웠다. 그 결과 청소부, 기내식 제공자, 현지공항 근무직원, 비행기 승무원, 통신 담당자, 항공교통 관제사 등 모두가 귀중한 시간을 절약하기 위해 노력하게 되었다.

KPI는 대개 비재무적 지표들이다. 하지만 재무 리더는 신속한 재무 정보를 제공하는 것을 통해서도 확실한 효용을 얻을 수 있다. 2004년 7억 달러 매출을 올린 플로리다의 체중감량 식품 제조업체 슬림패스트Slim·Fast의 경우를 살펴보자. 1996~2003년에 이 회사의 매출은 매년 약 20%씩 증가했다(증가된 전체 매출에서 또 20% 증가하는 식으로). 놀라운 성장을 이끈 주요 원인은 이 회사의 소유주인 대니 에이브러햄스Danny Abrahams가 '20 : 20 접근법'이라고 부르는 방식이다. '20 : 20 접근법'의 목표는 언제나 매출성장 20%를 달성하고 영업이익 20%를 내는 것이었다. CFO 칼 창Carl

◆ 항공기가 이착륙할 수 있는 시간 및 지점.

Tsang이 이끄는 재무팀의 가장 중요한 임무는 실시간으로 필요한 정보를 제공하여 이사회가 신속하게 대응할 수 있게 돕는 것이었다. 그래서 그들은 '일간' 손익계산서를 작성하여, 해당 날짜나 해당 주의 성과를 작년도 같은 날짜나 주와 비교하여 성과 진척도를 지속적으로 점검했다.

그들은 매일의 주문량을 체크했다. 오후 5시 기준으로 주문 마감시간을 정했으므로, 재무팀은 오후 7시까지 그날의 손익계산서를 뽑을 수 있었다. 주요 측정기준은 그날의 주문량과 전년도 같은 날의 주문량을 비교하는 것이었다. 재무팀은 모든 주문 각각에 대한 총이익을 알고 있었고, 따라서 전체 주문량을 토대로 실제 매출총이익을 계산할 수 있었다. 그런 다음 가장 최근의 월 마감 내용으로부터 일반관리비를 추정하여 순이익을 산출해냈다. 이는 100% 정확하진 않지만 거의 정확한 결과를 알려주었다. 그리고 수치 자료를 조작할 수도 없었다. 예를 들어 상사를 만족시키기 위해서 주문량을 부풀리는 일이 없었다.

일간 손익계산서 덕분에 에이브러햄스와 창은 매출 추세를 모니터하고 지출을 조정할 수 있었다. 예를 들어 만일 작년과 비교해 올해 어떤 달의 첫 열흘 동안 사업성과가 비슷하거나 더 저조하다면, 20% 영업이익 달성을 위해서 지출을 줄이는 것이다. 만일 일반관리비를 1% 줄였다면, 이것은 영업이익이 증가한 것으로 치지 않고 성장을 더욱 촉진하기 위한 광고비로 할당했다.

자원에 신속하게 접근할 수 있게 만들라

사업단위가 직관과 판단력을 적절히 활용하여 시장의 위협요소나 기회에 적용할 수 있으려면, 그들이 자원에 신속하게 접근할 수 있어야 한다. 특히 인적 자원이나 기술에 대한 빠른 접근성이 중요하다. 한델스방켄의 지점 관리자들은 유효 수요에 따라 직원을 고용할 수 있다. 지점에 이와 같은 방침이 전달되었을 때, 일부 회의론자들은 직원 수가 증가할 것이라고 우려했다. 하지만 실제로는 그 반대 현상이 나타났다. 수익을 올려야 할 필요성을 인식하고 있는 지점 관리자는 인력에 대한 수요가 떨어지기 시작할 때 더 이상 직원을 붙들어두는 데 집착하지 않았다(예전에는 직원을 재고용하기 위한 승인을 다시 얻기가 힘들어질 것이라 생각하고 어떻게든 직원을 붙잡아두려 했다). 따라서 직원 수와 직원 유지비용은 크게 줄어들었다. 여기서 얻을 수 있는 교훈은, 자원이 기업 본사에 속해 있고 예산안을 고려해 자원 할당이 결정되는 경우에 사람들이 자원에 대한 책임감을 거의 느끼지 못한다는 점이다. 하지만 하위 팀이 자신의 행동 계획을 실천하기 위한 과정의 일부로서 자원에 접근할 수 있으면, 훨씬 더 강한 주인의식과 책임감을 갖게 된다. 스웨덴 유통업체인 알셸에서는 하위 팀의 관리자들이 경쟁사를 물리치는 것에 대해 책임감을 갖고 있으며, 실적대비일람표가 경쟁력 높은 성과를 이끌어내고 있다. 하위 팀들은 상당한 수준의 자율권을 갖고 있다. 팀 관리자는 직원 채용 및 해고 여부, 직원 연봉 수준, 고객에게 판매하는 물건의 가격까지도 결정할 수 있다.

텔레콤 뉴질랜드의 CFO 마르코 보고이브스키는, 연간예산안을 없앴는데도 회사가 여전히 자원을 혁신적으로 재할당하지 않고 있다는 사실을 깨달았다. 그는 다음과 같이 말한다.

분기별로 예측을 업데이트하고 있었지만, 우리의 성과 인센티브와 자원 관련 결정은 여전히 연간 주기에 맞춰져 있었다. 그렇다면 그것이 분명히 드러나 보였을 거라고 생각될지 모르겠지만, 당시 우리의 상황은 그렇지 않았다. 직원들은 여전히 자신이 일상적으로 전보다 적극적인 의사결정을 내리고 있다고 생각하곤 했다. 하지만 우리는 운영 및 투자지출 프로세스를 살펴보고 나서, 그런 프로세스가 일단 연간계획안에 속박되어 있으면 그것을 변화시키거나 사업단위 간에 이동시키기가 정말 어렵다는 사실을 깨달았다. 현재 우리는 과거의 방식을 없애고, 각 사업단위가 투자자본수익률을 토대로 한 합리적인 범위 내에서 의사결정을 내릴 수 있는 권한을 부여했다. 그들은 그 범위 내에서 자유롭게 결정을 내릴 수 있다. 또 합의된 운영기준 범위를 벗어나지 않는 한, 운영 및 투자지출의 할당과 관련해서도 사업단위는 자유로운 결정을 내릴 수 있다. 이 모든 것의 중심에는 신뢰라는 중요한 요소가 자리 잡고 있다. 아마도 사업단위의 리더들보다는 이사회가 이와 같은 새로운 관리방식으로 변화하기가 더 어려울 것이다.[16]

상대적인 개선에 성과기준을 두어라

CFO가 목표설정이나 성과평가를 다루기 위한 조치를 취하지 않는다면 적응력 높은 관리 시스템을 정착시키기는 힘들다. 톰킨스의 CFO 켄 레버는 높은 수준의 예측 프로세스를 확립하기 위해서는 고정된 목표를 버리는 일이 대단히 중요하다고 믿는다. 그는 말한다.

고정된 목표를 중시하면 직원들이 예측의 질을 검토하고 그것을 계획수
립에 적용할 방법을 찾는 데에 많은 시간을 소비하게 된다. 과거에 관리자
들은 예측이 실제로 취해야 할 행동보다는 정해진 목표나 성과평가와 관련
해 어떤 의미를 갖는지에 더 집중했다. 우리는 예측작업을 측정이 아닌 관
리활동의 일부로 만들고 싶었다. 그것이 바로 중요한 관점의 변화였다.[17]

연간목표를 설정하고 그것을 각 사업부문과 단위에 전달하는 방식을
토대로 하는 고정성과계약은 리더들에게 통제에 관한 환상을 심어준다.
다시 말해 리더들은 자신의 리더십을 통해서만 성과를 이끌어내고 통제할
수 있다고 믿게 된다. 그러나 이는 우리가 동기부여나 성과와 관련해 알고
있는 것들과 상충된다. 사람들은 성과계약이라는 그늘에서 벗어나 스스
로 목표를 수립할 수 있을 때 더 높은 목표를 세우고 그것을 달성하기 위
해 전념하는 법이다. 목표와 인센티브는 사람들로 하여금 그런 것이 없을
때엔 하지 않았을 행동을 하게 이끌 수는 있다. 그러나 이는 사람들이 스
스로 '적절한' 행동이라고 판단해서 무언가를 하게 만드는 것과는 거리가
먼 방식이다. 이는 사회과학자들이 말하는 비본질적 동기(어떤 임무가 목
표를 이루기 위한 수단으로 여겨질 때 느끼는 동기)와 본질적 동기(임무 자체를
수행하고 싶은 마음이 드는 경우 느끼는 동기)의 차이다. 이때 비본질적 동기
는 보상을 얻거나 처벌을 피하기 위한 필요조건이기도 하다. 다시 말해 중
요한 것은 동기의 양이 아니라 동기의 유형이다.
비본질적 동기를 갖는 경우 편법이나 요령, 낮은 헌신도가 나타난다.

사업팀의 입장에서 볼 때, 목표 중심의 게임에서 이기는 방법은 낮은 수준의 목표를 정하는 것이다. 이는 상황이 계획대로 진척되지 않을 경우 자신이 곤경에 빠지는 것을 방지하기 위해서다. 경영진의 입장에서 볼 때, 이 게임에서 이기는 방법은 가급적 높은 수준의 목표를 정하는 것이다. 그 결과 양측 간의 적절한 타협이 나타난다. 그러나 이 게임의 진짜 피해자는 주주다. 그러한 타협이 이루어지면 가능한 수준보다 훨씬 못 미치는 성과를 내는 데 그치기 때문이다. 많은 재무관리자가 "목표 수치가 존재하지 않는다면 무엇을 달성해야 할지 어떻게 알겠는가?"라고 말한다. 이런 종류의 질문이 위와 같은 게임을 횡행하게 만든다. 이 질문에 대한 답은, 모든 관리자가 매달, 매분기, 매년 성과를 최대화해야 한다는 것이다. 그들에게는 목표로 삼을 수치가 필요해서는 안 된다. 사실 목표 수치를 제시하는 것은 가능한 성과가 달성될 가능성을 감소시킨다. 미래는 알 수 없으므로 재무목표를 설정할 효과적인 방법도 존재하지 않기 때문이다. 대략 근접한 추측("내일 날씨도 오늘과 비슷할 것이다"), 또는 엉뚱하게 빗나간 추측("허리케인을 예측하지 못했다")만이 가능할 뿐이다. 전자의 경우 특별히 신경 쓸 필요가 없을 것이고, 후자의 경우 큰 난관에 봉착하게 된다. 어느 경우든, 수지맞는 것과는 거리가 멀다.

목표 수치 없이도 효과적으로 관리할 수 있는 다양한 방법이 존재한다. 예를 들어 세계은행의 관리자들은 일정한 한계 범위 내에서(예컨대 2% 내외에서) 지출할 수 있는 지침을 받는다. 그리고 전략적 검토에 따라 지출 수준을 재설정할 때에만 그러한 지침이 변경된다. 이는 공공부문 조직에 만연해 있는 "쓰지 않으면 예산을 삭감당한다"는 사고방식을 없애는 데 기여하고 있다. 톰킨스의 관리자들은 성공의 지표가 되는 세 가지 기준(투자

고정성과계약	상대적 발전 중심의 계약
고정된 목표가 점진적 목표 증가를 유발한다	상대적인 측정기준이 있어서 높은 수준의 도전적인 목표를 세운다
고정된(개인별) 인센티브 때문에 실패에 대한 두려움을 느낀다	상대적인(팀 단위의) 보상 때문에 자신감을 갖고 리스크를 감수한다
고정된 계약 때문에 수치목표를 달성하는 데 집착한다	지속적인 계획 수립으로 가치 창출에 집중하게 된다
연간 자원 할당 때문에 비용을 비호하려는 태도가 생긴다	수요에 따른 자원 배치로 비용이 최소화된다
중앙 계획 중심의 조정으로 인해 대응 속도가 느려진다	팀별 계획을 통한 조정으로 대응 속도가 빨라진다
차이 통제가 변명을 만들어내는 문화를 낳는다	KPI 중심의 통제로 인해 발전을 지향하는 문화가 조성된다

자본수익률, 매출액순이익률, 매출성장률)을 고려하여 그 범위 내에서 움직인다. 한델스방켄을 비롯한 여러 기업은 일정 시점이 지나고 난 후에 성과를 비교한다. 이들은 정해진 목표를 달성하는 것을 성공으로 보지 않고, 경쟁자를 물리치고 업계 내에서 지속적으로 상위 자리를 유지하는 것을 성공이라고 여긴다.

이와 같이 변화된 관리 시스템에서는, 성과계약도 고정성과를 토대로 하는 것에서 상대적인 발전을 토대로 하는 것으로 변화한다〈〈그림 3-3〉 참조). 고정성과계약에서는 성과관리 시스템의 모든 요소(목표, 예산안, 측정기준 등)가 함께 연결되어 있고, 따라서 관리자가 변화에 신속하게 대응하기가 어렵다. 반면 상대적 발전을 토대로 한 계약에서는 모든 요소(목표, 측정기준, 보상, 예측 등)가 서로 분리되어 있다. 따라서 관리자가 실패에 대한 두려움을 덜 갖게 되므로 더 높은 목표를 세우고 그것을 달성하는 데 전념할 가능성이 더 크다. 또 예측작업에서 더 솔직한 결과물이 나온다. 관리자들이 자신의 상사가 예측 내용을 이용해 목표를 변경하거나 이런저런 방식으로 그들을 힐책할까 봐 걱정하지 않기 때문이다.

이익 예측을 원하는 분석가와 투자자의 요구에도 불구하고, 점점 더 많은 CFO들이 고정된 지침을 내리는 방식에서 벗어나고 있다(2004년 미국의 한 여론조사에서는 응답자 385명 중 55%가 고정된 지침을 내린다고 대답했다. 이는 2002년도의 72%에서 크게 줄어든 수치다).[18] 한델스방켄, GE캐피털, 알셀, 톰킨스를 비롯한 많은 조직이 고정성과계약을 버리고 상대적 발전 중심의 계약을 택했다. 이들 조직에서는 하위 사업팀들이 단기 및 중기목표를 자체적으로 수립하며(상부에서 제시하는 약간의 과제는 있다), 고정된 목표는 할당받지 않는다. 나는 고정된 목표가 효과적이지 않은 많은 이유를 제시했다. 하지만 목표수립 이론에서도 확인되었듯이, **스스로 수립한** 목표는 아무런 문제를 일으키지 않는다.[19] 개인적인(또는 팀 단위의) 목표를 세울 때, 목표를 너무 높게 세우거나 너무 낮게 세우는 것이 무슨 의미가 있겠는가? 또는 속임수를 쓰는 게 무슨 의미가 있겠는가? 최고의 조직에서는 각 팀이 고정계약 없이, 또 고정된 목표와 대비한 성과를 상부에 보고해야 한다는 압박감 없이 책임감을 갖고 스스로 목표를 수립한다. 또 이러한 환경에서는 팀들이 안전하고 낮은 목표에 안주하는 대신 높은 목표를 세우는 경향이 있다. 설령 마지막에 그 목표 달성에 실패한다 할지라도, 그들은 낮은 목표에 안주했을 때보다 훨씬 더 높은 성과를 내기 마련이다. 이는 그들로 하여금 정해진 계획에 집착하기보다는 지속적으로 현실에 적응하고 상황을 관리할 수 있게 만든다. 끊임없는 발전과 적응, 자기 통제가 나타나게 된다. 이런 조직에서는 무언가를 결정하기 위해 시간을 허비할 필요가 없다. 그 자체로 조직 시스템이 돌아가기 때문이다.

이러한 접근법은 조직 전체 차원에서도 유용하다. 만일 당신이 투자자들에게 어떤 종류의 성과를 내는 기업을 찾느냐고 묻는다면, 아마도 그들은 기업의 중요한 평가요소로 ① 신뢰성(기업이 꾸준한 성과를 보이고 있느냐)과 ② 상대적 위치(업계에서 상위 자리를 지속적으로 점하고 있느냐)를 꼽을 것이다. 시장은 급속도로 변하고 있으며 경쟁자들은 훨씬 더 나은 성과를 보이고 있을 때, 1년 전에 정해둔 목표 수치를 달성하려고 애쓰는 것이 얼마나 큰 의미가 있을까? 주가가 떨어지기 마련이다. MIT의 한 연구에 따르면 12개월 전에 수행한 수익 예측은 낙관적인 경우가 많으며, "달력의 날짜가 지날수록 수치 자료들은 점차 낮은 수치로 수정된다"라고 한다.[20] 시간이 지날수록 중요한 것은 상대적인 성과다. 다양한 시간 주기에 따른 성과실적표 내에서 자신의 성과를 검토하는 펀드매니저들에게는 이러한 상대적인 평가 시스템이 익숙할 것이다. 펀드매니저들이 장기적인 승자들, 즉 해마다 업계 내에서 상위 자리를 차지하는 기업들을 지원하고자 하는 것은 당연해 보인다.

공정한 기준을 제시하고 책임감을 장려하라

대부분의 CFO들은 이런 물음과 씨름한다. "만일 목표를 설정하지 않는다면 어떻게 관리자들로 하여금 성과에 책임지게 할 것인가?" 그 답은 일종의 공정한 평가기준을 토대로 한 '성과성적표'를 만들고, 다양한 자료를 이용하여 평가를 진행하는 것이다. 다시 말해 미리 정해진 목표를 토대로 성과를 평가하기보다는 업무를 완수한 이후에 성과를 평가하는 것이다. 유니레버의 재무변화 리더인 스티브 몰리지는 그러한 방식으로 변화를 꾀

핵심 기준	가중치	점수	가중치 적용점수(%)
전년 대비 성장률 Growth versus previous year	20	50	10
경쟁사 대비 성장률 Growth versus competition	20	40	8
전년 대비 수익성 Profit versus previous year	20	60	12
경쟁사 대비 수익성 Profit versus competition	20	50	10
전년 대비 부채 Debt versus previous year	10	80	8
전년 대비 품질지수 Quality factors versus previous year	10	60	6
집행위원회 평가 결과 Executive committee evaluation			**54**

하는 것이 대단히 중요하다고 생각한다.

업무를 완수한 이후에야 실제 시장 상황에 비춰볼 때 훌륭한 성과를 낸 것
인지 아닌지, 목표가 실제로 얼마나 달성하기 어려운 수준이었는지 판단할
수 있다. 시장 상황이란 다음과 같은 것을 말한다. 인플레이션율은 얼마였
는가? 자연재해는 경제에 어떤 영향을 미쳤는가? 우리의 최대 고객사가 파
산한 것이 어떤 영향을 미쳤는가? 목표를 달성하는 과정에서 경쟁사를 앞섰
는가, 아니면 경쟁사에게 패배했는가를 판단할 수 있는 것은 업무 결과가 나
온 이후다.[21]

일부 조직은 다양한 팀(경영진, 사업단위)에 대한 성과성적표를 만든다.
장-마리 데스카펜트리Jean-Marie Descarpentries는 이러한 접근법을 도입하여
1980년대 말에 카노드메탈박스Carnaud Metal Box, 1990년대 중반에 그룹불
Groupe Bull, 두 프랑스 기업의 운명을 바꿔놓았다. 그가 취한 방식의 핵심은
목표수립과 성과평가 · 보상을 분리하고, 평가공식을 토대로 하여 사업단

위별 성과를 평가한 것이었다(〈표 3-1〉 참조). 이 공식에서는 성장률, 수익성, 부채, 품질을 비롯한 다양한 성공 지표들에 집중한다.

이 공식에서 각각의 평가기준에는 그 중요도에 따라 가중치를 적용했다. 그리고 각 기준 항목에 대해 가중치 적용 점수를 산출하고, 그 점수들을 총합하여 최종 결과를 냈다. 조직의 회장과 집행위원회가 독립적으로 성과를 검토했다. 이와 같은 평가 결과는 해당 사업단위의 관리자와 직원들의 보너스 수준을 결정하는 데에 활용되었다.

이러한 유형의 평가 프로세스에 수반되는 주관적 판단이 모든 이의 취향에 부합하는 것은 아니다. 그러나 스티브 몰리지는 이렇게 말한다.

> 보상을 계산하는 과정이 판단에 근거하기는 하지만, 여기에는 엄격한 프로세스, 즉 편견이나 편파적 판단이 개입되지 않는 엄격한 프로세스가 활용된다. 그것은 증거의 법칙을 활용하는 법적 판단과 유사하다.[22]

다양한 성과기준에 의해 증거가 제공되지만, 이 증거들은 분석과 해석, 판단의 대상이 된다. 그리고 기준 자체는 판단이 개입된 의견과 함께 제공되어서는 안 된다. 자기 평가와 개선을 위한 행동을 이끌어내는 데에는 있는 그대로의 수치를 제시하는 것으로 충분하다.

이 같은 접근법이 보편적으로 적용 가능한 것이기는 하지만 특정 기업이나 팀에 맞도록 조금씩 조정할 필요는 있다. 조직의 재무성과를 달성하고 각 사업단위와 투자자들에게 가치를 제공할 책임을 지닌 경영진을 예로 들어보자. 이 경우 평가기준에는 전년도나 동종업계 경쟁자들과 비교한 재무성과를 알려주는 기준(자기자본이익률이나 순이익률 등)과 리더십

역량 관련 기준(예컨대 사업단위 관리자들의 평가를 토대로 한 기준)이 포함될
수 있을 것이다. 하나의 사업단위 팀은 주로 전략을 성공적으로 실행할 책
임을 맡는다. 어느 대기업에서는 성과평가를 위해 다음 세 가지 기준을 사
용한다.

① 해당 연도의 상황 : 경제적 요인과 시장 요인(예: 시장점유율), 기타 외
   부 요인, 구조적 요인을 고려한다.
② 지속 가능성 : 성장률, 가격, 투자, 마진을 고려한다.
③ 전략 실행 : 포트폴리오 관리, 운영 효율성, '핵심 전략에서 더 많은
   것을 얻어냈는지' 여부, 브랜드 포커스를 고려한다.

성과평가 도구가 효과적으로 고안되고 실행된다면, 조직 내에서 팀 사
이의 성과를 비교할 수 있는 방법도 마련되는 셈이다. 이 경우 평가기준에
대한 가중치 설정이 중요하다(어떤 팀에서 대단히 중요한 기준이 다른 팀에서
는 별로 중요하지 않을 수도 있기 때문이다). 만일 이와 같은 조건이 잘 갖춰
진다면 팀 사이에 바람직한 의미의 경쟁이 촉진될 수도 있다. 어떤 경우에
는 성과성적표를 만드는 것만으로도 지속적인 성과 개선을 이끌어내기에
충분할 것이다. 다시 말해 팀들에게 높은 성과 달성에 대한 보상이 필요하
지 않을 수도 있다. 한델스방켄에서는 바로 이와 같은 접근법이 성공을 거
두고 있다.

이러한 접근법은 직접적인 인센티브보다는 사업팀들이 서로의 존재 때
문에 느끼는 내부적 압력에 더 의존한다. 자존심 강한 관리자라면 자기 팀
이 다른 팀보다 저조한 성과를 내는 상태에서는 다른 팀 관리자들과 함께

모이는 회의 자리가 거북해질 것이다. 내부 및 외부의 성과일람표는 성과 평가를 위한 틀을 제공하며, 이는 지속적인 개선에 크게 기여한다. 각 사업단위가 다른 단위들보다 더 나은 성과를 내려고 애쓸 것이기 때문이다.

이와 같은 내부적 압력은 긍정적인 효과를 낼 수도, 부정적인 효과를 낼 수도 있다. 부정적인 효과는 이른바 '요새 심리fortress mentality'를 낳을 수 있다는 것이다. 이 경우 팀의 관리자들이 기업 본사로부터 가급적 많은 혜택이나 이점을 확보하기 위해(예컨대 가급적 많은 자원을 얻기 위해) 애쓰게 된다. 그리고 다른 사업팀을 마치 적군처럼 대한다. 긍정적인 효과는 다른 팀보다 더 짧은 시간 안에 성과를 향상하기 위해 애쓰되 협력과 공유의 분위기 속에서 그러한 노력이 이뤄지게 된다는 것이다. 경쟁과 협력 사이의 균형을 확보하는 일이 신중하게 관리되어야 한다. 중요한 것은 보상 시스템이다. 만일 보상이 사업부문 전체 수준에서 이루어진다면, 각각의 단위들이 요새 심리를 갖고 행동할 가능성이 줄어든다.

우리는 대부분의 사회과학자가 개개인에게 적용되는 형태의 인센티브가 적절하지 않다고 비판한다는 점에 주목할 필요가 있다. 개인별 보상 시스템에서는 팀에 대해서 별로 신경을 쓰지 않기 때문이다. 이런 맥락에서 보상은 특정 목표와 연계된 "이걸 이루고 이만큼의 보상을 받자"는 유형의 인센티브라기보다는 성공에 대한 모종의 지분으로서(마치 인적 자본에 대한 배당금과 같은 식으로) 역할을 해야 한다. 이 경우의 팀은 **상호의존적인 가치 창출 네트워크**interdependent value delivery network 역할만 하면 어떤 집단이든 해당된다. 예를 들어 한델스방켄이나 사우스웨스트항공의 경우에는 회사 전체가 팀이다. 톰킨스나 알셀의 경우에는 각 사업단위가 팀이다. 정도의 차이는 있겠지만 이에 미치지 못하는 보상 시스템은 불화를 유발할 가능성이 크다. 사업단위나 조직 전체의 성공에 대해 보상을 한다는 것은 행동방식의 조작을 유도하기 위한 것이 아니다. 그보다는 모두가 한 배를 타고 같은 방향을 향해 나아가고 있다는 사실을, 구성원 모두가 서로에게 의지하고 있다는 사실을 보여주기 위한 것이다.

어떤 이들은 팀이나 사업단위 차원에서 보상을 제공하면 '무임승차자'들을 양산하게 될지 모른다고 우려한다. 예컨대 성과 측면에서는 거의 기여하는 바가 없으면서도 그런 점이 별로 눈에 띄지는 않는 관리자들 말이다. 그러나 도요타, 한델스방켄, 사우스웨스트항공의 사례가 보여주듯이 그것은 사람들이 우려하는 만큼 그렇게 큰 문제가 되지 않는다. 지속적인 성과 개선을 목표로 나아가는 팀 중심의 시스템에서는 그런 무임승차자들이 금세 눈에 띄고, 곧 그들의 자리는 진정한 성과 향상에 더 의욕적으로 임하는 다른 사람들로 대체되기 마련이다. 한 포괄적인 검토보고서는 이렇게 보고한 바 있다. "이론상 무임승차를 유발하는 것으로 설명되는 상황에서 사람들은 오히려 협력을 늘리는 경우가 많다."[23]

◇　◇　◇

세미나 자리에서 내가 계획수립 권한을 위임하고 고정된 목표를 버리라고 조언하면, 대개 사람들은 웃으면서 이렇게 말한다.

그건 이론상으론 훌륭하지만 우리 조직에선 절대 가능하지 않습니다. 우리 회사 경영진은 대개 오랜 시간 승진 사다리를 거쳐 그 자리에 오른 사람들이며, 통제도구들을 내다 버리라는 조언을 그리 달가워하지 않을 겁니다.

업무현장 직원들의 반응은 다르다.

우리 대부분이 직장에 출근하는 순간 두뇌로 생각하길 멈춰버립니다. 지시받은 일만 하고 그 이상은 하지 않지요. 우리가 가진 모든 창의적 능력은 사회 활동이나 자원봉사 등을 위해 남겨둡니다. 물론 비용청구를 위해서도요!

경영자들은 대부분 조직에 본사의 조정과 통제가 필요하지 않다는 사실을 받아들이기 어려워한다. 문제 행동을 유발하는 원인들이 제거된다면 조직 내의 관리자들이 더욱 협력적으로 일하여 성과를 최대화할 수 있을 것이다. 하지만 본사에서 통제와 조정을 가할 필요가 없다는 사실을 경영자들에게 납득시키기는 결코 쉽지 않다. 사실, 명령과 통제 중심으로 돌아가는 조직에서는 그것이 경영자들의 '주요 임무'다. 그러나 더 유기적이고 융통성 있는 조직의 경영자들은 직원의 최대 역량을 이끌어내는 것을 자신의 임무로 여긴다. 이는 곧 직원에게 더 많은 의사결정 권한을 위임하는 것을 의미한다. 적응력 높은 조직은 성과책임 중심의 접근법이 지닌 효과와 이점을 잘 이해한다. 상대적 발전을 중심으로 한 계약과 적응력 있는 프로세스가 그러한 조직의 핵심 메커니즘이다. 그러한 메커니즘은 성과관리모델의 새로운 비전을 위한 틀을 제공한다.

CFO의 새로운 역할 수행을 위한
체·크·리·스·트

☑ 정해진 목표를 달성한다는 측면이 아니라, 전년도나 경쟁자, 벤치마크와 비교한 상대적인 발전이라는 측면에서 성과책임을 바라보라.

☑ 목표 중심 접근법의 문제점을 잘 모르겠다면 엔론이나 타이코 같은 기업의 사례를 떠올려보거나 당신 조직 내부에서 그 증거를 찾아보라. 술수나 조작은 모든 단계에서 나타날 수 있다(가장 낮은 목표에 동의하게 만드는 것 등). 목표는 의욕과 혁신을 억누르며 구성원들에게 동기를 부여하지 못한다.

☑ 바깥에서 안으로 향하는 프로세스를 고안하여 관리자들이 고객의 니즈를 '감지하고 거기에 반응하게' 만들라. 상의하달 방식의 목표 지시를 없애면 관리자들이 고객의 니즈를 충족시키는 데 더욱 집중할 수 있다. 프로세스 재설계는 커다란 노력이 드는 일이지만 반드시 필요한 첫 단계이기도 하다.

☑ 계획수립을 연간 행사가 아닌 포괄적이고 지속적인 프로세스로 만들라('점검-목표설정-계획-실행' 모델을 이용하라).

☑ 롤링 예측을 주요한 측정도구로 삼아라. 향후 몇 개월을 내다보는 것과 향후 12~18개월을 내다보는 것, 이렇게 두 주기를 고려하라. 월말보다는 월 중반에 예측을 수행하라. 기업 본사가 아니라 사업부문 관리자를 위해 예측이 행해져야 한다.

☑ 그러한 예측업무를 간소화하라(2~3일 이내에 끝나도록 하라). 많은 세부 사항보다는 핵심 동인들에 집중하라.

☑ 예측이 구성원을 구속해서는 안 된다. 예측을 목표설정 및 성과측정과 분리하라.

☑ 연간예산 할당을 통해 자원을 분배하지 말고, 필요한 수요에 따라 자원을 사용할 수 있게 하라. 이는 중앙집중 지원 서비스를 위한 "내부 시장"을 통해 이루어질 수 있다. 또 다른 방법은 1년에 한 번씩 미리 자금을 분배하지 않고, 현재의 우선순위에 따라 매달 프로젝트 자금을 제공하는 것이다.

☑ 연간계획이 아닌 유효 수요에 따라 회사 내 상호작용을 역동적으로 조정하라. 모든 사업부문은 자신의 계획 실행을 위해 의지하고 있는 다른 사업부문과 계획을 상의하고 조정할 필요가 있다.

☑ 계획 대비 실적 차이를 기반으로 하지 말고 일간 / 주 단위 지표들(KPI), 롤링 예측, 추세, 상대적 성과지표 등을 기반으로 통제하라. 핵심 지표를 일 단위 또는 주 단위로 보고하라.

☑ 고정목표가 아닌 연속적인 상대적 발전을 바탕으로 목표를 세워라. 목표설정 권한을 하위 팀에게 위임하라. 이는 구성원의 본질적 동기를 자극하고 주인의식과 헌신도를 높인다. 그러나 그러한 목표를 계약으로 변화시키지 않도록 주의하라.

☑ 고정된 목표 달성이 아닌 상대적인 성과 향상을 토대로 하여, 공유된 성공에 대해 보상을 제공하라. 최고의 조직이나 부서, 사업부문, 판매팀 등을 기준으로 성공을 정의하라.

☑ 개인보다는 팀 위주로 성과를 평가하라. 팀의 단결심을 자극하고 이용하라. 팀의 성과와 보상을 모든 팀원이 공유하게 하라.

제4장

CFO는 낭비를
막는 전사다

낭비를 모두 없애고 업무를 완벽히 수행했을 때
진정한 효율성 향상이 이루어진다.

오노 다이이치_ 도요타 생산 시스템의 창시자

몇몇 CFO는 낭비와의 전쟁에서 이긴 듯한 인상을 준다
(여러 설문조사 결과를 보면 CFO의 희망사항 목록에서 비용절감은 후순위에 속
한다). 하지만 현실과는 거리가 있다. 조직에서 수행되는 상당량의 업무가
고객을 위한 가치를 창출하지 못한다는 사실을 보여주는 확실한 증거들이
존재한다. 이처럼 가치를 창출하지 못하는 업무는 생산 프로세스에만 국
한된 것도 아니다. 그런 현상은 연구개발부서, 판매부서, 일반관리부서에
서도 나타난다. 예를 들어 미국의 한 선두적인 IT업체는, 세일즈맨이 고객
과 대면하는 데 보내는 시간이 업무시간 중 10%에 불과하다는 사실을 발
견했다. 나머지 시간은 영업 진척도 점검, 출장, 일반 사무 등에 쓰이고 있
었다. 영국의 한 우주항공회사는 R&D 비용의 불과 20%만이 제품 개발에
쓰이고, 회의, 문서작업, 제조공정 지원 등과 관련된 업무에 거의 80%가
쓰인다는 사실을 알았다.

지난 10~15년간 진행된 기업 구조조정과 리엔지니어링은 분명히 일정
한 효과를 거두었지만, 한편으론 너무나 많은 조직이 팽창된 관료주의와
잘못 설계된 프로세스(가치창출에 기여하지 못하는 숨은 비용을 수반하는)를
개선하는 데 실패했다. 도요타, 한델스방켄, 델, 사우스웨스트항공 등 낭
비를 줄이는 데 성공한 기업과 비교해볼 때, 다른 기업 조직들의 비용절감
노력은 대부분 수박 겉핥기식에 불과했다. 조직의 구조조정(사업부서나 공
장 운영을 중단하는 것)에만 집중하는 프로그램이 너무 많았고, 특정 프로
세스가(그리고 거기에 들어가는 비용이) 충분한 가치를 창출하고 있는지를
세심하게 살피는 프로그램은 부족했다.

대부분의 관리자들은 조직 내 업무의 극히 일부(20%)가 조직 성과의 대
부분(80~90%)을 이끌어낸다는 사실을 직관적으로 알고 있다. 이와 같은

'80 : 20 법칙'은 19세기 이탈리아의 경제학자 빌프레도 파레토Vilfredo Pareto
가 주창한 바 있다. 또 피터 드러커 역시 1963년에 이러한 법칙이 의미하
는 바를 다음과 같이 설명했다. "성과의 90%는 조직 활동의 10%에서 나오
며, 비용의 90%는 성과에 기여하지 못하는 나머지 90%의 활동 때문에 증
가한다."[1] 다시 말해 경제적 성과는 수익에 비례하고, 비용은 거래 및 활동의
양에 비례한다. 문제는 전통적인 손익계정을 살펴보고 관련 보충 분석을
행하는 것만으로는 어떤 비용이 10%(즉 적절한 비용)에 해당하고 어떤 비
용이 90%(즉 부적절한 비용)에 속하는지 알기가 어렵다는 점이다.

피터 드러커는 조직에서 발생하는 많은 비용이 가치창출에 기여하지
못하며, 따라서 제거되어야 하는데도 회계 시스템으로는 그것을 파악하기
가 불가능하다는 점을 알고 있었다. 일반적인 대기업에서 비용의 30~40%
가 경영의 블랙홀에 빠져 사라지고, 이는 막대한 수익성 상실로 이어진다.
이러한 비용의 일부는 부서 간의 유기적이고 효과적인 연결 관계가 부족
하기 때문에 발생하고, 일부는 계획수립과 통제에 대한 강박관념 때문에
발생한다. 많은 기업이 상부의 결정사항이 일선 업무현장에서 이행되도
록 만들기 위한 과정에서 예산수립, 감독, 조사, 통제 시스템에 엄청난 비
용을 쓴다. 그리고 관리도구나 정보 시스템을 부적절하게 사용하는 것으
로 인해서도 비용이 증가하며, 이러한 부적절한 사용은 이미 복잡한 시스
템을 더욱 복잡하게 만들고, 구성원의 스트레스를 높이며, 업무의 질을 떨
어뜨린다.

대부분의 CFO들은 드러커의 통찰력 있는 조언을 이해하지 못하고 있
다. 수익은 개개의 고객 주문과 관련이 되어 있지만, 비용은 수많은 활동
때문에 발생하며 그러한 활동 가운데 많은 부분이 고객 주문과는 별로 관

계가 없다. 조직 구성원이 많은 활동을 할수록 거기에 수반되는 비용도 증가한다. 비용 및 자원에 대한 이와 같은 관점이 일반적인 회사에서 의미하는 바가 무엇인지 생각해보자. 이는 곧 소수의 고객이 수익의 대부분을 만들어내고, 소수의 세일즈맨이 '바람직한' 주문을 다량 유치해내며, 소수의 제품과 서비스, 유통채널이 수익 대부분을 책임지고 있다는 것을 의미한다. 또 연구소와 공장과 사무실에서 행해지는 업무의 극히 일부분이 실제로 고객에게 가치를 제공하는 데 기여한다는 것을 의미한다. 간접비용과 수익 흐름을 연결 지어 생각하는 회계 시스템이 거의 없기 때문에(거의 임의적인 자원 할당 방식을 사용하는 편이다), 관리자들은 어떤 비용이나 가치 흐름이 중요하고 어떤 것이 중요하지 않은지 판단하기가 어렵다.

최고의 기업에서는 고객 주문과 직접적으로 관련된 비용만 발생한다. 그래서 도요타나 사우스웨스트항공, 델, 한델스방켄 등이 업계 내에서 가장 비용효율적인 기업이 된 것이다. 이번 장에서는 CFO가 이러한 기업 조직들에서 교훈을 얻어 불필요한 비용을 파악하고 제거할 수 있는 다양한 방법을 살펴볼 것이다. CFO는 다음과 같은 것을 목표로 삼아야 한다.

- 본사 중심의 관료주의를 없앤다.
- 기능과 활동보다는 프로세스와 흐름을 관리한다.
- 비용예산안보다는 방향 설정과 비율을 통해 고정비용을 관리한다.
- 중앙집중 지원 서비스가 내부 고객에게 신속하게 제공되도록 한다.
- 생산능력과 현재 수요가 조화를 이루게 한다.
- 모든 프로젝트를 가치를 창출하는 꼭 필요한 프로젝트로 만든다.

본사 중심의 관료주의를 없애라

대부분의 기업 조직이 속도보다는 통제에 집착하고 있으며 그들의 구조는 명령과 통제라는 낡은 방식에 의존하고 있다. 많은 기업에서 조직개편과 리엔지니어링이 단행되었지만, 그것이 가져다준 이익은 조직도에 그려진 수많은 상자들(즉 각종 부서와 기능들)에 적용하는 성과관리 시스템(예컨대 목표나 예산, 측정기준 설정 방식) 때문에 상쇄되었다. 그러한 시스템은 관리자들이 업무를 어떤 식으로 조직하고 수행할지, 자원을 가장 효과적으로 활용하는 방안이 무엇인지에 집중하지 못하게 방해해왔다. 요컨대 관리자들은 비용의 본질과 비용이 발생하는 원인, 직원의 사기를 꺾거나 고객불만을 유발하지 않으면서 비용을 줄일 수 있는 방법을 이해하지 못했다.

GE캐피털, 한델스방켄, 사우스웨스트항공 같은 기업들은 숨이 막히는 관료주의를 타파하기 위해서 끊임없이 노력해왔다. 즉 전략기획 기구, 임원진의 제왕적 태도, 본사의 일방적 지시를 없애려고 애썼으며, 대기업 운영을 예측 가능한 것으로 만들어주기는 하지만 복잡하고 비용이 많이 들며 느린 메커니즘을 제거하기 위해 노력했다. 1970년 이전에 한델스방켄의 경영계획 프로세스에는 3개월이 걸렸고, 본사 직원 수는 1,500명이 넘었다(IT 직원을 제외하고). 현재 한델스방켄의 본사 직원은 약 300명이다. 지점 1개당 본사 직원 수가 0.5명인 셈이며, 이는 경쟁사들의 지점당 본사 직원이 5명인 것과 대조되는 수치다. 또한 이 은행은 경영구조를 수평화하고 사내 커뮤니케이션 라인을 줄였다. 현재는 지점 직원, 지점장, 지역 관리자, 최고경영진, 이렇게 4개의 계층만이 존재한다. 또 이 은행에서 조직도라고 할 만한 것은 내부 전화번호 목록뿐이다.

여기 언급한 조직들은 모두 팀을 중심으로 만들어진 프로세스 기반의 구조를 확립했다. 린 원칙을 채택한 조직에서는 각 팀이 고객에게 가치를 전달하는 중요한 존재다. 많은 조직이 팀 중심의 접근법을 지지한다고 말하지만, 대부분은 의미를 정확히 이해하지 못한다. 많은 관리자들은 자신이 구조적 변화를 가하면 자연스럽게 구성원 모두가 고객의 니즈를 이해하게 될 것이라고, 또 구성원 모두가 고객에 대한 책임감을 갖게 될 것이라고 가정한다. 대개 그들은 기능 중심의 사고방식functional mind-set이 지닌 힘을 과소평가하며, 기능 중심의 사고방식과 정면으로 맞서 그것을 신속하게 해결하지 않으면 팀원들이 과거의 업무 행태를 계속 버리지 않을 것이라는(심지어 팀 중심의 시스템이 도입된 이후에도) 사실을 간파하지 못한다. 협업과 공동의 책임감을 장려하기 위해서는 보상 시스템을 변화시키고 업무 공간을 재편하며 업무 및 절차를 재설계하는 데 각별한 관심을 쏟아야 한다.

훌륭한 팀은 다음과 같은 여러 특징을 갖고 있다. 즉 훌륭한 팀에는 일련의 공통된 가치관과 목표, 팀원 스스로 만들고 관리하는 측정 시스템, 업무 수행에 필요한 적절한 도구(예컨대 정보기술)와 자원이 있다. 훌륭한 팀의 구성원은 서로에게 의지하며, 공동의 성과에 따라 구성원의 운명도 달라진다. 또 성과에 책임을 지는 리더가 존재한다.

도요타가 그러한 전형적인 예를 보여준다. 도요타 생산 시스템은 각각 20~30명으로 이루어진 여러 팀이 주축이 되어 돌아간다. 하나의 팀은 5~8명의 그룹 리더와 3~5명의 팀 리더, 12~18명의 팀원으로 구성된다. 팀원들은 기준에 따라 육체노동을 수행하고, 문제를 해결하거나 업무를 개선하는 책임을 지고 있다. 팀 리더는 일반적으로 사무직 관리자의 업무에 해당하는 다양한 일을 맡는다. 생산라인을 가동하고, 부품의 품질개선에 힘쓰고, 결근을 관리하고, 직원들을 교육하고, 생산 목표 달성을 위해 애쓰는 것 등이 이에 해당한다. 그룹 리더는 인적 자원, 엔지니어링, 품질 등과 관련된 업무를 수행하는데, 여기에는 인력 배치 및 휴가 일정, 생산 계획, 교대근무 조정, 프로세스 시험과 관련된 업무가 포함된다. 도요타에는 '방관자형' 리더가 존재하지 않는다.[2]

대부분의 회사에서는 정보 시스템을 통해 문제를 파악한 후 고위 관리자가 책임지고 그 문제를 해결하는 접근법을 취한다. 이는 신속한 문제해결을 방해하고 비용이 많이 드는 방법이며, 많은 경우에 심각한 연쇄효과를 일으킨다. 하지만 도요타에서는 문제가 발생한 즉시 하위 팀 단계에서 해결한다. 도요타 노스아메리카Toyota North America의 전 사장인 미노우라 데루유키箕浦輝幸는 이러한 프로세스가 지닌 역설적 이점을 다음과 같이 설명한다.

만일 제조공정의 한 부분에서 문제가 발생하면 전체 생산라인이 중단된다. 그런 점에서 보면 우리는 대단히 비효과적인 생산 시스템을 갖고 있는 셈이다. 하지만 생산이 멈추면 모두가 신속하게 문제를 해결하는 데 집중할 수밖에 없다. 팀원들은 함께 머리를 맞대고 생각해야 하며, 그런 과정을 통해 더욱 훌륭한 구성원으로 성장한다.[3]

관리계층을 줄이고 프로세스와 팀 중심의 관리법을 취함으로써 커다란 비용절감을 이뤄낸 또 다른 대표적인 조직은 한델스방켄이다. 이 은행의 일선 팀들은 관리자들이 해야 할 일과 하지 말아야 할 일에 관해 본사로부터 일일 업무 지시를 받지 않는다. 여러 단계의 고위 관리자들이 팀의 의사결정에 간섭하거나 정보를 조작하는 일도 없다. 세밀한 예산안이 팀의 행동을 통제하지도 않는다. 또 많은 시간을 잡아먹고 고객에 집중하는 일을 어렵게 만드는 수많은 회의도 존재하지 않는다. 한델스방켄은 30년이 넘게 권한 위임형 관리모델을 통해 조직을 운영해왔으며, 경쟁사들보다 15~20% 정도 낮은 비용수익비율을 꾸준히 유지하고 있다(2004년도에 이 은행의 비용수익비율은 43%였다!). 이와 같이 비용을 절감하는 것이 조직에 얼마나 큰 영향을 미칠지 생각해보라. 만일 수익이 10억 달러라면, 비용이 경쟁사보다 1억 5,000만~2억 달러 더 적게 드는 것이다. 특히 재무조직의 리더들은 재무팀원의 역량을 신뢰할 필요가 있다.

기능과 활동보다는 프로세스와 흐름을 관리하라

CFO와 재무팀원들이 불필요한 비용을 제거하기 쉽지 않은 이유 가운데 하나는, 그들이 기능과 부서활동을 중심으로 한 예산안과 총계정원장 보고 시스템이라는 렌즈를 통해 비용을 바라보기 때문이다. 대부분의 비용예산 시스템이 비용을 비호하고 낭비를 숨긴다는 사실을 아는 사람은 거의 없다. 라인 관리자들은 예산을 잡을 때 우발적 상황에 대비한 임시비용을 포함시키는 경우가 많다. 이러한 임시비용 금액은 예상되는 상황의 불확실성 수준에 따라 다른데, 전체 예산의 10~20%에서 50~70%, 또는 그 이상이 되기도 한다. 임시비용은 상황에 따라서 사용될 수도, 또는 사용되

총계정원장 중심의 관점			프로세스 중심의 관점		
	금년 비용 (백만 달러)	내년 예산 (백만 달러)		금년 비용 (백만 달러)	%
급여(60명)	3.20	3.30	새로운 시스템	2.60	
감원 직원 급여(6명)	0.35	-	고객 지원	1.00	
출장비	0.90	0.80	**가치창출 비용**		60
비용	1.05	0.90	재작업 및 수정	2.00	
통신비	0.50	0.40	비계약 사용자 지원	0.40	
			비가치창출 비용		40
합계	6.00	5.40	합계	6.00	

지 않을 수도 있다. 하지만 이 비용은 조직 내의 다른 부서가 사용할 수는 없다(즉 '숨겨진' 비용이다). 임시비용 금액이 전체 예산의 50%이고 그 비용이 사용되지 않을 확률이 40%라고 가정해보자. 이는 곧 예산 금액의 20%가 불필요한 초과분이고, 다음 해의 예산을 지키기 위해서 그 금액을 해당연도 내에 소비할 가능성이 큼을 의미한다. 회계담당자들은 이런 상황이 벌어질 것을 알고 있기 때문에 대개는 예산을 삭감하려고 애쓴다. 관리자들은 임시비용을 증가시킴으로써 이를 막으려 한다. 어쨌거나 이는 한 사업부서에서는 지출 낭비가 일어나는 반면에 자금이 절실하게 필요한 다른 사업부서는 비용예산을 제대로 확보하지 못하는 결과로 이어진다. 이것은 전통적인 예산관리 프로세스에서 흔히 발생하는 문제이며, 특히 공공부문의 조직에서 더욱 자주 나타난다.

총계정원장상의 비용을 프로세스 비용으로 전환함으로써 비용절감을 위한 기회를 찾을 수 있는 경우가 많다. 당신이 IT부서의 관리자이고, 내년도의 부서 예산계획을 제출해야 한다고 생각해보자.[4] 회사의 자금 사정이 좋지 않아 내년 비용예산의 10%를 줄이라는 본사의 지시가 내려왔다. 부서 회계담당자는 6명에 대한 감원을 고려하고 있지만, 당신 생각에는 이 6명이 없으면 내년도의 목표를 달성하기가 어려울 것 같다. 올해 지출 내역과 내년 예산안이 당신의 승인을 받기 위해 책상 위에 올라온다(〈표 4-1〉의 '총계정원장 중심의 관점' 참조). 당신은 상황이 어쩔 수 없음을 받아들이고 6명을 감원할까 하는 생각도 잠시 한다. 감원하지 않을 경우의 유일한 대안은, 6명 감원 대신 팀원 전체의 연봉을 삭감하거나(하지만 이 경우 팀원들의 불만이 높아질 것이다), 아니면 삭감해도 큰 지장이 없는 특정한 임의비용들을 줄이는 것이다. 하지만 당신은 최종 결정을 내리기 전에 부서의 비용을 또 다른 관점에서 검토해본다. 〈표 4-1〉의 '프로세스 중심의 관점'이 그 내용에 해당한다.

'프로세스 중심의 관점'에 의한 분석을 살펴보면, 고객을 위한 가치창출에 기여하는 비용이 총비용의 불과 60%만을 차지한다는 것을 알 수 있다. 나머지 40%는 애초에 발생하지 말았어야 할 불필요한 업무(부적절한 설계나 분석, 잘못된 관리, 과도한 업무지연, 비효율적인 고객 지원 등)에 속한다. 이처럼 가치창출에 기여하지 못하는 비용의 25%만 제거되어도, 본사가 요구하는 비용절감은 충분히 달성하고도 남을 뿐 아니라, 팀원을 감원할 필요도 없어진다. 또 이러한 프로세스 중심의 관점을 갖고 넓은 시야로 바라보면서 불필요한 업무를 모두 제거하면 부서 생산성을 향상할 방안을 찾을 수 있다.

대부분의 예산안은 전년도 수치에서 특정 비율을 조정하여 제출하고 승인된다. 그런데 프로세스 중심의 분석을 행하고 나면 어떤 변화가 일어날 수 있을까? 회계장부 내역(급여나 출장경비 등)에 숨겨져 있던 모든 비용도 역시 마찬가지로 조정될 수 있다. 프로세스 중심의 검토를 행하지 않은 채 비용예산 10% 증가에 대한 합의가 이루어졌다고 가정해보자. 이는 불필요하고 낭비적인 비용에 대한 예산이 10% 늘어나는 결과로 이어질 수도 있다. 예컨대 (〈그림 4-1〉의 자료를 기준으로 한다면) '재작업 및 수정'에 들어가는 비용예산이 20만 달러나 증가할 수 있는 것이다. 정해진 수준 안에서 예산을 집행하느냐 여부에 따라 보상을 받는 예산집행자들은 전체 프로세스를 지탱하는 전략적 이슈와 업무 중심의 이슈들과 관련된 적극적인 질문을 던질 동기를 거의 느끼지 못한다. 그 결과 조직은 비용을 절감할 수 있는 많은 기회를 놓치게 된다.

수평적 프로세스 렌즈를 통해 조직을 바라보는 것은 관리자들로 하여금 이러한 낭비적 비용을 파악하고 제거할 수 있게 해준다. '린 생산방식 lean manufacturing'을 많은 사람에게 알린 기념비적 책인 『세상을 변화시킨 방식 The Machine That Changed the World』에서, 저자인 워맥 James P. Womack과 존스 Daniel T. Jones, 루스 Daniel Roos는 도요타 생산 시스템이 모든 자원과 요소를 적게 투입하고도 훌륭한 성과를 낸 과정을 설명했다. 즉 도요타 생산 시스템에서는 공장 투입 노동력, 제조공간, 시설투자비용, 신제품 개발 소요시간 등을 기존의 대량생산방식에 비해 절반 정도의 수준으로 유지한다. 또 재고가 최소화되고 결함률이 현저히 줄어들며, 그러면서도 훨씬 많은 양의 제품을 생산해낸다.[5] 이는 도요타가 오늘날 가장 빠르게 성장하며 수익성 높은 자동차 회사가 된 이유를 설명해준다.

미국과 유럽의 많은 기업이 '규모의 경제 economics of scale'에 입각한 전략을 추구하는 동안, 도요타는 '흐름의 경제 economics of flow'에 집중했다. 도요타 생산 시스템의 설계자인 오노 다이이치가 1950년대에 미국에서 돌아와

(미국의 제조공법을 공부한 후에) 일본에 새로운 공장을 세웠을 때, 그는 가진 자본이 별로 많지 않았기 때문에 적은 수의 기계를 가지고 운영을 해야 했다. 따라서 그는 전환시간changeover time을 줄이는 것을 중요한 목표로 삼았다. 그로부터 몇 달 만에 전환시간을 10일에서 10분으로 줄이는 성공을 거뒀다. 그러자 생각지 못한 변화가 찾아왔다. 비용이 크게 줄어든 것이다. 다른 사람들과 마찬가지로 오노 역시 일괄작업단위 규모가 작아지면 비용이 더 많이 들 것이라고 생각했다. 그러나 그는 재고와 제품 결함 문제가 줄어들었기 때문에 비용이 줄어든 것이라는 사실을 곧 알게 되었다.[6]

오노의 아이디어를 받아들인 대표적인 기업은 델이다. 델은 직접판매 모델을 채택함으로써 경쟁이 치열한 업계에서 가장 낮은 비용으로 사업을 운영하는 기업이 되었고, 전 세계의 다양한 시장에 적극적으로 진출할 수 있었다. 델은 운영 프로세스를 지속적으로 개선해나가면서 비용절감 방안을 끊임없이 찾고 있다(2002년에 13억 달러를, 2003년에 또 20억 달러를 절감했다). 델의 성공 비결은 공급망 관리의 지속적인 개선에 있다. 생산그룹 담당 부사장인 제프리 클라크Jeffrey Clarke는 이렇게 말한다.

우리는 주문에서 납품에 이르기까지 공급망의 전 과정을 관리한다. 공급망의 일부를 아웃소싱한다면, 조직은 평균 수준밖에 이르지 못한다. 그 아웃소싱 업체는 다른 누군가를 위해서도 똑같은 일을 해주기 때문이다. 우리의 경쟁사들도 아웃소싱을 한다. 하지만 공급망은 우리의 경쟁력을 결정하는 주요 요인이다. 그렇다면 어떻게 그것을 아웃소싱 업체에 맡기겠는가? 지난 5년간 델은 공급망 비용을 60%가량 줄였다.[7]

하지만 린 싱킹을 통해 불필요한 업무를 제거하여 이점을 얻을 수 있는 영역은 비단 생산현장이나 공급망에만 국한되지 않는다. 존 세던이 들려주는 한 영국 은행의 사례는 서비스 조직이 찾아낼 수 있는 비용절감 기회에 대한 힌트를 전해준다. 이 은행은 수백 개 지점의 문을 닫고, 저비용 인력을 다수 고용해 3개의 콜센터에 배치했다(콜센터당 1,000명씩). 이로 인해 절감되는 비용은 대단해 보였다. 6개월 후 콜센터에 걸려오는 전화가 너무 많아지자 은행은 콜센터를 하나 더 만들었다. 왜 콜센터를 추가 운영하기로 했느냐는 질문에 은행의 CEO는 대답했다. "고객의 요구가 증가했으니까요. 고객은 콜센터를 좋아합니다. 언제나 콜센터에 걸려오는 전화가 끊이지 않거든요." CEO는 컨설턴트를 고용해 전화 내용들을 분석해달라고 요청했다. 분석 결과, 걸려오는 전화 내용은 크게 두 가지 유형으로 나뉘었다. 하나는 주문이나 고객 지원과 관련된(즉 가치창출에 기여하는) 전화였고, 다른 유형은 고객의 불만을 증가시키는(즉 가치창출에 기여하지 못하는) 전화였다. 즉 통화가 연결되지 않아 몇 번씩 다시 걸어야 하는 경우, 서비스 직원에게 다시 전화를 해달라고 요청하는 경우, 주문을 확인하는 전화, 이미 주문한 무언가를 빨리 보내달라는 전화 등이 이에 해당했다. 컨설턴트는 이러한 '가치를 창출하지 못하는 전화'가 콜센터에 걸려오는 모든 전화의 대략 절반을 차지한다는 사실을 발견했다. 결국 이 은행은 다섯 번째 콜센터의 문을 열기에 이르렀다.

이는 그다지 드문 일이 아니다. 대부분의 콜센터에 일반적으로 나타나는 현상이기 때문이다. 이 컨설턴트는 경찰 서비스와 통신회사의 경우에 가치창출과 무관한 전화의 비율이 20~45%라는 사실을 알아냈다. 공공부분의 경우에는 이 비율이 50~80%에 이르기도 한다. 이와 같은 시스템을 책임지고 있는 사람에게 그런 놀라운 비율 결과에 대해 물으면, 대개 이런 대답이 돌아온다. "글쎄요, 이 업계에선 원래 대개 그렇지 않습니까?"

왜 이 같은 일이 벌어질까? 주요한 이유는 대부분의 콜센터 직원들이 목표에 따라 움직이고 개별적인 업무활동을 얼마나 잘 수행했느냐에 따라 성과가 측정되기 때문이다. 업무 목표는 받아서 처리한 전화의 건수, 답변 시간, 평균 통화시간, 통화 포기율, 1일 또는 주별 업무량 등을 토대로 한다. 이러한 종류의 정보는 필요 자원량(예컨대 직원 수 등)에 대한 계획을 세울 때는 유용하지만, 성과를 측정하는 수단으로서는 그다지 생산적이지 못하다. 콜센터 직원들은 자신의 목표 할당량을 채우지 못하면 조작 행위를 하기 시작할 것이다.

영국의 한 주요 에너지회사에서 유출된 기밀문서의 내용은 이 회사에서 목표설정이 어떤 결과를 가져왔는지 보여준다. 이 회사에서는 까다로운 고객 요구사항을 한때 판매 직원들이 처리했지만, 이제는 독립된 서비스부서에서 처리하고 있다. 가장 중요한 목표는 통화시간 단축이다. 5주가 넘는 기간 동안 이 회사의 콜센터 두 곳에서 75만 건의 전화를 처리했으며, 평균 통화시간은 각각 432초와 450초였다. 2005년 3분기에는 다시 새로운 목표를 세웠다. 서비스부서 직원들이 전보다 10% 더 빠르게 전화를 처리하되, 420초라는 목표를 달성하기로 한 것이다. 이 420초라는 목표에는 '마무리 시간'(통화가 끝난 후 서비스 직원이 고객의 문제를 처리해주는 데 걸리는 시간)도 포함되어 있었으며, 마무리 시간은 230초가 최장인 수준으로 축소되었다. 이러한 목표 달성에 실패하는 일을 막기 위해서, 직원들은 바쁜 날에는 최대 1,500통까지 전화를 받지 않기도 한다. 그 대신 전화를 걸려고 시도했다고 거짓으로 해명하면서 고객에게 다시 전화를 걸어달라고 부탁하는 편지를 발송한다.

판매 측면에서도 목표가 부과되었다. 이 서비스부서 직원들은 한 달에 20개의 상품을 판매하지 못하면 징계를 받는다. 이 목표량을 채우지 못한 서비스 보조직원들은 교육 프로그램에 참가해야 한다. 새로운 판매 목표를 달성하는 데 계속 실패하는 직원들은 (이 회사의 표현을 빌리자면) 조직에서 '퇴출'당한다. 연간 보너스 2,700달러를 받기 위해서는, 통화시간 목표를 달성하는 동시에 한 달에 최소 35건 이상의 판매를 성사시켜야 한다. 보너스와 직결되는 '성적표'에서 훌륭한 고객서비스 항목이 차지하는 비율은 절반도 안 된다.

이와 같은 사내방침이 담긴 문서를 유출한 콜센터 직원은 서비스센터 직원들이 점점 더 '공포스러운 분위기'에서 일하고 있다고 주장한다. 그는 말한다.

일자리를 잃지 않으려고 필사적으로 애쓰면서, 직원들은 과거라면 하지 않았을 행태를 보이고 있다. 그들은 1년에 평균적으로 2만 7,000달러를 번다. 허위 판매 몇 건 섞어놓는다고 해서 그들이 잃을 게 뭐가 있겠는가? 목표 수치가 높아지면 잘못된 판매만 늘어날 뿐이다.[8]

이 회사는 고객은 잃고 있는 가운데 이윤은 지키려고 애쓰며, 목표를 설정함으로써 더욱 상황을 악화시키고 있다.

많은 경영진이 우리 회사는 그렇지 않다며 부인할지도 모르겠지만, 이와 같은 현상이 대부분의 콜센터에서 나타나고 있는 게 현실이다. 그러나린 방식의 관점을 지닌 사람들은, 문제는 직원이 아니라 시스템이라고 말한다. 에드워즈 데밍은 가치창출에 기여하지 못하는 활동의 95%가 시스템에서 기인한 것이며, 불과 5%만이 사람과 관련된다고 말했다.[9] 그런데도 앞서 콜센터의 사례에서 보았듯이, 직원의 성과평가에만 온 관심이 집중된다. 대개 관리자들은 목표와 인센티브를 수시로 바꾸고, 직원을 교육 프로그램에 참가시키고, 목표를 달성하지 못하면 일자리를 잃게 될 것이라고 위협한다. 하지만 사실 그들은 문제의 극히 일부분만 다루고 있는 셈이다.

가치창출을 하지 못하는 전화를 없애기 위해서, 린 싱킹을 도입한 조직들은 업무 흐름을 고객의 관점에서 검토한다. 그들은 제품이 왜 제시간에 고객에게 전달되지 못하는지, 왜 고객이 서비스 직원에게서 전화를 다시 받지 못하는지 그 이유를 알아내려 노력한다. 그들은 이러한 문제의 근본 원인을 파악하면(예컨대 목표를 없애고 고객 경험을 평가하기 시작하면) 진정한 의미의 발전이 시작된다는 사실을 알고 있다. 이처럼 비교적 작은 변화를 통해 기업은 많은 추가적 생산능력을 창출하거나, 또는 무엇보다도 그런 수준의 설비를 구축하는 일을 피할 수 있다.

리버풀 지방자치정부Council는 바로 이와 같은 접근법을 취하여, 영국에서 가장 성과가 형편없는 지방자치정부 중 하나라는 오명을 벗고 최고의 자치정부로 변모했다. 이 자치정부는 9개의 인적 자원 관리 시스템과 200명의 인력을 1개의 시스템과 78명의 인력으로 줄이고, 30가지였던 자동차 관련 비용 청구방식을 하나로 줄였다. 부서 수도 11개에서 5개로 줄였으며, 지금도 지속적으로 불필요한 시스템을 없애는 중이다. 고객서비스 영역의 변화도 빼놓을 수 없다. 무수히 많았던 과거의 배달부서도 사라졌다. 이제는 단 두 채널만이 존재한다. 고객 접촉의 70%를 처리하는 콜센터와,

자치정부의 770가지 서비스에 한 번에 접근하게 해주는 통합 네트워크가 그것이다. 가장 놀라운 것은 콜센터다. 일명 '리버풀 다이렉트'로 불리는 이 콜센터는 영국에서 가장 성과가 높은 것으로 알려져 있다. 직원 이직률도 2%로 대단히 낮다. 콜센터 구성원은 모두 경험이 풍부한 자치정부 직원이지만(따라서 인력 비용이 높다), 그들이 제공하는 서비스의 질은 첫 번째 통화에서 성공적으로 처리되는 전화의 비율만 봐도 알 수 있다. 그들은 반복적으로 걸려오는 전화, 즉 '서비스 실패'에 해당하는 전화를 체크하는데, 이는 업계 평균에 비하면 대단히 낮은 수준이다. 이와 같은 전반적인 프로세스를 통해 이 자치정부는 연간 1억 2,000만 파운드를 절감하고 있다.[10]

린 방식이 조직에 미치는 커다란 영향을 감안할 때, 우리는 왜 린 방식이 정착되는 데 그처럼 오랜 시간이 걸리는지 생각해볼 필요가 있다. 그 원인은 조직에 깊이 뿌리박혀 있는 경영방식 때문일 가능성이 크다. 한 보고서는 린 방식의 정착을 방해하는 주요 장애물이 변화에 대한 조직의 태도, 린 방식에 대한 이해 부족, 올바른 린 기술의 부족(경영진, 고위 관리자, 일선 직원들 각각에서), 조직문화와 관련된 요인이라고 밝힌 바 있다.[11] 또 다른 문제는 프로젝트 리더들이 막상 린 싱킹을 도입하려고 하더라도, 린 싱킹의 정착을 위해 필요한 환경과 배치되는 기능주의적이고 위계 조직 중심인 사고방식과 마주치게 된다는 점이다.

대부분의 조직에서는 의사결정이 일선 업무와 분리되어 있다. 이는 일종의 틈을 만들어내고, 그 틈은 혼란스러운 메시지와 정치적 행동으로 가득 차게 된다. 그 틈을 메우기 위해서 기업들은 일선 직원의 모든 행동과 활동을 조종할 복잡한 계획수립과 예산안, 스케줄, 통제 시스템에 막대한 돈을 쏟아붓는다. 린 방식의 조직은 그렇게 운영되지 않는다(따라서 불필요한 비용도 발생하지 않는다). 도요타에서는 모든 직원이 비즈니스 개선 계획을 위한 노력에 참여한다. 그들은 정기적인 회의에서 자신들의 진척 상황을 토의하고, 새로운 조치나 변화방식에 대해 함께 생각한다. 모두가 조직의 발전에 기여할 수 있는 구성원으로 여겨지며, 누가 어떤 아이디어를 내놓아도 거기에 귀를 기울인다. 도요타에는 아이디어 제안함이 존재하지 않는다. 누구나 거리낌 없이 새로운 아이디어(아무리 급진적인 것이라 할지라도)에 대해 이야기할 수 있기 때문이다. 오랜 시간 도요타를 연구한 저자인 제프리 라이커Jeffrey Liker가 켄터키 주에 있는 도요타 공장을 방문했을 때, 그는 도요타 직원들이 약 1년 동안 8만 건이 넘는 운영개선 아이디어를 내놓았다는 사실을, 그리고 공장이 그 가운데 99%를 실행했다는 사실을 발견했다.[12]

비용예산안보다는 방향 설정과 비율을 통해 고정비용을 관리하라

비용예산안은 '비용 방어 예산안cost protection budget'이라고 이름을 바꾸는 게 더 적절하다. 왜냐하면 실제로 비용 방어 태도가 만연하기 때문이다. 자존심이 강한 관리자라면 자기 부서에 할당되는 비용예산이 전년도보다 줄어드는 것을 원치 않는다. 더 적은 자원이 아니라 더 많은 자원을 확보해야만 예산 전쟁에서 승리하는 것이 된다. "직원 훈련비용을 20% 늘려야 할 당위성을 어떻게 설명할 것인가?" "주차비용을 왜 10% 올려야 하는가?" "마케팅 비용이 왜 15% 올라가야 하는가?" 비용예산 승인을 받을 때는 대개 이런 질문에 대한 답을 제시해야 한다. 방법은 간단하다. 현재의 자원으로는 사업부서를 제대로 운영할 수가 없다고 상부에 설명하면 되는 것이다. 또 관리자들은 매년 할당받은 비용예산을 전부 소비하려고 애쓴다. 그래야 다음 해 예산증가의 필요성을 정당화할 수 있기 때문이다.

많은 CFO들은 예산안 없이 어떻게 고정비용을 관리할 수 있느냐고 묻는다. 세계은행의 CFO 존 월턴John Wilton은 그 방법을 이렇게 설명한다.

우리는 시간 흐름에 따른 사업단위별 비용과 총비용을 정의하는 지출 기준을 설정함으로써, 지출 수준이 중기 동안 안정적이고 감당할 수 있는 수준으로 유지되도록 한다. 비용지출이 의도했던 올바른 방향으로 이뤄지고 있는지 경영진이 책임지고 감독하며, 필요한 경우 신속하고 단호하게 적절한 조치를 취한다.

그는 예산안을 통해 비용을 관리하는 것의 효율성에 의문을 제기하며 다음과 같이 말한다.

이사회 멤버를 비롯한 대부분의 사람들은 언제나 전통적인 예산관리도구들을 사용해왔으며, 자금을 수많은 작은 바구니에 담아 나눠준 다음에 각 부서 관리자들이 그 이상은 지출하지 못하게 하면 통제와 관리가 이뤄진다고 생각한다. …… 당연히 그들은 시스템 내에서 지출을 할당하는 방식과 관련해서 창의성이 발휘될 수 있다는 사실을 알지 못한다. 바구니 하나를 다 쓰고 나면, 대부분의 관리자들은 아직 여유가 있는 다른 바구니를 쓰려고 하기 마련이다. 따라서 이런 세부적인 수준에서 통제하는 일은 거의 불가능할 뿐 아니라 비용도 많이 든다. 우리는 그보다 훨씬 커다란 바구니를 통해서 지출을 통제하고 관리할 수 있다. 하지만 더 중요한 것은 전략적 리스크를 관리한다는 측면에서 통제를 바라보도록 관리자들을 교육하는 일이다. 시행착오나 실수를 줄이고 자원을 가급적 가치를 창출하는 활동에 투입할 수 있다면 훨씬 더 좋은 결과를 얻을 수 있다.[13]

세계은행을 비롯한 여러 조직은, 비용을 발생시키는 각 부서나 팀에 경영진이 자원을 할당하는 방식을 없앤 비용관리 시스템으로 옮겨 가고 있다. 그 대신 각 사업단위가 필요할 때 본사 관리팀에 자금을 요청하고, 지출 수준이 정해진 방향에서 벗어나지 않도록 책임을 진다. 비용은 각 사업단위가 사용하는 만큼 사후에 회계 처리된다.

경영진의 역할은 사업단위에 자원 사용과 관련된 명확한 지침을 내려서, 사업단위 관리자들이 전략적 우선순위를 감안하여 중기 기간을 내다볼 수 있게 하는 것이다. 이와 같은 지침은 대개 최근 12개월간의 실제 지출을 고려하여 설정된, 향후 3년간의 지출 방향을 제시하는 형태를 띤다. 이를테면 이런 메시지를 전달하는 것이다. "이 부서의 현재 예산지출 수준이 이러이러한 추세를 따라가고 있다. 향후 3년간은 지출 수준이 이 방향으로 나아가도록 자원을 관리해야 한다."

지출 방향은 보통 롤링 방식의 12개월을 기준으로 한 지출 수준의 비율 변화로 표현된다. 어떤 달이든 12개월의 출발점이 될 수 있다는 의미다. 따라서 통제도구는 어떤 연속적인 12개월에 대해서도 적절성을 지닌다. 이것은 연 단위의(또는 성과에 의존하는) 절대적인 수치 목표를 이용하는

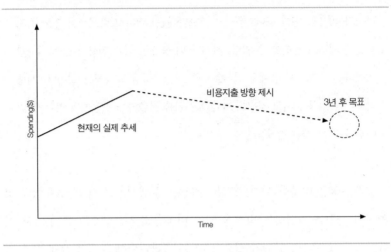

방식과 크게 대조된다. 이러한 방식에서는 앞서 언급했듯이 조작적 행동이나 술수가 나타나기 쉽다. 비용지출 추세선은 지출 규모 및 시기와 관련해 거의 정확한 목적지를 나타내준다(〈그림 4-1〉참조). 시간 및 지출 수준에 대한 목표는 일부러 명확하게 정해놓지 않는다. 이러한 접근법을 취하면 회계연도 말*의 중요성이 없어지며, "쓰지 않으면 예산을 확보할 수 없다"는 식의 사고방식도 사라진다. 또 사업단위별 지출이 목표에 근접한 시기에 목표에 근접한 수준으로 이루어지게 된다. 실제 지출금액으로 인한 만족 정도와 자원을 사용하여 무엇이 달성되었는가는, 지출이 완료된 이후 언제든 적절한 시점에 평가된다.

사업단위 리더들은 합의된 전략을 실행하기 위해 필요할 때 언제든 (지침에 부합하는 수준에서) 자원을 확보할 수 있다는 사실을 아는 상태에서 사업단위별 계획을 세운다. 이는 곧 해당 전략이 얼마나 오래 유지될 것인가

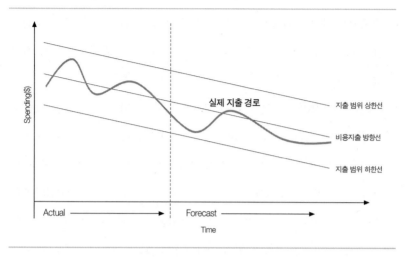

에 대해 명확한 합의가 이루어져 있어야 함을 의미한다. 이러한 접근법 아래에서는 기업 본사가 아니라 일선 팀이 비용관리에 대한 책임을 진다. 이와 같은 주인의식과 책임감은 지출에 대한 사고방식도 변화시킨다. 사업단위가 결정된 예산안에 따라 '회사 자금'을 사용할 권리를 부여받았다고 생각하는 대신에, '자신의 자금'을 신중하게 사용해야 한다는 의식을 갖게 되는 것이다. 또한 사업단위는 일정한 범위를 벗어나지 않는 한도 내에서는 필요에 따라 과다 지출을 하거나 적게 지출할 수 있다. 한델스방켄에서는 비용수익비율을 고려하여 그러한 범위를 정한다. 세계은행의 경우 추세선의 비율 변화에 따라 그 범위를 정한다(예를 들어 기존 지출 수준의 2% 내외로 정하는 식으로).

일부 조직은 비용지출 방향을 관리할 때, 향후 2~3개월에 대한 월별 롤링 예측을 활용한다(〈그림 4-2〉 참조). 모두 통합했을 때 이 롤링 예측이 합당한 정확성을 지녀야만 경영진이 유용한 관리도구로 활용할 수 있다. 즉 그래프에서 나타날 가능성이 있는 급격한 굴곡을 미리 예상하게 도와줘야 한다. 보리알리스는 이 같은 접근법을 효과적으로 활용하여 5년에 걸쳐 고정비용을 30%나 절감했다.

이러한 접근법의 진정한 이점은 관리 프로세스에서 나타나는 모든 조작이나 술수를 없애는 데 기여한다는 것이다. 프론트 엔드front end(임시비용을 높게 설정하여 비용-예산을 지키려고 드는 것)와 백 엔드back end(다음 해의 예산 증가를 정당화하기 위해 이번 해의 예산을 마지막 한 푼까지 모두 소비하려고 하는 것) 모두에서 말이다. 이러한 접근법은 막대한 비용을 절약하게 해줄 가능성이 크다. 아울러 하위 팀이나 경영진 모두 예산이 가치창출 업무에 소비되는지, 또 지출이 전략적 방향과 일치하는지를 지속적으로 주시하기 때문에 더욱 효과적인 통제 시스템이 자리 잡을 수 있다.

중앙집중 지원 서비스가
내부 고객에게 신속하게 제공되도록 하라

프로세스 중심의 조직에서는 중앙집중 지원 서비스 부서가 사업운영팀을 지원하는 중요한 역할을 한다. 그러나 이들 부서의 서비스가 임의적이고 불명료한 원칙에 따라 운영부서들에 할당된다면, 경영지원업무를 집중화하는 데에서 많은 이점을 얻지 못할 것이다. 그 때문에 일부 조직이 지원 서비스 비용을 연 단위로 할당하는 방식을 버리고, 각 사업단위가 필요할 때 자원에 접근할 수 있게 만드는 시스템을 점차 택하고 있는 것이다.

이런 시스템은 전통적인 방식에서 흔히 발생하던 낭비적 비용을 상당 부분 감소시켜준다.

한 가지 가능한 접근법은 내부 시장을 만들어서 내부 고객이 내부 공급자에게서 서비스를 구매할 수 있게 하는 것이다. 일부 조직은 서비스 부서에서 이루어진 합의를 토대로 하여 그러한 공급자-고객 관계를 정의한다. 그러나 이는 고객만족에 기여하는 선택안과 조건이 존재하는 진정한 시장의 형성을 촉진하기보다는, 지원 서비스 부서들을 지원해야 할 강제적 의무를 발생시킬 가능성이 있다. 또 다른 문제는 내부 서비스를 어떻게 정의하고, 그 비용을 어떤 식으로 청구하느냐 하는 것이다. 운영 관리자들로서는 이해하기 힘든 내부 서비스 청구서를 받는 것만큼 싫은 일은 없다. 그런 청구서는 관리자들로 하여금 본사가 떠맡아야 하는 부담을 사업부서에 전가하는 것으로 의심하거나 불만을 품게 만든다.

가장 좋은 방법은 청구 기준을 가급적 간단명료하게 정하는 것이다. 예를 들어 IT부서는 〈표 4-2〉의 서비스를 제공하면서 이들 서비스에 대한 명확한 청구 기준을 함께 제시할 수 있을 것이다. 그러면 운영부서들은 청구 기준을 정확히 이해할 수 있고, 더욱 중요한 것으로는, 그러한 비용을 줄일 방법도 파악할 수 있게 된다. 별로 중요하지 않은 서비스 때문에 높은 비용이 발생하고 있다면, 그 서비스 이용도를 줄이거나 그런 상황이 개선되어야 할 필요성을 제안할 수 있는 것이다. 이와 같은 투명성은 중앙집중 지원 서비스 부서에 훨씬 더 큰 압력을 가하고, 그들로 하여금 스스로를 고객을 만족시킬 책임을 지닌 외부 공급자처럼 느끼게 만든다.

중앙집중 지원 서비스를 이용하는 고객이 누구인지(해당 서비스를 누가 이용하는지, 그들이 비용지출 권한을 갖고 있는지 등) 아는 것도 중요하다. 예

〈표 4-2〉 중앙집중 지원 서비스 제공 항목

서비스 종류	청구 기준
애플리케이션 개발 기준	시간
애플리케이션 유지 보수 서비스	시간
메인프레임 프로세싱 서비스	CPU 단위 개수
분산 처리 서비스	서버 개수
네트워크 서비스	네트워크 포트 개수
비정형 데이터 요구	시간
데스크톱 설비 대여	데스크톱 개수
온라인보고서 검토	온라인보고 시스템 접속 횟수
원격 액세스 서비스	신청 횟수
인터넷 지원 서비스	지원시간
이메일 서비스	이메일 계정 수
이미징 서비스	시트 개수
기본전화 서비스	내선 개수

를 들어 수천 명의 직원이 PC와 랩톱컴퓨터를 사용하지만, 그와 관련된 비용을 부담할 예산을 가진 것은 각 부서 책임자들이다. 고객의 니즈에 귀를 기울이는 것은 매우 중요하다. 그러나 대규모 조직에는 수천 또는 수만 명의 직원이 있는데, 그들의 니즈를 어떻게 파악할 것인가? 잠시 후 우리는 한델스방켄의 사례를 통해, 서비스와 가격을 결정할 권한을 지닌 소수의 지정된 사람들이 수백 명 고객의 니즈를 대변할 수 있음을 살펴볼 것이다.

어떤 특정한 내부 고객만 사용하는 것이 아닌 공통된 서비스도 존재한다. 직원을 채용하거나 교육 프로그램을 제공하는 것은 분명히 특정한 부서에만 관련된다. 그러나 최고경영진 비용, IT 개발비용, 일부 R&D 비용은 어떤 특정한 운영부서하고만 관련되어 발생하는 것이라고 보기 힘들다. 이 경우 각각의 부서에서 떠맡는 그런 비용들의 일정 몫은 '부서 유지 비용'으로, 즉 '통제 가능한' 비용으로 분류될 것이다.

이전가격에 주의를 기울여라

제품이나 서비스를 한 조직 단위에서 다른 조직 단위로 이동시킬 때 사용하는 이전가격 형태는 조직마다 다양하다. 그런데 부적절하게 설계된 이전가격 시스템을 사용하면 성과측정 시스템의 명확성과 투명성을 잃어버리기가 쉽다. 문제는, 조직에 필요한 것은 **행태적** 관점인데 반해 회계담당자들은 사업단위를 **재무적** 관점에서 이해하려고(즉 비용과 이익을 넓게 분산시키고 세금을 최대한 줄이려고) 애쓴다는 점이다. 각각의 사업조직은 사업단위의 관리 및 회계에 적용할 수 있는 일련의 규칙에 대해 합의를 형성해야 한다. 또 팀은 측정기준이 만들어진 방식을 세세하게 알고 있어야 한다. 그러한 측정기준이 명확하고 투명해야만 구성원이 신뢰할 수 있다. CFO는 이전가격에 대해 특별히 주의를 기울여야 한다. 특히 일정 폭의 이윤이 포함되는 때는 더욱 그렇다. 이전가격 설정 방식에는 기본적으로 네 가지가 있다. 변동비, 총비용(변동비 + 간접비), 총비용 + 일정 이윤, 총 시장가격이 그것이다. 하나씩 살펴보자.

변동비 이것은 가장 낮은 수준의 이전가격이며, 제품이나 서비스와 직접적으로 관련되어 변화하는 비용(자재비, 인건비, 생산과 관련된 여타의 직접비 등)만을 나타낸다. 여기에 간접비는 포함되지 않는다. 변동비 방식은 사용하기는 간단하지만, 상위나 하위 사업단위에 대해 공정한 회계 결과를 안겨줄 가능성이 작다. 또 생산량에 따라 변동비가 크게 변화할 수 있으므로 가격이 불안정하기 쉽다.

총비용(변동비 + 간접비) 대부분의 조직이 선호하는 방식이다. 각각의 원가중심점(대개 외부 고객을 갖지 않는 사업단위)이 1년간의 비용을 상계하고 회계적 측면에서 손익분기점을 이루는 수준으로 설정하는 것을 의미한다. 비교적 가격을 산정하기 쉽다는 장점이 있고, 다음의 방식에서(즉 이익 수치가 포함될 때) 종종 나타나는 부정적 행동방식이 발생할 가능성이 적다.

총비용 + 일정 이윤 고객과 직접 대면하지 않는 부서의 관리자들에게 이익목표를 제시함으로써 그들에게 '동기'를 부여하고자 하는 조직에서 사용한다. 시장가격을 모방하는 한편, 상위 사업단위의 관리자들에게 성과를 최대화할 동기를 부여하기 위한 것이다. 그러나 관리자들이 수치 목표를 달성하기 위해서 빠른 지름길을 택하거나 가격을 조작하기도 하므로 잘못된 관행과 술수가 나타날 가능성이 크다. 그래서 "모든 사업단위가 이익을 냈는데도 회사 전체 차원에서는 손실이 발생했다"라는 말이 나오는 것이다.

총시장가격 제품 및 서비스를 외부 고객에게도 판매하는 독립적인 사업부서를 가진 조직들이 사용하는 방식이다. 이런 조직은 이전가격 전용으로 사용할 수 있는 가격 리스트를 갖고 있는 경우가 많다. 따라서 다른 그룹 사업들에도 외부 고객에게 부과하는 것과 똑같은 가격을 부과한다(즉 시장가격 모델이다). 대부분의 정유회사가 이런 방식을 쓴다.

내부 시장을 통해 중앙집중 지원 서비스 비용 관리하기 》 한델스방켄

한델스방켄은 앞에 설명한 것 가운데 두 번째 방식(총비용)을 사용한다. 본사에서 지점으로 이동하는 상품 및 서비스에 가격을 부과하기 위해 일종의 프로세스 표준원가를 이용한다. 모든 중앙집중 지원 서비스 비용(전체 비용의 2%에 불과한)은 매년 대략적으로 '상계'된다(IT 비용 같은 일부 할

당 비용을 포함하여). 각 지점에는 새로운 계좌를 개설하거나 주택담보대출 및 일반 대출을 처리하는 등의 수많은 프로세스가 있다. 이들 업무를 수행하는 데 드는 시간은, 각각의 프로세스에 관련된 업무 요소와 관련해 정해진 기준 시간을 토대로 하는 시스템을 이용해 측정된다. 그리고 이러한 프로세스 비용은 지점이 표준 프로세스를 실행할 때마다 지점에 적용되는 거래비용 메뉴의 일부를 구성한다. 예를 들어 각각의 인터넷 거래에는 표준비용이 존재한다. 그러나 이것은 거래량에 따라 달라지는 비용이다. 따라서 거래량이 많을수록 지점이 부담하는 표준비용도 낮아진다.

고객, 지점, 지역, 은행 전체에 대한 수익성 보고서를 즉각 만들어낼 수 있는 이유는 각각의 거래가 고객별로 관리되기 때문(그리고 고객을 해당 지점에서 고정 관리하기 때문)이다. 따라서 그러한 추정치를 토대로 한 '개념상' 일련의 계정들이 존재하고, 이 때문에 빠른 결과 도출이 가능하다(그룹 및 지점의 수익성 보고서를 온라인으로 얻을 수 있다). 이 계정들은 연 단위로 조정된다. 그러나 이 시스템에는 이윤 폭이 존재하지 않는다는 점이 중요하다. 한 세트의 매출과 비용만이 존재한다.

한델스방켄은 내부 시장이 효과적으로 운영되는 방식을 보여주는 훌륭한 사례다. 각 지점과 같은 이익중심점들이 모든 중앙집중 지원 서비스에 대한 비용을 부담하지만, 그 비용이 일방적으로 제시되는 것은 아니다. 매년 협의를 위한 자리를 마련하여, 관련 담당자들이 비용 예상액과 그 비용이 들어가는 서비스에 대해 발표하고 토의한다. 지역 관리자 및 지점 관리자들은 그런 비용에 의문을 제기하거나 심지어 반대 의사를 밝힐 권한을 갖고 있다. 중앙집중 지원 서비스 '판매자'와 사업단위의 '구매자'가 함께 만나는 내부 시장이 만들어지는 것이다. 구매자는 조직 외부에 존재하는 유사한 서비스와 비교해 가격을 체크하고, 비용에 상응하는 가치를 제공받을 수 있게끔 신경 쓴다. 이 은행의 CFO인 레나트 프랭크는 말한다.

내부 시장은 중앙집중 지원 서비스 부서가 외부 고객을 상대하는 팀들이 겪는 것과 똑같은 종류의 시장압력을 느끼도록 만들기 위해 설계된 시스템이다. 가능한 경우에, 시장 요율은 중앙집중 지원 서비스 부서들의 제공물의 가격에 대한 벤치마크를 활용하여 결정된다. 그룹별 회계책임자와 CFO인 나의 감독 아래, 4명의 '판매자' 대표(중앙집중 지원 서비스 부서 측)와 4명의 '구매자' 대표(지점이나 지역과 같은 이익중심점 측)가 함께 만나 각각의 프로세스나 거래에 대한 가격을 결정한다(약 500개의 가격이 결정된다).

내부 시장에서 일어나는 각각의 거래에 대한 비용은 '그림자shadow' 회계 시스템을 통해 즉각적으로 지점에 부과된다. 이 때문에 지점과 이익중심점의 관리자들은 늘 상황에 대한 효과적인 관점을 유지할 수 있다. 이는 우리처럼 분권화된 조직이 얻을 수 있는 커다란 장점 가운데 하나다. 관리자들은 언제나 자신의 수치 목표에 따라 행동할 수 있으며, 가만히 앉아서 경영진이 중요한 전략적 결정을 내려주길 기다릴 필요가 없다. 지점에서 일어나는 모든 거래는 수익을 내거나, 비용을 발생시키거나, 또는 둘 모두를 발생시킨다. 본사 및 지역의 모든 비용은 매달 지점들로 대략적으로 옮겨진다. 따라서 지점 손익계산서를 모두 더하면 은행 전체의 수치 성과를 알 수 있다(임원 연봉과 같은 본사 비용들은 반영되지 않지만 말이다).

그러나 우리의 접근법과 중앙집중 지원 서비스 부서 차원의 합의를 혼동해서는 안 된다. 나는 지원 서비스 부서 차원에서 이뤄지는 합의 내용은 대부분 엉터리라고 생각한다. 서비스 전념을 강조하지만, 사실상 그런 합의 내용들은 사업단위에 계약을 부과할 수 있는 힘을 지닌 지원 서비스 부서가 만든 계약에 불과하기 때문이다. 그런 의미에서 볼 때 우리 시스템을 중앙집중화된 다른 조직에 적용하기는 어려울 것이다. 그런 조직에는 실제로 이전 가격을 협상할 수 있는 권한을 지닌 독립적인 구매자들이 없기 때문이다. 기억해야 할 점은, 우리 은행에서는 구매자들이 자신이 지켜야 하는 손익계산서를 갖고 있고, 독립적인 구매자로서 행동할 수 있다는 사실이다. 따라서 만일 어떤 지점이 본사에서 특정 상품이나 서비스를 구매하길 원치 않는다면, 그 지점은 다른 곳에서 구매하거나 본사에서 구매하던 것을 중지할 수도 있다. 그것은 전적으로 그들에게 달렸다. 그들은 자신의 비용과 수익성에 대해 책임을 진다.[14]

생산능력과 현재 수요를 조화시켜라

어떤 조직에서든 낭비를 유발하는 가장 커다란 원인 가운데 하나는 과도한 생산능력이다(충분히 활용되지 않는 건물, 공장, 인력, 기술 등). 전통적인 모델에서는 생산능력이 미리 정해졌고, 따라서 첫 번째 제품이 만들어지기 전에 제품원가의 상당 부분이 결정되었다. 마이클 델Michael Dell의 말은 전통적인 생산능력 문제를 잘 표현하고 있다.

대개 우리 업계에서는 공장에서 하루에 수만 개의 제품을 만들어냈다. 재고 창고에 물건들이 쌓이면, 공급 체인에도 물건들이 쌓이기 시작한다. 그리고 어느 순간 체인의 제일 끝에 있는 누군가가 이렇게 외친다. "이런, 너무 많이 만들었군. 다들 생산 중지!" 그리고 그 생산 중지 명령은 체인을 타고 계속 거슬러 올라가며 영향을 미쳐 모든 부품 납품업자들에게 도달한다. 그것은 말 그대로 모든 걸 중단했다 다시 시작해야 함을 의미한다. 예컨대 수요 시점과 공급 시점 사이에 90일의 간격이 생기면 프로세스상에 엄청난 비효율이 생길 수밖에 없지 않겠는가. 그리고 재고와 시간이 많아질수록 변동 요인도 많아지고 문제도 더 많이 발생한다. 우리 업계에는 부적절한 예방조치들이 만연해 있다. 많은 기업이 오래된 재고를 없애고 단기 재무목표를 달성하기 위해 유통업체에 물건을 떠넘겨놓곤 한다.[15]

표준원가계산과 간접비 회수 사고방식이 가져오는 역효과는 경영진의 잘못된 의사결정을 초래할 수도 있다. 이런 상황을 생각해보자. 한 소비재회사가 주방용 칼 제품군의 다섯 번째 신제품을 출시한다. 해당 제품군의 생산능력은 한 달에 9만 개의 제품을 생산하는 수준으로 정해져 있다(신제품에 대한 예산은 월 5,000개 분량을 생산하는 수준으로 정해진다). 그런데 신제품이 도무지 팔리질 않고, 그래서 곧 제품군에서 제외된다. 그다음엔 어떤 일이 벌어질까? 비용 할당 시스템이 자동적으로 작동하기 시작하여, 원래 그 신제품에 배정되었던 생산비용이 해당 제품군 내의 나머지 4개 제품으로 다시 할당된다. 어떤 결과가 나올지는 예측할 수 있다(믿기 어렵긴 하지만). 이제는 네 번째 제품이 이윤을 내지 못한다. 이와 같은 악순환은 간접비를 회수하려는 사고방식에 맹목적으로 집착하는 태도 때문에 쉽게 발생할 수 있다.

린 방식을 도입한 제조업체들은 간접비를 줄이고 낭비를 없애기 위해 노력한다. 오노 다이이치는 생산능력을 업무와 낭비의 합이라고 정의했다. 다시 말해 낭비 요인을 파악하고 그것을 제거하면 '남는' 생산능력이 시스템으로 흘러 들어가게 된다. 이러한 여유 생산능력은 사용되지 않고 있다가 추가적인 업무에 이용되거나, 아니면 완전히 없어진다. 일부 기업은 여유 생산능력이 생기면 그것을 이용하여 빠른 회전율을 원하는 고객의 특별 주문을 수주하고, 그럼으로써 경쟁력을 확보한다. 대개 린 방식을 택한 기업들은 12개월에 대한 롤링 예측(매월 업데이트)을 활용하여 생산능력 필요량을 검토하며, 각각의 제품군에 대해 한 가지 예측을 내놓는다. 그리고 월별 운영 생산능력을 결정하는데, 이때 수정된 제품군 예측과 가치 흐름에 존재하는 장애 요소들을 고려한다. 생산팀은 고객이 오늘 필요로 하는 것을 오늘 만든다. 자재와 부품은 적시에 생산 시스템으로 공급되며, 이로 인해 재고 수준이 낮게 유지되고, 완벽한 제시간 납품이 가능해진다. 이를 달성하기 위해서는 여유 생산능력이 있어야만 한다. 일단 예측을 수행하고 나면 관리팀이 예측 내용과 생산능력을 비교 검토한다. 그래서 만일 생산능력이 더 필요하다는 판단이 들면, 예컨대 추가 인력을 배치한다. 생산능력이 충분하지 않다면 관리팀은 그것을 어떻게 확보할지 창의적인 방안을 고민해봐야 한다. 린 방식의 개선을 한층 강화하거나, 생산공정에 변화를 가하거나, 생산팀의 인력 배치를 변경하거나, 설비를 추가 투입하거나, 일부 제품생산을 아웃소싱하는 등의 방법을 생각해볼 수 있을 것이다. 만약 생산능력 문제를 시급하게 해결해야 하는 상황이라면 팀원들이 초과근무를 하거나 다른 가치 흐름으로부터 도움을 받을 수도 있다.[16]

도요타에서는 계획수립을 지속적인 프로세스로 운영하고 있다. 1990년

대 초반 도요타에서는 각각의 공장이 가능한 생산량을(그리고 필요한 생산 능력도) 예측하는 한편, 세부적인 계획수립이 불과 1개월 전에 진행되었다. 이를테면 3월의 생산계획이 2월 후반에 세워졌다. 이제 도요타는 전 세계에 있는 거의 모든 공장에서 단일한 공동 플랫폼을 사용하므로(이 공장들은 동일한 모델의 변형은 말할 것도 없고, 최대 8개의 다른 모델을 처리할 수 있다), 계획수립의 유연성이 훨씬 늘어났고, 단위 제품을 생산하는 데 걸리는 시간인 사이클 타임cycle time도 훨씬 줄일 수 있다. 주문에서 완제품 생산에 이르기까지의 사이클 타임은 5일에 가까워지고 있다.[17] 이와 같은 시간 단축과 유연성 향상으로 인해 비용은 훨씬 더 절감되었고, 경쟁자들이 도요타를 따라잡기가 훨씬 더 어려워졌다.

모든 프로젝트가
'가치를 창출하는 꼭 필요한 프로젝트'가 되게 하라

낭비를 일으키는 또 다른 주요 원인은 가치를 엄격하게 판단하는 과정을 거치지 않고 성급하게 시행되는 비효율적인 프로젝트들이다. 해당 프로젝트가 예상했던 성과를 제대로 내지 못할 경우를 대비한 출구전략을 거의 고려하지 않았을 때, 상황은 더욱 악화된다. 사실 대규모 조직에서 내려지는 의사결정은 합리적이지 못할 때가 많다. 게리 하멜은 소비에트형 중앙집중식 계획의 마지막 보루와도 같은 자원 할당 시스템을 《포천》 500대 기업에서 목격할 수 있다고 말한 바 있다.

대기업은 시장이 아니라 권력계층의 구조체다. 제일 꼭대기에 있는 사람들이 돈이 가는 방향을 결정한다. 관습을 좇지 않는 참신한 아이디어들은 고통스러운 과정을 거치며 기업 내의 피라미드를 올라갈 수밖에 없다. 설령 참신한 아이디어가 회의적인 부사장들에게 호된 시련을 겪은 후에 간신히 살아남는다고 해도, 그 아이디어에 투자할지 여부는 그들에게서 또 약간 떨어진 곳에 있는 CEO나 회장이 최종적으로 결정한다.[18]

하멜의 가차없는 비판은 옳은 것 같다. 이러한 의사결정 프로세스는 합리적인 경영방식보다는 조직 내의 정치에 기반을 둘 때가 너무나 많다. 따라서 새로운 아이디어는 억눌리고, 대신 손실을 내는 프로젝트에 더욱더 많은 돈이 쏟아부어진다.

투자지출 결정은 대개 재무회계기준을 토대로 해서 내려진다. 그리고 거의 대부분 그러한 기준들에는 자본비용에 기초한 허들 레이트hurdle rate◆가 포함된다. 따라서 수익을 정확하게 예측하기 어려운 고高 리스크 프로젝트 쪽으로 시스템이 편향된다. 나타날 가능성이 큰 또 다른 문제도 있다. 관리자들이 자신이 원하는 프로젝트 계획안을 옹호하려 들기 때문에 대단히 정치적인 행태들이 나타날 수 있다. 그러면 주요 프로젝트 가운데 기업의 전략 방향에 제대로 부합하는 것은 절반도 채 되지 않을 가능성이 있다. 이는 곧 투자지출의 절반가량이 가치를 거의 창출하지 못한다는 얘기가 된다. 최고의 조직은 전략 검토 과정을 통해 프로젝트 계획안을 수립한 다음, 투자에 대해 철저하게 준비한 뒤에 신속하게 실행에 옮긴다.

◆ 현금흐름 분석에 필요한 수익률로서, 이 수치를 기준선으로 삼아 투자 여부를 판단한다.

정기적인 전략 검토를 토대로 개선 프로젝트를 기획하라

프로젝트 계획안 중에 상당수는, 다른 사업단위보다 최대한 더 많은 자원을 확보하려는 목표를 지닌 사업팀의 이해관계에 의해 진행된다. 그 결과 회사의 전략과는 별로 또는 전혀 관계가 없는 프로젝트에 막대한 돈이 투자된다. 캐플란과 노턴은 미국의 한 대형은행의 사례를 분석해보고 전략에 부합하는 프로젝트 기획안이 거의 없다는 사실을 발견했다.[19] 대규모 조직 안에서 같은 시기에 수많은 프로젝트가 진행되는 경우, 이는 커다란 문제를 일으키고 막대한 자원을 낭비하는 결과로 이어질 수 있다. 프로젝트는 대개 시작하기는 쉽지만 끝내거나 중단하기는 어렵다. 따라서 많은 프로젝트가 '유효기간'이 한참 지난 후까지도 조직 내에 남아 있는 것이다.

어느 소프트웨어 회사는 자사 내에 전략적 프로젝트 개수가 얼마나 되는지 조사해보고 무려 450개에 이른다는 사실을 발견했다. 게다가 그 프로젝트들 가운데 다수가 외관만 다를 뿐 내용이 비슷하고 겹치는 것들이었다. 수천 명의 직원을 둔 회사가 그처럼 복잡한 상황에서 제대로 된 전략 방향으로 나아가기는 어려울 것 같았다. 그래서 이 회사는 전략적 로드맵을 새로 수립한 이후, 우선순위를 토대로 삼아 450개의 전략 목표 개수를 13개로 줄였다.

사업부서들이 본사로부터 더 많은 자원과 지원을 확보하려고 경쟁하는 과정에서, 프로젝트 기획안이 사내정치의 도구가 되는 일이 자주 발생한다. 한델스방켄의 얀 발란더는 스칸디나비아 국가에서는 기업이 투자 결정을 내리는 방식에 대해 많은 연구가 수행되어왔다고 말한다. 이 연구들은 실제로 기업이 투자 결정을 내릴 때 활용하는 서류나 자료에 비이성적이고 주관적인 내용이나 의견(메모를 체계화하고 정보를 조합하고 분석을 행하는 담당자가 작성한)이 많다는 사실을 보여준다. 직원이나 기술 전문가들이 제출하는 내용이 사실상 신망이나 이익을 얻고 싶은 욕구, 다른 직원이나 타 부서에 대한 시기심을 반영하는 경우도 빈번하다. 그러나 발란더는 가급적 장기적인 투자에 대해 승인을 얻으려는 경향이 있고 또 그런 투자계획이 어떻게든 시스템을 뚫고 승인을 얻어낸다는 점을 감안할 때, 그런 문제를 방지하기가 쉽지 않다는 것 또한 인식하고 있다.[20]

세계은행은 전략 및 성과계약Strategy and Performance Contract(SPC)을 기반으로 조직을 경영하기 시작했다. 이 계약에는 각 사업단위가 자신의 전반적인 전략 목표, 그 목표를 달성하기 위한 핵심 사업라인, 그리고 그 사업라인에 집중하면서 내리는 선택사항을 결정할 책임을 갖고 있다. 또 이 계약을 통해 그들은 꾸준히 성과를 감독하기 위해 사용되는 지표를 파악하고 전략을 실행하면서 사업단위가 마주치게 되는 리스크를 정의한다. 세계은행의 CFO 존 윌턴은 이렇게 말한다.

우리는 일반적인 조직과는 조금 다른 어젠다에 집중하기로 했다. 일단 전략이 정해지고 나면, 어떤 것에 우선순위를 두어야 하고 어떤 사업라인에 뛰어들어야 하는가? 그리고 그 사업라인에 어떤 식으로 자원을 배분해야 하는가? 이런 질문을 던지는 것은 직원들에게 "향후 3년에 대한 상세한 예산계획안을 제출하라"고 지시하는 것과는 매우 다른 방식이다. 우리는 자원배분을 전략과 잘 조화시키도록 해주는 복수연도 시스템을 채택했다. 우리는 각 VPU(부사장급 사업단위vice presidential unit)에게 전략 및 성과계약을 마련하라고 요청했다. 그리고 그 계약이 "더 이상 유효하지 않을 때까지는 유효"하

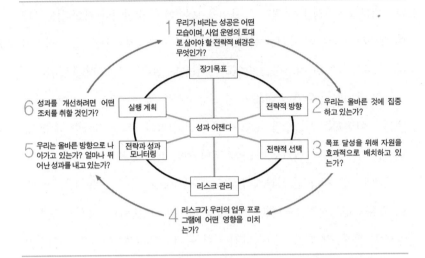

며 그것을 "필요할 때마다 업데이트"하라고 말했다. 이로써 관리자들은 계획수립과 보고 주기에 구속받는 대신, 필요할 때 방향을 수정할 수 있는 융통성을 갖게 되었다. 모니터링 과정은 더 장기적인 관점을 기반으로 하여 더 높은 수준으로 이동하며, 이 장기적인 관점에는 과거에서 현 시점까지의 추세에 대한 더 적극적인 활용과 전략 스토리를 더 깊게 이해하기 위한 노력이 수반된다. 12개월 롤링 예측에 관한 과거 자료와 핵심 지표들에 대한 중기목표가 부서 및 조직의 성과에 대해 지속적인 토의를 할 수 있는 배경을 마련해준다. 이는 대단히 중요한 변화다.[21]

SPC는 사용 가능한 자원 수준을 명확히 이해한 상태에서 만들어진다. 일단 SPC에 대해 경영진과 합의가 이루어지고 나면 성과관리는 연속적인 주기를 토대로 이루어진다(〈그림 4-3〉 참조). 실제 성과는 지표와 연계하여 정기적으로 측정하며, 전략 목표와 선택사항은 필요할 때마다 검토한다. 변동성이 심한 환경에서 운영되는 일부 사업단위의 경우, 이와 같은 시스템 덕분에 빈번한 변화에 맞춰 대응할 수 있는 융통성을 갖게 된다. 그러나 대부분의 경우 전략 방향은 연도가 바뀌어도 변하지 않을 가능성이 많다. 세계은행 경영진은 이와 같은 SPC의 도입으로 인해 전략과 의사결정에 관해 지속적으로 토의할 수 있는 토대가 마련될 뿐 아니라, 전략 측면의 실수가 발생하는 일도 더욱 줄어들 것이라고 믿는다.

이러한 접근법은 전략적 목표와 방향, 그리고 그것들을 지원하는 행동 계획에 초점을 둔다는 점에서 볼 때 균형성과표와 유사하지만, 중요한 차이점도 존재한다. 먼저 SPC는 연간 주기를 따르지 않는다. SPC는 전략이 변화할 때만 바뀌는데(즉 "더 이상 유효하지 않을 때까지는 유효"한데), 많은 조직에서는 이런 일이 일어나는 경우가 드물다. 또 SPC는 단기목표 달성의 관점에서 봤을 때 올바른 궤도에 올라 있는지 아닌지 관리자들에게 알려주는 상세한 측정도 필요로 하지 않는다. 이 시스템에서 성과평가는 경영진이 다른 피드백들과 함께 활용하면서 전반적 성과를 판단할 수 있게 해주는, 경성 측정hard measure과 연성 측정soft measure의 혼합으로 이루어진다. SPC는 사업 리더들로 하여금 전략에 대해 깊이 숙고하게 만들며(회계나 인사 등의 경영지원부서의 리더들도), 의사결정을 내리고 자원배분의 우선순위를 정할 때 활용할 수 있는 효과적인 틀을 제공한다.

전략적 영향과 가치창출 여부에 따라 프로젝트의 우선순위를 정하라

일부 조직은 자원의 전략적 배치라는 아이디어에서 몇 걸음 더 나아간 방식을 택하고 있다. 한 대형 금융서비스 회사는 투자 최적화 시스템으로

옮겨 가고 있다. 이 회사는 시스템을 통해 매년 운영개선에 쓰이는 모든 비용을 산출할 수 있다. 이 회사는 연간예산안의 형태로 각 부서에 비용을 제공하는 대신, 수천 개의 작은 프로젝트의 형태로 비용을 관리한다. 이제 사업 리더들은 자기 부서의 모든 지출계획에 대해 정당한 설명을 할 수 있어야 한다는 사실을 알고 있으며, 지출계획을 하나의 권리로 생각하지 않는다. 그 대신 그들은 최근 기획안을 지원하기 위해서 언제라도 새로운 프로젝트에 대한 승인을 요청할 수 있다. 지출 승인을 얻을 기회가 1년에 세 차례뿐인 분기별 검토 제도를 폐기했기 때문에 이제는 열두 번의 기회가 존재한다. 오스트레일리아의 한 공익사업체는 사업단위의 재량에 따른 지출액(예산수립 프로세스를 통해 할당되곤 했다)을 없애고, 그러한 자금을 고위 경영진이 관리하게 하고 있다. 이 같은 방식을 택하면 '직원 교육비'나 '주차비' 같은 비용에 대한 예산을 무의식적으로 소비하는 일이 없어진다. 수많은 사업부가 존재하는 대규모 조직에서는 이러한 접근법을 통해 막대한 비용을 절감할 수 있다. 앞에 언급한 공익사업체는 연간 3,000만 오스트레일리아 달러를 절약했다. 본질적으로 볼 때 그들이 한 일은 핵심 비용에 자금을 제공하되 각 사업단위가 재량에 따른 지출 권한을 얻기 위해 경합하게 만든 것이었다. 그리고 무엇보다 흥미로운 점은, 사업단위가 그런 노력을 기울이는 과정이 공개적으로 이루어졌다는 사실이다. 따라서 모든 구성원이 공정한 업무수행을 목격할 수 있었고, 우선순위가 높은 지출 계획안만이 승인을 얻었다.

많은 CFO들은 또한 투자지출의 상당한 금액이 낭비되고 있다는 사실을 깨닫고 있다. 일부 중요한 투자 결정이 얼마나 빠르고 경솔하게, 그리고 적절한 정보도 확보하지 않은 상태에서 내려지는지 생각해보라. 특히 기업 인수의 경우에는 더욱 그러하다. 인수를 진행할 때, 비용절감과 추가적인 시장 확대에 대한 모호한 추정치와 예상을 토대로 엄청난 리스크를 감수하지 않는가? 막대한 투자자금에 대한 기획서가 수익 추정치를 정당화하는 수많은 숫자와 차트로 채워져 작성된다. 그러나 투자 기획서 뒤에는 설득력 있는 전략적 타당성 대신에 정치적인 동기가 존재하는 경우가 너무나 많다. 대부분의 인수 건에서 인수하는 기업의 주주를 위한 가치가 창출되지 못하는 것은 그리 놀라운 일이 아니다.

현명한 CFO는 이러한 문제점을 잘 알고 있다. 그들은 두 가지 기준에 집중한다. 그것은 프로젝트가 미칠 '영향(포괄적 또는 팀별)'과 프로젝트의 '가치(전략적 또는 비전략적)'다.

1. 포괄적 / 전략적 이러한 프로젝트는 조직 내 대다수 사업단위에 효용을 제공할 가능성이 크며, 따라서 본사가 결정을 내리고 자금을 지원해야 한다. 새로운 기업 브랜딩 프로젝트나 조직 전체 차원의 컴퓨터 시스템 도입 등이 이에 해당한다.

2. 포괄적 / 비전략적 이러한 프로젝트 역시 많은 사업단위에 영향을 미친다. 따라서 이때도 역시 본사가 결정을 내리는 방식이 적절하다. 새로운 회사 건물 신축이 이에 해당한다.

3. 팀별 / 전략적 프로젝트가 특정한 사업단위에 영향을 미친다. 전략적인 성격을 가지므로, 본사가 프로젝트 기획안의 내용을 알고 싶어 하고 해당 프로젝트가 조직이 지향하는 전략적 투자의 의미에 부합하는지 검토할 것이다. 예를 들어 톰킨스에서는 사업단위가 매년 '일정 수준으로 유지되는 자본 풀'을 제공받는다. 이 자본 풀은 사업단위가 행한 회

계연도에 대한 분기별 예측을 토대로 하는데, 이는 대개 10월 마지막 주까지 마련된다. 사업단위는 본사에 의지하지 않고 지출 계획을 세우는 데 이 풀을 이용할 수 있다. 50만 달러를 초과하는 신규 프로젝트에 대해서만 승인이 필요하며, 이는 대개 전화회의를 통해 이루어진다. 따라서 사업팀이 신속하게 자본에 접근할 수 있기 때문에 새로운 기회에 신속하게 반응할 수 있다. 각 사업부는 지원 서비스를 자체적으로 해결한다. 그룹 내에 셰어드서비스가 존재하지 않기 때문이다.

4. 팀별/비전략적 의사결정이 비교적 적은 액수와 관련되어 있고 신속하게 내려져야 한다면, 이런 종류가 적절하다. 각 팀은 선택 옵션들을 살펴보고 결정해야 한다. 톰킨스에서 바로 이런 프로세스를 볼 수 있다. 몇 가지 중요한 기준(수정된 수익률, 현금 회수기간, 전략에 부합하는지 여부, 전체적 기준에 대한 적합성, 리스크 평가테스트 통과 여부)만 충족한다면 언제든지 새로운 프로젝트를 결정하고 실행할 수 있다. 투자제안서에는 자본 필요량, 초기비용, 운영비용, 이익 흐름 등이 포함된다. 과거에는 기획안(예를 들면 잠재적 주요 주문에 대한)이 결정된 이후에 투자지출 계획안을 제출했지만, 이제는 기획안 결정 이전에 투자지출 내용이 정해진다. 이 같은 과정이 더 신속하게 진행되도록 하기 위해, 경영진이 기획안 내용의 타당성을 설명하는 팀의 비디오 자료나 전화를 통한 프레젠테이션을 정기적으로 검토하고, 그 타당성에 수긍이 가는 경우에 승인을 내린다(톰킨스에서는 수평적 경영구조 덕분에 이것이 가능하다).

자본을 배분할 때, 많은 조직은 투자를 결정하기 위해 나름의 우선순위 기준을 활용한다. 미국 은행 웰스파고Wells Fargo는 자사의 온라인 금융서비스online financial services(OFS)에서 사용할 균형순위모델balanced ranking model을 만들었다.[22] 경영진은 다음과 같은 3개의 전략 플랫폼을 설정했다. ① 잠재가치가 높은 고객을 유치하고 유지한다. ② 고객 1인당 수익을 증가시킨다. ③ 고객 1인당 비용을 감소시킨다. 프로젝트 기획안을 설정하는 과정에서는 먼저 기획안들을 '전략적인' 것과 '일상적인' 것 두 부류로 나눴다. 그리고 전략적 프로젝트를 승인하는 데 필요한 세 가지 기준을 세웠다. ① OFS가 전략 목표(균형성과표에 있는)를 달성하는 데 도움이 되는가, ② 경쟁력 강화에 기여하는가, ③ 지속적인 차별화를 이루어내는가.

전략적인 프로젝트로 인정받기 위해서는 각각의 기준들과 관련해 높은 점수를 얻어야 했다(중간 이상의 점수를 받은 기획안은 '주요' 프로젝트, 중간 이하의 점수를 받은 기획안은 '중요도가 낮은' 프로젝트, 낮은 점수를 받은 것은 '일상적' 프로젝트로 간주되었다). 일단 프로젝트가 이와 같은 초기 점검 과정을 통과하고 나면 그것을 두 그룹으로 나눴다. 하나는 부서 중심적이며 단기간에 진행되는 프로젝트, 다른 하나는 다양한 부서에 걸칠 수 있고 비교적 비용이 많이 들며 장기간에 진행되는 프로젝트다.

이처럼 두 그룹으로 나눌 때 다음의 세 가지 사항을 생각해보았다.

- 해당 기획안이 조직 내 여타 사업단위의 자원을 재할당하게 하는가?
- 해당 기획안의 실행에 50만 달러 이상의 비용이 드는가?
- 해당 기획안을 실행하는 데 3개월이 넘게 걸리는가?

이 세 질문 가운데 하나 이상에서 '그렇다'라는 대답을 받은 기획안에만 순위모델을 적용할 수 있었다. 100개가 넘는 기획안 가운데 불과 11개만

<표 4-3> 투자 승인을 위한 기준

승인 기준	정의	가중치
전략적 중요성	균형성과표에 명시된 전략 플랫폼과의 일치 여부	40%
비용	기획안 실행에 드는 비용(계획에서 실행까지)	15%
NPV	순이익의 현재가치(3년 기준)	15%
소요시간	실행기간(계획에서 실행까지)	10%
상호의존성	해당 기획안이 다른 기획안에 의존하는 정도	10%
리스크/복잡성	운영상 리스크 및 기술적 리스크	10%

이 이 단계를 통과했다. 이 단계에서는 각 프로젝트의 책임자들이 더 상세화된 사업제안서를 제출해야 한다. 〈표 4-3〉에서 볼 수 있듯이 기획안의 순위를 매기기 위해 6개의 기준이 사용되었으며, 이들 기준에는 중요도에 따라서 가중치가 부과되었다.

광범위한 의사결정 프로세스를 진행한 이후에, 필수적인 자원을 확보하기가 불가능하다는 사실을 깨닫는 것만큼 무의미한 일은 없을 것이다. 최고의 조직들은 가용자원에 맞춰서 프로젝트 기획안을 세운다. 프랑스의 한 대기업에서는 각 사업팀이 자신이 선택한 핵심 가치 동인들을 지원하고, 향후 2~3년 이내에 실행할 수 있는 20~25개의 전략적 행동 계획을 세워야 한다. 영향 매트릭스impact matrix에는 각각의 행동 계획이 자원에 미치는 영향이 나타나야 하며, 이러한 매트릭스는 프로세스가 각각의 전략적 행동을 달성하는 데 얼마나 기여하는지 보여준다(상, 중, 하로 기여도를 구분한다). 이와 같은 매트릭스는 필요한 자원에 대해, 그리고 그러한 자원수요가 현실적인지에 대해 파악할 수 있게 해준다. 이와 같은 접근법을 취하면 행동계획들의 우선순위를 매길 수 있고, 인력이나 IT 자원을 과도하게 투입하는 것과 같은 잠재적 방해요소를 피할 수 있다.

투자를 철저하게 준비하고 신속하게 실행하라 》 도요타 노스아메리카

켄터키 주 도요타 공장의 알렉스 워런Alex Warren은 이렇게 말했다.

만일 1년 이내에 완료하기로 예정된 프로젝트가 있다고 할 경우, 대개 미국 회사들은 계획수립에 약 3개월을 보내고 나서 실행에 착수할 것이다. 그런데 실행 이후에 온갖 문제와 마주치게 되고, 한 해의 나머지 시간은 그 문제들을 해결하는 데 보낼 것이다. 하지만 동일한 프로젝트가 주어질 때 도요타는 계획수립에 최대 10개월을 쓴 후에 작은 규모로 해당 프로젝트를 실행해본다(예컨대 시험 생산의 방식으로). 그리고 연말쯤 프로젝트가 완료되었을 때에는 사실상 거의 문제가 남아 있지 않게 된다.[23]

도요타가 애리조나 주에서 테스트 트랙을 건설할 부지를 사들일 때, 이 회사와 일했던 미국 변호사는 도요타의 철저한 계획수립 과정을 보고 놀라움을 금치 못했다. 그는 부지 매입 계약이 성사된 이후에 다음과 같이 말했다.

도요타는 전략과 전술을 탁월하게 분석하는 능력을 갖추고 있다. 그들은 그 어떤 사항도 임의로 가정하거나 판단하지 않는다. 모든 것을 정확하게 검증하고 확인한다. 프로젝트를 올바르게 실행하기 위해서다.[24]

도요타는 철저한 준비를 무엇보다 중시한다. 결정사항이 기대치에 못 미치는 경우에는 경영진이 어느 정도 관대함을 베풀지만, 준비가 허술하고 미흡할 때는 징계와 질책이 따를 가능성이 크다. 도요타는 의사결정 과

정에서 다음 다섯 가지를 중요하게 여긴다.

- 현재 상황을 정확하게 파악한다.
- 표면적 현상 뒤에 숨어 있는 근본적인 원인을 파악한다. "왜?"라는 질문을 다섯 번 던진다.
- 대안적 해결책들을 생각해보고, 그 가운데 가장 적절해 보이는 방법에 대해 설득력 있는 근거를 제시할 수 있어야 한다.
- 팀 내에 합의를 구축한다.
- 간단하고 효율적인 커뮤니케이션 방식을 이용한다. [25]

"왜?"라는 질문을 다섯 번 던진다는 아이디어를 만든 사람은 바로 오노 다이이치다. 그는 이 방식을 기계 고장에 적용하는 경우를 예로 든다.

- 왜 기계가 멈추었는가?
  ⇨ 전류 과부하 때문에 퓨즈가 나갔다.
- 왜 과부하가 일어났는가?
  ⇨ 베어링에 기름칠을 충분히 하지 않았다.
- 왜 기름칠이 부족했는가?
  ⇨ 윤활 펌프가 충분히 작동하지 않았다.
- 왜 펌프가 충분히 작동하지 않았는가?
  ⇨ 펌프의 축이 낡았다.
- 왜 축이 낡았는가?
  ⇨ 스트레이너가 없어서 금속 이물질이 유입되었다. [26]

"왜?"라는 질문을 다섯 번 반복하면 문제의 근본원인을 발견하거나 투자 제안의 핵심 이슈를 파악하는 데 도움이 된다. 오노는 이런 방식이 중요한 이유를 이렇게 설명한다.

사실 도요타 생산 시스템은 이와 같은 과학적 접근법의 실천과 진화를 토대로 확립되었다. "왜?"라는 질문을 다섯 번 던지고 각각에 대한 답을 찾으면, 대개 외형적 증상들 뒤에 숨겨져 있는 문제의 진짜 원인을 파악할 수 있다.[27]

대부분의 기업은 투자 기획의 타당성을 설명하기 위해서 긴 제안서와 많은 서류를 작성한다. 이것은 무언가를 학습시키는 프로세스가 아니다. 사람들이 받아들여야 하는 투자제안서를 당신이 만든 이유를 말해주는 프로세스라는 의미다. 도요타는 탁월한 커뮤니케이션 체계를 갖고 있다. 복잡한 결정을 내리기 위해 필요한 모든 정보는 11×17인치 크기의 종이 한 장에 작성하여 제출하도록 되어 있다. 이는 'A3 보고서'라고 불리며 대개 그 안에 7개의 상자가 그려진다. 이 상자들에 현재 상황, 제안 내용, 이익, 계획, 실행, 통제, 타임라인에 대한 내용을 적는다.[28]

도요타가 도입한 린 싱킹과 비용절감 방식은 이 기업을 세계 최고의 제조회사 중 하나로 만들었다. 도요타는 30년이 넘는 시간 동안 지속적으로 수익을 내왔다(반면 이 업계의 경쟁사들은 이익과 손실 사이에서 굴곡을 그려왔다). 파워J. D. Power의 고객만족도 조사에서 도요타 자동차는 대부분의 나라에서 항상 최상위나 그에 비슷한 수준을 유지하고 있다(≪소비자 보고서Consumer Reports≫의 2003년 연구 결과에 따르면, 과거 7년간 가장 신뢰도 높은 모델 38개 가운데 15개가 도요타 · 렉서스였다).[29] 도요타는 세계 2위의 자동 차회사로 우뚝 섰으며, 도요타의 순이익은 주요 3개 라이벌 회사(제너럴모 터스, 포드, 다임러크라이슬러)의 순이익을 합친 것보다도 많다.

◇ ◇ ◇

CFO가 조직을 위해 할 수 있는 훌륭한 역할 가운데 하나는 낭비를 줄이 는 것이다. 그러나 이 역할을 성공적으로 수행하기 위해서는 조직의 관료 주의를 타파하고, 조직에서 영향력이 높은 사람들이 종종 방어하려고 드 는 자원에 도전장을 내밀어야 한다. 관리자에게 필요한 변화를 추진할 수 있는 권한을 부여한다면, 린 방식을 이해하고 조직에 적용함으로써 커다 란 이익을 얻을 수 있다. 또 관리자들은 그러한 변화를 일시적 미봉책이 아닌 영구적인 개선책으로 바라봐야 한다. 그렇지 않으면 린 방식이 가져 다준 어떤 이익도 금세 무의미해지고 말 것이다.

CFO의 새로운 역할 수행을 위한
체·크·리·스·트

☑ 사업성과는 수익에 비례하고 비용은 거래 및 활동의 양에 비례한다는 피터 드러커의 통찰을 생각해보라. 당신 조직의 비용 중 20~40%가 고객을 위한 가치를 거의 창출하지 못하는 활동과 관련되어 있다는 사실을 발견하고 놀라지 마라. 중요한 것은 그 비용을 파악하고 제거하는 일이다.

☑ 총계정원장에서 고객에게 제품 및 서비스를 전달하는 비용이 아니라 급여 같은 비용 카테고리에 집중함으로써 예산안이 비용을 비호하고 있지 않은지 생각해보라. 자원 사용에 대한 책임을 운영 관리자들에게 맡기고, 그들로 하여금 이윤에 대한 책임감을 갖게 하거나 또는 지출 방향에 대한 가이드라인(예: 비용수익비율)을 제공하라. 전년도 대비 상향 조정한 상세한 비용예산안을 제공하지 마라.

☑ 본사 중심의 관료주의를 없애고, 고객에게 가치를 전달하는 핵심 프로세스 및 하위 프로세스들을 가진 시스템으로서 조직을 바라보라. 프로세스 팀들은 서로 공급자-고객 관계가 되어 협력해야 한다. 이는 내부 공급자들에게 비용절감에 대한 압력을 가한다.

☑ 복잡한 관리계층과 중복되는 채널을 제거하고, 계획에서 실행에 이르는 시간을 단축시켜라. 하지만 그런 변화를 이루기 위해서는 경영진 그룹에 속한 핵심 인사들의 지원이 필요하다.

☑ 린 방식을 채택하라. 고객을 위한 가치창출에 기여하는 업무만을 수행하라(물론 다른 전략적 이유나 관리 이유 때문에 필요한 몇 가지 업무는 병행해야 한다). 가치창출 업무와 비가치창출 업무(첫 번째 시도에서 제대로 완료되지 않거나 후속 조치가 필요한 업무들. 이러한 업무에 소요되는 비용은 전체 비용의 50%에 이를 수도 있다)를 구분하라.

☑ 문제의 95%는 시스템과 관련이 있다. 따라서 개선을 추구할 때는 사람이 아니라 시스템에 집중해야 한다. 예컨대 서비스센터에서 나타나는 일반적인 문제를 제거하려면, 제품이 제시간에 배달되지 않는 이유, 고객의 전화에 즉시 회답이 이루어지지 않는 이유 등을 파악해야 할 것이다.

☑ 내부 시장을 조성하여 중앙집중 지원 서비스 비용에 지속적인 압력을 가하라. 낮은 가격과 높은 품질을 원하는 사업 관리자들에게로 힘의 중심을 이동시켜라.

☑ 수요와 생산능력을 조화시켜라. 롤링 예측을 활용하여 미래의 생산능력을 추산하고, 생산비용을 증가시키거나 줄이기 위해 초반에 조치를 취하라.

☑ 전략 검토를 통해 프로젝트를 계획하고, 프로젝트 기획안의 우선순위에 따라 자원을 배치하라. 전략적인 중요도가 떨어지거나 가치를 창출하지 못하는 프로젝트는 폐기하라. 전략적 영향도와 가치창출 여부에 따라 프로젝트의 우선순위를 결정하라.

☑ 투자제안서를 철저하게 준비하고, 그것을 실행할 때는 신속하게 움직여라.

CFO는 측정의
달인이다

우리는 "성과측정은 신성불가침 영역에 있는 무언가처럼
절대적인 것이다"라는 편견을 깨고자 한다. 성과측정은 오히려 충실하고 유용한
하인 역할을 해야 한다. 우리는 성과측정을 통해 질 높은 피드백을 얻고 싶다.
구성원들이 조직에 기여하고 배우길 원하며 목표를 달성하고자 노력하는
태도를 갖고 전진할 수 있도록 도와주는 피드백 말이다.

마거릿 휘틀리·마이런 켈너-로저스

조직에서 훌륭한 성과를 내게 하는 원동력은 무엇인가? 만일 그 답이 리더십, 헌신, 창의성, 학습, 팀워크, 업무태도(모두 행동요인이다)라고 생각한다면, 필연적으로 다음 질문 역시 생각해봐야 한다. "그러한 행동요인들을 최대화하는 데 도움이 되는 측정지표는 무엇인가?" 아마도 생각해내기 어려울 것이다. 휘틀리Margaret Wheatley와 켈너-로저스Myron Kellner-Rogers는 그러한 것들이 모두 조직문화에 따라 좌우되는 성과요인이라고 주장한다. 앞에 나열한 것들은 구성원들이 업무에 애착을 느끼고 다른 구성원과 연결되어 있다고 느낄 때 핵심적인 역량으로서 힘을 발휘하기 시작한다. 이들 각 요인은 결국 구성원이 내리는 선택의 문제다. 그들은 자신이 속한 조직과 팀을 어떻게 느끼느냐에 따라 얼마나 헌신하고 최선을 다할지 선택하기 마련이다.[1]

에드워즈 데밍 역시 측정의 가치에 대해 회의적이었다. 그는 최종 성과에 영향을 미치는 요인 중 측정 가능한 것은 3%도 되지 않는다고 말했다. 그런데도 미국에서는 많은 관리자가 측정지표를 분석하는 데 업무시간의 97% 이상을 쓰고, 정말 중요한 것(측정할 수 없는 것)에 주목하는 데에 사용하는 시간은 3%도 되지 않는 경향이 있다고 데밍은 지적한다.[2] 관리자들이 특정한 측정치에 대해 이야기하면 그는 이렇게 되묻곤 한다. "그걸 어떻게 알 수 있습니까? 지금 당신이 말하는 사소하고 하찮은 요소만 가지고 어떻게 무언가를 정확히 판단할 수 있단 말입니까?"[3] 이는 성과측정을 행하는 모든 사람이 곤란해할 만한 어려운 질문이다.

휘틀리와 켈너-로저스, 데밍의 염려에도 불구하고, 우리가 발전하고 있는지 여부를 알기 위해서나 경영성과를 평가하기 위해서 효과적인 측정지표는 필요하다. 그러나 많은 수가 아니라 단 몇 개의 측정지표만이 필요하다. 대부분의 조직은 너무 많은 측정지표를 갖고 있다. 이러한 현상은 앞에서 언급한 행동요인을 악화시킨다. 측정지표는 멀리 떨어진 위치에서 팀의 행동을 명령하고 통제하기 위해서가 아니라 팀이 스스로 문제점을 생각해보고 성과를 개선하도록 이끌기 위해 활용되어야 한다. 그러나 조직에는 갈수록 목표와 측정지표가 증가하고 있다. 균형성과표와 고객관계관리 시스템이 부상하면서 측정 프로세스가 더욱 강화되었다. 재무관리자들은 더욱 많은 목표와 기준을 부과하고 그것을 토대로 성과를 통제하려 한다. 하지만 앞에서도 말했듯이, 관리자들은 성과를 개선할 수 있는 기회 가운데 5%(사람, 업무활동)에만 집중하고 95%(프로세스 흐름)에는 주목하지 않는 경향이 강하다. 이러한 문제의 근본적 원인은 '적절한' 측정지표가 있어야만 통제력을 가질 수 있다고 믿는 리더들의 사고방식에 있다. 그들은 고객의 니즈를 만족시킬 수 있도록 관리자들에게 자유와 능력을 주는 것보다는 목표를 설정하고 성과계약을 결정하는 것에 더 집중한다.

현명한 CFO는 성과측정이 잘못된 정보로 가득 찬 지뢰밭이 될 수 있으며 때때로 부적절한 행동이나 조치를 야기하는 원인이 된다는 사실을 잘 안다. 그러나 정해진 목표를 달성해야 한다는 압박감에서 벗어날 수만 있다면, 조직 내의 팀들은 측정지표를 자신을 통제하는 채찍이 아니라 자신을 도와주는 동지 같은 것으로 바라볼 것이다. 또 측정지표를 활용하여 스스로에게 질문을 던지고 맥락과 목적, 의미, 행동에 대해 적극적으로 대화를 나누기 시작할 것이다. 리더들은 패턴과 추세를 관찰하고, 정보를 제대로 이해하고 새로운 아이디어와 제안을 내놓을 수 있는 구성원이라고 판단되는 누구에게나 그 정보를 모두 개방할 것이다.

CFO는 성과측정 문화를 변화시키는 데 중요한 역할을 맡아야 한다. 이

번 장에서는 CFO의 다음과 같은 역할에 대해 살펴본다.

- 측정을 통해 배우고 발전하게 이끈다.
- 올바른 측정지표를 선택한다.
- 패턴과 추세, 이상 현상에 주목한다.
- 외부와 비교하여 상황을 체크한다.
- 다양한 측정지표를 활용하여 경영성과에 대한 논의에 정보를 제공한다.

측정을 통해 배우고 발전하게 이끌어라

한 수도회사에는 훌륭한 성과를 정의하는 기준을 담은 매뉴얼이 있다. 이 업체의 서비스 직원은 고객 문제에 대해 반드시 이틀 내(업무일 기준)에 대응해야 한다. 고객 전화상담에 걸리는 시간, 구조적 문제가 발생한 경우 측량기사를 보내는 데 걸리는 시간, 문제를 해결하기 위해 배관공을 보내는 시간에 대한 목표 수치가 존재하고, 상세한 지침에 따라 각 업무활동을 수행하는 것에 대한 목표 역시 마련되어 있다. 그러나 고객은 이런 회사의 업무 절차에는 관심이 없다. 집의 배수관이 새고, 계량기가 돌아가고, 집 안 시설이 망가지는 동안 지연되는 서비스를 고객이 끝없이 기다리고 있을지라도 각각의 업무활동이나 절차에 대한 성과측정 결과만을 보고나서, 자사의 서비스 수준이 훌륭하다고 자평할 수도 있다. 이렇듯 성과측정과 실제 현실 사이에는 상당한 괴리가 있을 수 있다.

만일 "측정할 수 있는 것이라야 관리할 수 있다"라는 말이 사실이라면, 현재 대부분 기업의 관리 시스템이 대단히 비효율적이라는 것은 별로 놀라운 일이 아니다. 정해진 목표 및 예산안과 비교하여 성과를 측정하는 방식만 고수한다면, 예상치 못한 사건에 적응하는 것은 당연히 어려워질 수밖에 없다. 몇 통의 판매 전화를 걸었는가, 몇 건의 주문을 처리했는가 등에 집중하여 성과를 측정한다면 핵심 고객을 만족시키고 유지하는 데 실패하기 십상이다. 대부분의 관리자들은 의미 있는 성과가 아니라 기준을 충족시켰는지 여부에 따라 보상받는다. 나는 거듭 이 점에 대해 강조한 바 있다. 만일 미리 정해놓은 목표와 비교한 성과를 측정하는 데에 초점이 맞춰져 있다면, 조직 구성원은 고객의 니즈를 만족시키는 일보다는 그 목표치를 달성하는 데에만 집중할 것이다. 이는 굿하트의 법칙Goodhart's law◆을 보여주는 대표적인 예다.[4] 굿하트의 법칙은 양자역학에서 하이젠베르크Werner Karl Heisenberg가 주창한 불확정성 원리의 사회학적 버전이라고 할 수 있을 것이다. 시스템을 측정하는 것이 대개는 오히려 시스템을 방해하는 결과를 낳는다. 측정이 정교해질수록, 그리고 측정의 기준이 되는 시간 척도가 짧아질수록, 시스템 방해는 더욱 심해지고 결과의 예측 불가능성은 더욱 커지기 마련이다.

목표는 명령과 통제를 위한 비효과적인 도구다. 그런 점에서 볼 때 얀 발란더는 남다른 통찰력을 갖고 있었다. 그는 팀들로 하여금 스스로 목표를 세우게 하되, 일반적인 조직과는 완전히 다른 방식으로 팀의 성과를 측

◆ 어떤 현상의 통계적인 규칙성을 가정하고, 그 현상을 조정할 목적으로 입력을 가하면 그 규칙성이 사라져버리는 경향이 있다는 법칙.

비전 A (확실한 숫자로서의 측정)	비전 B (유연한 피드백으로서의 측정)
• 단일방식을 모두에 적용함	• 상황에 따라 달라짐
• 기준이 외부로부터 부과됨	• 시스템이 스스로 결정함
• 정보가 일정한 카테고리 내에만 존재함	• 정보가 자유롭게 이동함
• 의미가 사전에 결정됨	• 시스템이 스스로 의미를 창출함
• 예측 및 일상적인 업무를 중시함	• 새롭고 비일상적인 것을 중시함
• 안정성과 통제에 집중함	• 적응성과 발전에 집중함
• 의미를 정적으로 유지함	• 의미가 진화함
• 시스템이 측정기준으로 적용함	• 시스템과 측정이 상호 적용함

정했다. 즉 팀 간의 상대적인 성과 수준을 평가한 것이다. 이러한 아이디어는 30년이 넘는 동안 이 은행의 성공을 이끈 핵심이었다. 왜 다른 조직의 리더들은 그렇게 하지 못할까? 아마도 그 이유는 연간목표를 수립하고 그것과 비교해 성과를 측정하는 것이 대다수 조직들의 관리방식에 깊게 뿌리박혀 있기 때문일 것이다. 하지만 그런 시스템은 커다란 결함을 지닌다. 그런 시스템은 관리보다 측정을, 수단보다 목표를, 리스크 감수보다 책임 전가를, 방법보다는 결과를 강조하기 때문이다.

관리자들에게 중요한 것은 확실한 숫자들이 아니라 유연하고 시의적절한 피드백이다. 측정 남용을 보여준 많은 기업 사례들(헬스사우스, 월드컴 등), 그리고 일반적인 회계원칙을 융통성 있고 '창의적인' 방식으로 적용하는 행태들에서 알 수 있듯이, 회계장부의 숫자는 그다지 '확실한' 것이 아니다. 휘틀리와 켈너-로저스가 지적하듯, 확실한 숫자와 유연한 피드백 사이에는 중요한 차이점이 존재한다(〈표 5-1〉 참조).[5] 이것은 책의 앞부분에서 소개한 '비전 A'와 '비전 B'의 차이점과도 맥락을 같이 한다.

비전 A에 따르면, '전문가'인 최고경영진이 지식과 정보를 독점하고 있으며 따라서 정보 시스템에 관한 책임을 져야 한다. 또 비전 A의 관점에서는 정보가 조직 내에 돌아다니는 것을 통제하지 않고 내버려두는 일은 위험을 초래할 가능성이 있다고 본다. 관리자들이 그 정보를 '적절하게' 해석하지 못할지도 모르기 때문이다. 반면에 비전 B는 대다수의 관리자들이 합리적인 방식으로 정보를 해석하고 분석할 수 있는 충분한 능력을 지녔으며 그 정보를 활용해 효과적인 의사결정을 내릴 수 있다고 가정한다. 우리는 여기서 또다시 상의하달식 통제와 일선 팀 중심의 의사결정 사이의 차이점을 확인할 수 있다.

CFO의 딜레마는 목표와 측정이 엄격해질수록 시스템 내에 불신과 문제적 행동이 더 늘어난다는 점이다. 단기적으로는 성과가 높아질 수도 있지만(이전의 성과관리 시스템이 얼마나 미흡했느냐에 따라서), 장기적으로는 성과가 하향곡선을 그릴 가능성이 크다. 해결책은 성과측정을 목표나 보상과 분리하는 것이다. 상의하달식 통제가 아니라 자기발전을 성과측정의 목표로 삼아야 한다(패턴과 추세, 비정상적 이상 현상들에 대한 주목이라는 측면에서 효과적인 통제를 유지해야 한다. 이에 대해서는 이 장의 후반부에서 다시 살펴본다). 또한 CFO는 정보 시스템을 개방적으로 유지하여 관리자들이 누군가 지정해준 정보를 취하는 것이 아니라, 스스로 필요하다고 생각하는 정보를 얻을 수 있게 해야 한다. 그래야만 새롭고 비일상적인 요소를 얻을 수 있고 의미 있는 적응과 발전이 가능해진다.

개방적이고 신뢰도 높은 조직은 지속적으로 좋은 성과를 내는 경향이 있다. 그러나 그런 조직이 되려면 어느 정도는 신념에 입각한 행동이 필요하다. 많은 CFO가 세부적인 통제와 감독 시스템을 버리기 어려워한다. 그런 통제가 있어야만 성과를 이끌어낼 수 있다고 믿기 때문이다. 그들은 인간 조직은 인과관계를 쉽게 설명할 수 없는 상호의존성으로 가득 채워져 있다는 사실을 알아차리지 못하고 있다. 결과는 오로지 전체의 성과를 통해서만 파악할 수 있다.

톰킨스의 사례를 보자. 이 회사는 연간목표 수립을 버리고 성과 기대치에 대한 더 넓은 틀을 채택했다(이 회사만의 '10:10:10' 공식을 기반으로 한다). 그 이후 관리자들은 전년도와 비교한 성과를 최대화하기 위해 노력했다. 달성해야 할 목표 수치는 정해져 있지 않았다. 보너스는 상한선을 두지 않은 채 전년 대비 성과 향상을 기초로 하여 지급했다. 하지만 그런데도 톰킨스의 성과는 전혀 악화되지 않았으며, 오히려 현저하게 향상했다.

이와 같은 시스템에서는 각 하위 팀들이 성과 개선에 책임을 진다. 이 때문에 끊임없이 학습하고 성과를 향상시키기 위해서 지속적인 피드백을 제공할 수 있는 몇 가지 간단한 측정지표만이 필요하다. 이와 같은 접근법에서는 또 다른 중요한 원칙이 중시된다. 성과측정이 업무와 통합되어 있어야 한다는 것이다. 성과측정은 상의하달 방식이어서도 안 되고, 업무 프로세스와 멀리 떨어져 있어도 안 된다. 흰색 가운을 입은 직원들이 클립보드를 손에 들고 돌아다니면서 업무시간이나 업무의 질을 체크하는 것은 올바른 접근방식이 아니다. 이러한 방식과 휴렛패커드Hewlett-Packard(HP) 공장에서 오래전에 있었던 사례를 비교해서 생각해보자. 당시 납땜 접속 부품 1,000개 중 4개꼴로 결함이 발생했다. 당시치고는 그다지 높은 결함률이 아니었지만, 엔지니어들이 투입되어 제조 프로세스를 수정함으로써 결함률을 절반으로 줄였다. 이어서 HP는 근로자들에게 의지했다. 근로자들은 작업 과정을 재설계함으로써 다시 결함률을 1,000배나 감소시켜 100만 개당 2개 이하로 줄였다.[6]

측정을 업무와 통합한다는 것은 곧 상의하달식 통제가 그다지 많이 필요하지 않음을 의미한다. 목표, 예산안, 표준원가계산 시스템, 품질절차서, 그리고 상부의 결정을 일선 직원에게 전달하기 위해 존재하는 여타의 통제 시스템은 불필요해진다. 간접비도 매우 줄어들고, 성과측정이 훨씬 더 투명해진다. 그리고 분배해야 할 간접비가 줄어듦에 따라 활동기준원가Activity-based Costing(ABC)도 불필요해진다. 제품 및 고객 비용을 추출해내기가 더 용이해지기 때문이다.

도요타에서는 성과측정이 일선 직원들의 학습과 발전을 기반으로 이루어진다. 이것이 바로 도요타가 규제 당국을 따르는 훌륭한 회계 시스템을 갖고 있음에도 사실상 표준원가계산 시스템을 사용하지 않는 이유다. 도요타 공장에 있는 유일한 측정지표는 시각적인 것들이다. 도요타는 숫자를 통해 경영하지 않으며, 특정한 목표에 얼마나 다가갔는지 검토하기 위해서 측정하지 않는다. 도요타는 경쟁사와는 다른, 더 의미 깊은 방식을 따른다. 측정지표는 업무 흐름에 대한 파악도를 높이기 위한 목적으로만 사용한다.[7] 그 밖의 경우에는, 일일 그래프 및 차트를 통한 시각적 관리도구를 이용해 업무가 중요한 기준에 맞게 제대로 수행되고 있는지 누구나 한눈에 알 수 있다. 이러한 도구들은 특정 아이템이 어디에 얼마나 있는지, 특정 작업에 대한 표준절차는 무엇인지, 재공품在工品의 진행상황, 업무 흐름에 꼭 필요한 정보 등을 알려주기도 한다. 또 이러한 도구들은 계획이나 목표 수치를 달성하기 위해 존재하는 것이 아니며 업무에 자연스럽게 통합되어 있다. 시각적 요소를 활용하는 것은 업무가 정해진 기준에서 벗어나고 있는지를 누구나 파악하고 만일 부적절한 쪽으로 향하고 있을 경우 즉시 수정할 수 있도록 하기 위해서다. 예를 들어 기준선과 비교했을 때의 현재 재고의 최소 수준 및 최대 수준만 파악해도 관리자들이 효과적으로 대응할 수 있기 때문이다.

하지만 측정지표의 적절한 개수나 균형을 찾는 일이 결코 쉽지만은 않다. 측정지표가 1개뿐이라면 너무 단순할 것이고, 너무 많으면 모순과 혼란이 발생하여 무엇이 중요한지 우선순위를 매기기 어려워질 가능성이 크다. 어떤 위치에 있는 관리자든 활용하는 측정지표의 종류가 6~7개를 넘지 않는 것이 바람직하다. 하버드 대학의 교수인 로버트 사이먼스Robert Simons는 관리자 개인이 스스로 기억할 수 있는 개수 이상의 측정지표를 책임지려고 해서는 안 되며, 대개 그 개수는 약 7개를 넘지 않는다고 말한다.[8] CFO는 하위 팀이 사용할 측정지표를 정해주면 안 되지만, 측정지표를 선택하기 위한 어느 정도의 지침은 제공해야 한다. 예를 들어 효과적인 측정지표는 'SMART' 조건을 충족해야 한다. 그것은 단순Simple하고(이해하기 쉬움), 측정 가능Measurable하고(데이터를 쉽게 수집할 수 있음), 행동을 유발Actionable하며(행동의 변화를 낳음), 적합Relevant하고(팀 단계, 목적, 전략에 적합함), 시기적절Timely해야 한다. 전체적인 성과측정 시스템은 사전관리와 사후관리 관점, 재무적인 것과 비재무적인 것, 단기적 기준과 중기적 기준 사이에서 적절하게 균형이 잡혀 있어야 한다. 동료 구성원들의 성과나 전년도 성과와 비교한 상대적인 성과를 보여줄 수 있어야 하며, 추세와 비정상적 사건들에 주목할 수 있는 시각을 제공해야 한다.

<표 5-2> 올바른 측정지표의 선택

수준	비즈니스 프로세스	사업단위 (BU)	회사 (그룹)
• 핵심 고려사항	• 프로세스의 목적	• BU전략	• 투자자 관련 타당성
• 초점	• 완결적 업무 흐름 프로세스(측정지표와 업무의 통합)	• BU성과	• 그룹 성과
• 형태	• 운영KPI(선행)	• 운영/재무 KRI(후행)	• 재무 KRI(후행)
• 관리평가 초점	• 프로세스 개선	• 타 사업단위/전년 대비 BU 개선	• 타 사업단위/전년 대비 그룹 성과

올바른 측정지표를 선택하라

측정지표는 관리 수준에 부합해야 한다(〈표 5-2〉 참조). '프로세스 수준'의 측정지표는 프로세스의 목적을 고려하여 결정해야 하고, 개별 업무활동보다는 프로세스 흐름(즉 부서 간 완결적 업무 흐름 프로세스)에 초점을 맞춰야 한다. 프로세스 팀 내의 자기 규제와 발전을 가능케 하는 KPI가 그러한 측정지표다. 사업단위 수준에의 측정지표는 전략을 고려해 결정해야 하고 고객가치 제안에 초점을 맞춰야 한다. 이 측정지표는 선행 및 후행 지표의 혼합이며, 다른 사업단위나 전년도와 비교했을 때 해당 사업단위의 성과를 개선하는 데 초점을 맞춘다. 기업 또는 그룹 수준의 경우, 측정지표는 이사회나 외부 투자자를 비롯한 다양한 이해관계자들에게 조직의 성과를 전달하는 가장 효과적인 방식을 고려하여 결정해야 한다. 대개 전반적인 성과를 보여주는 다양한 재무수치가 이러한 측정지표에 해당한다.

산출물을 명확히 하고 개선에 집중하라

효과적인 측정지표 활용을 위한 가장 중요한 원칙은 그것이 목적이나 전략에서 비롯되어야 한다는 것이다(〈그림 5-1〉 참조). 성과측정의 초점이 개별 활동들에 맞춰지면 문제 있는 행동이 나타날 가능성이 크다(하지만 계획 및 자원관리 목적을 위해서 개별 활동을 예측할 필요는 있다).

주차단속원이 발부하는 주차위반 딱지의 개수를 기준으로 그 단속원의 성과를 측정한다고 가정해보자. 주차단속원이 존재하는 목적은 아마도 교통이 원활하게 흐르도록 만들기 위해서일 것이다. 그러나 발부하는 주차 딱지의 수로 성과를 측정하기 시작하는 순간, 단속원은 더욱더 적극적이 되어 택시, 배달 자동차, 장의 차량, 긴급 수도공사 차량, 심지어 소방차에까지 딱지를 떼려고 할 것이다. 경찰관의 성과를 평가할 때 범죄예방 기여도가 아니라 누군가를 체포한 횟수를 기준으로 한다면 역시 그와 유사한 문제적 행동이 나타날 것이다. 그럼에도 주정부 검찰은 확실히 승소할 수 있는 사건만 맡도록 장려된다(유죄판결 건수에 따라 성과가 측정되기 때문이다).

"이러한 활동 목표를 달성하라" 대신 "고객을 위해 노력하라"가 목적이 되면 성과측정 및 관리의 관점은 완전히 바뀐다. 의사와 간호사는 환자 치료에, 경찰은 범죄 예방에 집중할 수 있다. 특정한 활동이 얼마나 많이 행해졌는지가 아니라 흐름(완결적 고객 납품 사이클)에 집중한 성과측정이 이루어져야 한다. 그러면 모든 구성원이 자신과 타인이 가진 정보를 활용하여 업무를 개선하는 데 집중하게 된다.

대부분의 프로세스 팀은 자신의 성공을 위해 어떤 측정지표가 꼭 필요한지 잘 알고 있다. 그 측정지표를 결정할 수 있는 권한을 부여받으면 그들은 대개 적극적인 창의력을 동원해 그것을 찾아내려고 노력한다. 시행착오는 과정의 일부일 뿐이다. 중요한 것은 그런 과정을 거치고 나면 각 팀이 그 측정지표에 대해 주인의식을 갖게 된다는 점이다. 상부에서 억지로 부과한 것이 아니기 때문이다. 측정지표가 목표나 헌신의 대상이 되어서는 안 된다. 애초의 의도와는 달리, 어떤 팀들은 측정지표를 성과평가를 위한 기준이 되는 목표라고 이해한다. 만일 그렇게 되면 부적절한 행동이 나타나기 마련이다.

사업단위 성과에 집중하라

지금까지 우리는 프로세스(또는 운영) 측정지표에 대해 이야기했다. 효과적인 프로세스 측정지표인 핵심성과지표(KPI)는 어느 정도의 예측능력까지 지닌다. 제3장에서 언급했듯 KPI는 대개 일 단위 또는 주 단위로 검토하는 측정지표다. KPI는 관리자에게 계기판이나 레이더 스크린과 같은 역할을 한다. 그러나 조직의 더 높은 차원에서는 다른 측정지표도 필요하다. 그러한 후행지표로는 핵심결과지표key result indicators(KRI)나 핵심사업지표key business indicators(KBI)가 있다. 이것들은 주 단위와 월 단위로 검토하며, 관리자들이 중기목표를 향한 진행상황을 모니터하기 위해 사용한다.

사업단위 수준에서 역시 전략을 토대로 하여 지표를 결정해야 한다. 이

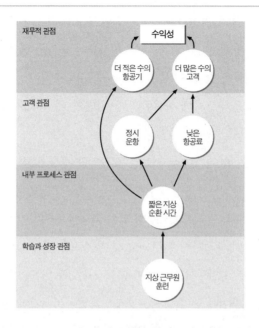

목표	측정지표	중기목표	행동계획

• 정시 운항
• 낮은 운임
• 더 많은 고객을
  유치하고 보유하기
	• 연방항공국의
	  정시 도착 평가 점수
	• 고객 평가
	• 반복이용 고객 비율
	• 전체 고객 수
		• #1
		
		• #1
		• 70%
		• 12% 증가
			• 품질 개선
			• 고객 충성도
			  증진 프로그램

를 위해서 일부 사업단위 팀들은 균형성과표를 활용한다. 그들은 먼저 전략을 수립하고, 그 전략에서 핵심 측정지표를 만들어낸 후, 그 측정지표를 토대로 개선을 위한 목표를 세우고, 실제 행동계획을 통해 그 목표를 달성할 방법을 모색한다. 그러나 이 과정에서 균형성과표가 목표수립의 경로에서 이탈하는 경우가 너무나 많다.

다시 말해 목표와 측정지표의 관계가 일종의 계약이 되어버리는 것이다. 이는 효과적인 균형성과표 프로세스의 중요한 요소가 되어야 할 지속적인 피드백을 방해한다. CFO는 균형성과표의 올바른 활용을 위한 지침을 제공하는 역할을 할 필요가 있다. 하지만 재무조직이 균형성과표 실행을 주도하는 경우가 20%에 불과한 점을 감안할 때, CFO가 그 과정에 충분히 참여하지 못할 가능성이 크다.[9]

〈그림 5-2〉는 한 저가항공사의 간단한 전략 맵을 보여준다. 수익성을 증가시키기 위해(재무적 관점) 이 항공사는 최소한의 비행기를 운행하는 동시에 고객의 수를 늘려야 한다. 더 많은 고객을 유치하기 위해서는 비행기들이 지연 없이 제시간에 운행되고 낮은 가격을 제공해야 한다(고객 관점). 가격을 낮추기 위해서는 비행기 순환 시간, 즉 비행기 착륙에서 출발까지의 시간을 줄여야 한다(내부 프로세스 관점). 비행기의 신속한 움직임을 위해서는 지상 근무원들을 훈련하고 그들의 성과를 평가해야 한다(학습과 성장 관점). 〈그림 5-2〉는 또 목표 사항, 측정지표, 중기목표, 행동계획을 도출하고 정리하는 방법을 보여준다. 중기목표가 목표 및 측정지표를 토대로 만들어졌으며, 행동계획이 중기목표와 조화를 이루어야 한다.

만일 고객의 관점에 집중한다면, 핵심 지표를 정하는 또 다른 방법은 고객가치제안에 대해 생각해보는 것이다. 세 가지 대표적인 고객가치제안은 제품 선도력(최고의 제품), 운영의 탁월성(최저 비용으로 제품 생산), 고객 친밀성(최고의 고객 솔루션)이다. 그러나 핵심 가치제안을 결정하는 일이 반드시 쉽지만은 않다. 대부분의 경영자들은 자신의 회사가 이 세 가지 모두에서 뛰어나다고 믿고 싶어 한다. 하지만 각각의 사업단위는 그 가운데 한 가지 측면에서 탁월한 역량을 발휘할 필요가 있다. 그리고 바로 그것이 경쟁자들과 구별되는 차별성을 획득하는 길이다.

제품 선도력을 추구하는 기업의 주요 목표는 혁신적인 제품 및 서비스를 생산하여 그것을 경쟁사보다 빠르게 시장에 출시하는 것이다. 고객들은 늘 최신 제품과 서비스를 원하기 마련이다. 이와 관련된 핵심 지표로는 시장진출 시점, 제품 출시율, 신제품 판매율, 제품개발비용, 특허 출원 개수, 매출 대비 연구개발비, 새로 채용한 유능한 인재의 수 등을 들 수 있다.

운영의 탁월성을 추구하는 기업의 주요 목표는 최대한 낮은 비용으로 제품을 생산하는 것이다. 고객들은 가급적 낮은 가격에, 그리고 편리한 방식으로 제품이나 서비스를 구매하고 싶어 한다. 또 높은 품질을 원하면서도 추가적인 높은 가격을 지불하는 것은 꺼리는 경향이 있다. 운영 탁월성과 관련된 핵심 지표들로는 프로세스 측정지표(품질, 주기, 효율성), 생산성 측정지표, 운전자본 회전율이 있다.

고객 친밀성을 추구하는 기업의 주요 목표는 적절한 고객을 확보하고, 그들을 오랫동안 유지하며, 그들에게 관련 제품 및 서비스를 가능한 한 많이 제공하는 것이다. 고객들은 더 높은 금액을 지불하거나 조금 오래 기다려야 한다고 할지라도, 정확히 자신이 원하는 제품을 얻고 싶어 한다. 이런 고객들은 자신의 특별한 니즈를 충족시켜줄 수 있는 공급자로부터 제품이나 서비스를 구매한다. 그들은 자신의 니즈에 민감하게 반응한다고 여겨지는 기업에는 충성도를 보인다. 핵심 지표들로는 고객만족도, 고객 유지율, 신규고객 확보율, 고객수익성, 세그먼트별 또는 고객별 시장점유율, 종업원 만족도 등이 있다.

많은 조직이 측정지표와 관련된 중요한 교훈을 깨닫고 있으며, 이는 다음과 같다. 첫째, 측정지표는 지나치게 복잡해질 수 있다. 특히 전략 맵이 너무 상세하게 수립되어 있을 때에는 더욱 그렇다. 관리자들에게는 사업 운영상태를 이해하게 도와줄 단 몇 개의 핵심 측정지표만이 필요하다. 둘째, 그러한 측정지표를 찾는 일은 쉽지 않으며 종종 시행착오의 과정을 겪어야만 한다. 셋째, 바람직하기는 하지만 조직에 불필요한 측정지표들을 파악하기 쉽지 않을 때가 많고, 때론 그런 지표의 관리에 비용도 많이 든다(인센티브가 관련되어 있을 때에는 특히 위험할 수 있다). 그런 지표들은 없애는 것이 현명하다. 많은 성과표들이 결국엔 너무 많은 재무적 숫자로 채워진다. 때로 그 이유는 비재무적 측정지표 데이터를 수집하기가 너무 어렵거나 라인 관리자들이 그런 데이터를 신뢰하지 않기 때문이다. 한 조사결과에 따르면 많은 기업이 성과표를 "시류에 뒤떨어지지 않기 위해서 어쩔 수 없이 택해야 하는 일시적 유행물"로 바라본다.[10] 그럼에도 이와 같은 생각을 가진 기업들이 여전히 현저히 많은 재무적 측정지표를 사용하고 있었다(75%). 이는 캐플런과 노턴이 권고한 20~25%에 비해 매우 높은 수치다.[11]

재무결과에 숨겨진 의미를 파악하라

어떤 조직에서든 특정 기간(대개 월, 분기, 연도) 동안의 성과를 보고하기 위해서 재무지표를 사용하며, 이러한 재무지표는 머리글자로 만든 수많은 전문 약어로 표현되고 있다. EBIT, ROCE, ROE, ROI, CFROI, NOPAT, ROS, EPS, TSR, MVA, EVA 같은 것들 말이다. 이것들은 조직이 얼마나 성과를 냈는지, 또 조직이 올바른 방향으로 나아가고 있는지 말해주는 유용한 측정지표다. 그러나 이것들이 성과를 개선하기 위해서 무엇을 해야 하는지 말해주지는 않는다. 또 시장 가치에 커다란 영향을 주는 다양한 무형자산(R&D나 브랜드, 공급망의 가치 등)과 우발부채(파생상품이나 헤지펀드 이용 시 내재하는 재무 리스크 등)에 대해서도 말해주지 않는다.

또 다른 문제는 (앞에서도 이야기했듯이) 회계 숫자가 쉽게 조작될 수 있다는 점이다. '분식회계'나 '창조적 회계' 같은 표현을 생각해보라. 그렇다면 CFO가 재무제표에서 가치 있는 정보를 파악해내는 방법은 무엇인가? 한 가지 방법은 재무결과를 조직 내부의 타 부서나 팀 또는 조직 바깥의 경쟁자들의 결과와 비교해보는 것이다. 또 시간 경과에 따른 추세를 지켜보는 것도 한 가지 방법이다. 이번 장의 후반부에서 이 두 가지에 대해 좀 더 살펴볼 것이다. 여기서는 일단 여러 가지 위험신호(전략적·재무적)를 알아보자. 다음과 같은 신호를 잘 포착해내면 CFO는 회사나 하위 사업단위의 눈에 보이지 않는 성과 상황에 대한 통찰력을 얻을 수 있다.

전략적 위험신호 게리 하멜은 재무지표를 활용해 전략 실행의 효율성을 이해하는 방법에 대해 탁월한 통찰력을 갖고 있다. 그는 관리자들이 단 한 가지의 성과측정지표[주가, 수익성장률, 투자수익률Return-on-Investment(ROI), 운영마진 등]에 집착하는 경우가 많다고 지적하며, 그것이 대단히 위험할 수 있다고 말한다. "급격한 수익 성장, 꾸준히 증가하는 이익, ROI의 현저한 개선, 주가 상승 같은 것들 때문에 전략의 악화를 알아채지 못할 수도 있다. 사실 특정한 재무 측정지표에만 초점을 맞추면 전략이 약화되고 있음을 말해주는 더 미묘한 신호를 보지 못하게 된다."[12] 그렇다면 전략이 약화되고 있음을 나타내는 신호는 무엇일까? 하멜에 따르면 네 가지 위험신호가 존재한다.

□ 이익earnings이 수익revenues보다 훨씬 빠르게 증가하는 것. 지난 수십 년
간 많은 기업이 효율성 향상을 기반으로 만족스러운 성장을 일궈냈
다. 그리고 그에 따라 매출에는 거의 관심을 기울이지 않았고, 이익
이 수익보다 훨씬 빠르게 증가하는 결과가 나왔다. 그러나 효율성
제고를 통한 이익 성장은 이제 그 힘을 잃고 있다. 문제는 많은 경영
진이 유익하게 성장하는 방법을 잊어버렸다는 사실이다.

□ 수익이 이익보다 훨씬 빠르게 증가하는 것. 많은 기업이 유익하게 성장
하는 방법을 잊어버렸기는 하지만, 그렇다고 해서 그들이 유익하지
않게 성장 전략을 추구하는 행위를 그만두었다는 의미는 아니다. 가
격전쟁에 뛰어들기, 인수를 위한 과다 지출, 고객 '사오기' 등이 바로
그들이 유익하지 않게 성장 전략을 추구하는 방식이다. 하멜은 말한
다. "이러한 현상은 '팔 때마다 손해가 나고 있지만, 판매량으로 그것
을 벌충하고 있다'라는 옛말을 떠오르게 한다."

□ ROI는 증가하고 주가수익비율(P/E)은 하락하는 것. 일반적인 통념과
달리 하멜은 주가수익비율이 기업이 향후 이익을 지속적으로 증가
시킬 수 있을 것이라는 투자자들의 신뢰를 얻게 만드는 최고의 지표
라고 생각한다. 그는 이렇게 말한다.

"P/E가 상승하거나 시장 평균을 훨씬 상회하면, 그것은 신뢰 수준이
상당히 높음을 가리킨다. 즉 시장은 당신 기업의 전략이 훌륭한 효
과를 내고 있다고 믿는다. 하지만 그 반대도 마찬가지다. P/E가 하
락하거나 시장의 전반적인 P/E보다 더 느리게 상승하는 데에는 두
가지 이유가 존재한다. 투자자들이 미래 이익과 관련된 리스크가 증
가했다고 판단하거나, 미래의 이익 성장이 줄어들 것이라고 예상하

기 때문이다. 어느 쪽이든, 투자자들은 당신 회사의 전략이 비효과적이라고 판단한다. 다른 조건이 동일하다면, ROI가 증가하고 P/E가 하락한다면 그 회사는 현재를 위해 미래를 위험에 빠트리고 있는 것이다."

☐ **주주수익률이 시가총액보다 빠르게 성장하는 것.** 이에 관해서도 하멜은 논쟁의 소지가 있는 의견을 내놓는다. 그는 "요즈음은 주주들의 부를 '해방'하는 것에 대해 논하는 것이 유행이다"라면서 이렇게 말한다.

"이에 담긴 은유는 이렇다. 부가 이미 존재하고 있다고 가정하는 것이다. 따라서 창조할 필요 없이 이미 존재하는 것을 해방하기만 하면 된다는 것이다. 주주들의 부를 해방하기 위해 그들은 성장이 저조한 사업은 정리하고, 자회사들을 분리 독립시켜 모회사보다 훨씬 높은 P/E를 내주길 기대하며, 생산성이 떨어지는 자산은 아웃소싱을 통해 털어낸다. 또 경쟁사를 인수하고 공통 간접비를 떠넘긴다. 운영 비효율이 발생하는 부분은 가차없이 잘라버린다. 요컨대 사실상 부를 파괴하는 그런 조치들을 취한다는 얘기다. 그럼에도 새로운 부를 창조하지 않고도 주주들의 부를 '해방'하는 일은 가능하다. 그동안 수많은 기업이 주주들에게 만족할 만한 주주수익률을 안겨주었지만, 그와 동시에 그들의 전체적인 시장 가치는 거의 또는 전혀 성장하지 못했다. 이 경우 주주수익률은 높아지지만 시가총액의 성장은 종잡을 수 없게 된다. 새로운 부가 창조되지 않기 때문이다. 그런 회사의 전략은 이자는 던져주지만 가치는 전혀 오르지 않는 자본자산과 마찬가지인 셈이다."[13]

하멜의 견해가 흥미로운 점은 전략적 지표와 재무적 지표의 연결을 둘러싸고 벌어지는 회계적 논쟁을 양산한다는 데 있다. 그런 논쟁은 대개 어떤 확실한 결과도 낳지 못한다. 하멜의 아이디어는 현 전략의 강점을 나타내주는 다변 측정지표의 방향으로 우리를 안내한다. 매출과 이익 모두를 경쟁자보다 빠르게 증가시키는 것이 아마도 핵심 조합일 것이다, P/E를 여전히 미래 성과를 위한 핵심 지표로 활용하면서 말이다. 이러한 결론은 성과측정 및 성과관리에 대한 보상과 관련하여 의미하는 바가 크다.

재무적 위험신호　재무보고서에는 보고된 숫자들이 너무 낙관적인 그림을 그리고 있지는 않은지 알려주는, 또 CFO가 관리자들에게 더 자세한 설명을 요구하게 만드는 많은 신호가 담겨 있다. 어떤 신호들은 비윤리적인 경영 관행을 나타내고, 어떤 신호들은 낮아지는 재무성과를 드러낸다. CFO가 주목해야 할 일반적인 위험신호 몇 가지는 다음과 같다.

- 영업이익의 감소. 만일 영업이익률(매출 대비 영업이익이 차지하는 비율)이 감소한다면 그것은 성과 악화의 징조다. 영업이익이 1년 동안 10% 이상 떨어진다면(이를테면 35.0%에서 31.5%로 하락한다면) 회사가 고객에게 전달하는 가치제안에 심각한 문제가 있거나, 생산비가 증가하고 있거나, 회사의 경쟁력 포지션이 흔들리고 있는 것이다.
- 잉여현금흐름의 감소. 주당순이익보다 잉여현금흐름free cash flow(FCF, 영업현금흐름에서 투자지출을 뺀 것)에 더 주목하길 좋아하는 재무분석가도 있다(잉여현금흐름은 조작하기가 더 어려우므로 더 신뢰할 수 있는 성과지표라고 생각하기 때문이다). 잉여현금흐름이 증가한다는 것은,

부채를 제때 상환할 수 있고, 사업에 대한 재투자가 가능하며, 배당금을 지급할 수 있을 만큼 사업이 건전함을 나타낸다. 반대로 잉여현금흐름이 감소한다는 것은 기업이 받는 압력이 늘고 있으며 사업 운영이 점점 힘들어질 것임을 암시한다. 이러한 규칙에도 예외는 있다. 대규모 투자가 막 이루어진 직후가 예외적인 경우다. 그러나 잉여현금흐름의 감소는 대개 중요한 적신호에 해당한다.

- 순이익은 증가하나 영업현금흐름이 줄어드는 것. 영업현금흐름operating cash flow(OCF, 대개 순이익에 감가상각과 같은 비현금비용을 더한 것) 역시 주의해서 살펴봐야 한다. 영업현금흐름이 줄어드는 데 순이익이 늘고 있다면, 재고나 매출채권이 증가했다는 것을 나타내는 것일 수 있다. 둘 중 어느 쪽이든 이는 또 다른 문제들을 유발한다.

- 매출채권이 매출보다 빠르게 증가함. 매출채권은 대개 매출을 반영한다(즉 매출이 30% 증가한다면 매출채권 역시 30% 증가한다고 볼 수 있다). 만일 매출이 매출채권보다 빠르게 증가한다면 관리자들이 좋은 성과를 내고 있음을 나타낸다. 하지만 만일 그와 반대 현상이 일어난다면 CFO는 잠재적 문제들에 주의해야 한다. 이러한 문제에는 비효율적인 청구 및 수금 프로세스, 불만족 고객의 지불 보류, 잠재적인 악성부채, 너무 후한 조건을 제시하거나 재고품 반품 가능 조건으로 제품을 판매함으로써 '고객 사오기'를 행하는 경우 등이 있다.

- 부채 수준의 증가. 현금흐름이 좋고 개선되고 있다면 부채가 다소 늘어나는 것이 크게 문제 되지 않지만, 과도한 부채는 일시적 성과 부진을 심각한 위기로 변화시킬 수도 있다. 적정 부채 수준은 산업별로 다르나, 보편적인 규칙은 부채 대 자기자본 비율debt-to-equity을 1:

1 이하로 유지하는 것이다. 부채 증가와 현금흐름 감소가 동시에 일어나면 CFO는 경계해야 한다.

▫ 고정비 대 매출액 비율의 증가. 모든 조직은 고정비 대 매출액 비율 fixed costs-to-sales을 줄이는 것에 집중해야 한다. 만일 이 비율이 증가한다면, 운영 효율성이 감소하거나, 관리계층이 너무 많거나, 불만족한 직원들이 많거나(높은 결근율이나 이직률 등으로 나타난다), 충분히 활용되지 않는 생산능력이 많다는 것을 의미할 수 있다.

패턴과 추세, 이상 현상에 주목하라

데밍은 경영진과 리더십 팀에 나타나는 중요한 문제 가운데 하나가 정보 변동을 이해하지 못하는 것이라고 말한다.[14] 변동이론은 1950년대부터 세계적인 제조회사들이 주목한 것으로, 많은 기업에 커다란 영향을 미쳤다. 예를 들어 도요타는 '불량 허용 범위 내에서' 제조하는 방식을 오래 전에 폐기하고 대신 '완벽에 더욱더 가깝게' 제조하는 데에 신경 씀으로써, 변동을 줄이고 따라서 실패 확률도 줄였다.[15] 모든 시스템이나 프로세스에는 두 가지 타입의 변동이 존재한다. 첫째 타입은 일반적인 요인 때문에 나타나는 것이다. 예를 들면 잘못된 설계, 불충분한 업무 조건, 부적절한 감독, 필요시 파악하거나 제거할 수 있는 정보의 부족 등과 같이 시스템 내에 존재하는 오류나 결함이 이에 해당한다. 둘째 타입은 특별한 요인 때문에 나타나는 것으로서 일시적이거나 일회성인 변동 사건을 가리킨다.

매일 아침 출근하는 데 걸리는 시간을 예로 들어 생각해보자. 당신이 직장까지 가는 데 평균 45분이 걸리지만 이 시간은 10분 정도 차이가 발생할 수 있다. 이것은 일반적인 요인 변화이고 어느 정도 예측 가능하다. 그런데 어느 날 출근길에 타이어에 펑크가 나서 평소보다 45분이 더 걸렸다고 치자. 이것은 특별한 요인 때문에 발생한 일이다. 일반적 요인과 특별한 요인을 구별하면 각각의 상황에서 어떻게 다르게 행동해야 하는지 생각해볼 수 있다. 특별한 요인을 제거하기 위해서 당신은 타이어가 펑크 난 이유를 조사하고 그런 일이 다시는 발생하지 않도록 해야 한다. 일반적 요인을 제거하기 위해서는 직장에 도착하기까지의 과정을 철저하게 재검토해야 한다. 자동차를 이용하거나 버스 또는 기차를 타거나 아니면 그 세 가지 수단을 함께 활용하는 것 등을 모두 고려해볼 수 있을 것이다. 평소보다 조금 일찍 출발하거나 늦게 출발하는 것도 선택사항이 될 수 있다.

추세 보고서를 활용하라

앞에서 설명한 원칙들은 더 높은 수준의 보고서에도 적용할 수 있다. 측정지표가 단순히 어떤 한 주나 한 달, 한 해 사이에 무슨 일이 일어났는가에 대해서만 알려주는 것은 의미가 없다. 측정지표는 향후 일정 기간(예를 들면 롤링 방식에 따른 3년) 동안의 성과에 대한 그림을 보여줘야 한다. 종종 단일 기간과 복수 기간의 결과들이 추세와 이동평균으로 나타난다. 추세는 성과의 방향을 보여주고, 관리자들에게 향후 나타날 가능성이 큰 결과를 알려주며 개선을 위해 다른 조치가 필요한지 말해준다. 추세는 또한 성과평가에 대한 더 완전한 그림을 보여준다. 많은 전략적 의사결정들은 효과가 나타나기까지 1년이나 그 이상이 걸린다. 따라서 단 1년만으로 어떤 팀을 평가해서는 해당 팀의 전략이 가져올 전체적인 효과를 알 수 없

제5장 CFO는 측정의 달인이다 · 251

〈표 5-3〉 측정지표의 추세

	실적								예측					목표
	Q0	Q1	Q2	Q3	Q4	Q5	Q6	Q7	Q8	Q9	Q10	Q11	Q12	
핵심 재무 목표														
주문	290	300	312	324	290	302	314	326	339	367	367	382	397	500
매출	280	290	300	312	324	290	302	314	326	353	353	367	382	500
매출 총이익	84	81	90	87	97	84	90	91	98	106	106	110	114	167
매출 총마진	0.30	0.28	0.30	0.38	0.28	0.29	0.30	0.29	0.30	0.30	0.30	0.30	0.30	0.33
SG&A 비용	50	55	57	56	58	52	51	56	59	58	60	59	61	67
순이익	34	26	33	31	39	32	39	35	39	44	46	51	53	100
현금흐름	44	37	44	42	51	42	49	46	51	56	58	63	66	115
핵심 비용 목표														
SG&A 비용(매출 대비 %)	0.18	0.19	0.19	0.18	0.18	0.18	0.17	0.18	0.18	0.17	0.17	0.16	0.16	0.15
포장 비용(매출 대비 %)	0.06	0.06	0.05	0.05	0.05	0.05	0.05	0.05	0.05	0.05	0.04	0.04	0.04	0.03
운송 비용(매출 대비 %)	0.04	0.04	0.04	0.04	0.04	0.04	0.04	0.04	0.04	0.04	0.04	0.04	0.03	0.03
IT 비용(직원 1인당 1,000달러 단위)	3.60	3.60	3.60	3.30	3.30	3.30	3.30	3.30	3.00	3.00	3.00	3.00	3.60	2.40
핵심 운영 목표														
적납률	86%	86%	84%	85%	84%	85%	87%	87%	88%	88%	90%	90%	92%	96%
정시 납품	87%	87%	88%	85%	88%	89%	90%	88%	89%	90%	91%	92%	94%	98%
고객 유지	66%	67%	70%	78%	72%	74%	75%	75%	77%	80%	82%	84%	84%	90%
재고(일수)	65.0	66.0	66.0	64.0	62.0	62.0	60.0	60.0	55.0	55.0	45.0	40.0	35.0	30.0
매출채권(회수 일수)	92.0	90.0	90.0	88.0	82.0	82.0	84.0	84.0	82.0	80.0	78.0	76.0	75.0	60.0

다. 그리고 만일 경영진이 바뀌었다면 새로운 경영진의 첫 번째 연도 성과
는 이전 경영진이 내려놓은 의사결정 내용에 기초하는 게 당연하다.

〈표 5-3〉은 실제 결과와 예측치를 활용하여 성과를 움직이는 그림처럼
나타내는 방식을 보여준다(또는 같은 수치를 사용해 그래프를 그릴 수도 있
다). 이와 같이 추세를 관찰하면 관리자들은 중기목표를 향해 어느 정도의
진전을 이뤄내고 있는지 즉각적으로 이해할 수 있다. 그들은 추세를 살펴
보며 예측 내용이 일관성이 있는지 여부도 확인할 수 있다. 따라서 개선
이니셔티브의 효율성에 주목할 수 있고, 미래 성과에 영향을 미치기 위한
더 나은 위치를 확보할 수 있다. 이로써 리더들은 전보다 더 많은 통제력
을 확보할 수 있다. 아메리칸 익스프레스의 CFO 게리 크리텐던은 말한다.

> 역설적으로 당신은 정적인 프로세스보다 동적인 롤링 프로세스에서 더
> 효과적인 통제력을 발휘할 수 있다. 정적인 프로세스에서는 통제를 위한 기
> 준점으로서 계획을 사용하는 반면, 동적인 프로세스는 지속적으로 정보를
> 파악하며, 변화하는 환경에 맞춰 스스로를 규제하기 때문이다.[16]

이와 같은 측정지표를 활용하면 모든 단계에서 좀 더 많은 통찰력을(그
리고 예측력도) 얻을 수 있다. 관리자들은 계획에 대비한 결과를 살피는 데
집중하는 대신 "지금의 우리를 있게 한 과거의 성과는 무엇인가?" "현재
우리의 위치는 어디쯤인가?" "우리는 어떤 방향을 향해 나아가고 있는
가?"와 같은 질문에 집중하게 된다. 추세라는 관점에서 정보를 접하게 되
면 관리자들이 의미 없는 전망과 과도하게 낙관적인 예측을 내놓는 일이
줄어든다. 다시 말해 지속적인 개선과 행동 계획에 더 초점을 맞추게 된

다. 운영 관리자들은 전보다 더 환한 조명에 노출된다. 왜 수치목표를 달성하지 못했는지 그 이유에 대한 변명을 내세울 수 없기 때문이다(특히 보고서 묶음에 다른 부서와의 비교가 포함되어 있다면 더욱 그렇다).

예산에 기반을 둔 표준 보고서 대신에 추세와 예측을 활용하는 이점이 무엇이냐는 질문을 받았을 때, 톰킨스의 CFO 켄 레버는 이렇게 대답했다.

우리는 단순히 어떤 특정 시점에 대한 정적인 정보를 보는 대신 이제 추세에 주목하고 있다. 우리는 상황 변화와 관련된 전체적인 패턴과 그림을 본다. 이 때문에 우리는 성과에 대한 더 적절하고 효과적인 질문들을 던질 수가 있다. 내가 반드시 살펴보는 것 중 하나는 영업이익에 대한 이동연간합계moving annual total와 각 사업팀의 현금흐름이다. 만일 이 두 가지가 추세선 바깥으로 벗어나면 나는 관리자들에게 상황에 대해 설명해줄 것을 요청한다. 그러면 팀들과의 건설적인 대화가 시작된다. 예를 들어 과도하게 투자를 하고 있다는 판단이 들 수도 있고, 그럴 경우 우리는 속도를 조절할 필요가 있을 것이다. 또한 우리는 시나리오 계획을 세워보고 예측 정보와 그것을 맞춰본다.[17]

외부와 비교하여 상황을 체크하라

대부분 측정지표는 내부적으로 합의된 목표 및 계획과 비교한 진행상황을 체크하는 데에 목적을 둔다. 그러나 이것은 관리자들에게 단지 내부적 진행 정도만 말해준다. 그러한 진행 정도나 발전이 좋은 것인지, 나쁜

핵심 기준	비용수익비율	전체 자산 대비 비용이 차지하는 비율
한델스방켄 Handelsbanken	43%	0.7%
단스케방크 Danske Bank	51%	0.7%
포레닝스슈파르방켄 ForeningsSparbenken	56%	1.4%
디엔비노르 DnB Nor	61%	1.9%
노디아 Nordia	61%	1.4%
에스이비 SEB	66%	1.2%
평균(한델스방켄 제외)	59%	1.2%

자료: Handelsbanken, *Annual Report*, December 31, 2004.

것인지, 또는 별 의미가 없는 것인지를 말해주지는 않는다. 다시 말해 선택권을 쥔 고객들과 성급한 투자자들의 세상에서 성공 여부를 판단할 수 있는 맥락까지 내놓지는 못한다는 얘기다. 그것을 얻는 방법은 자신의 성과를 지속적으로 업계 경쟁자들과 비교하는 것이다.

앞서 가는 회사는 대개 외부 벤치마킹 기법을 사용한다. 업계 최고의 표준에 기반을 둔 높은 수준의 지표이든, 운영 측정지표에 기반을 둔 좀 더 구체적인 KPI이든 말이다. 운영 단계에서의 벤치마킹에는 특정 프로세스나 활동을 최고 수준으로 수행한다고 여겨지는 여러 기업의 성과를 상세히 분석하는 일이 수반된다. 그런 기업들이 반드시 분석을 행하는 기업과 같은 산업에 속해 있는 것은 아니다. 중요한 것은 그런 기업들이 특정 활동을 훌륭하게 수행해내는 능력을 얼마나 갖고 있느냐 하는 점이다. 예를 들어 청구서 발부, 유통, 고객서비스 제공, 공급업체를 파트너로 활용하는 능력 같은 것들 말이다. 성과대비일람표는 결과이고, 바로 그것이 지속적인 개선 프로세스를 이끈다.

당신의 사업단위가 성과대비일람표에서 낮은 자리에 위치하고 있는 것을 보는 경우, 개선을 위해서 어떤 방향을 취해야 하는지 알 수 있다는 뜻이다. 잭 웰치는 오랫동안 GE에서 벤치마킹을 장려했다. 그는 GE가 지속적인 성공을 거둘 수 있었던 요인이 내부적 사고의 장벽을 깨고 다른 일류 기업들을 벤치마킹한 것이라고 말한다. 이러한 접근법을 취하면 일선 관리자들에게 커다란 성과 도약이 가능함을 이해시킬 수 있고 그런 목표 달성에 필요한 신뢰를 구축할 수 있다.

벤치마킹은 더 높은 단계에서 성공을 위한 중요한 맥락을 제공할 수 있다. 〈표 5-4〉는 한델스방켄이 활용하는 일반적인 성과대비일람표다. 이 표는 두 가지 핵심성과지표 측면에서 한델스방켄이 다른 5개 경쟁사와 비교할 때 얼만큼 성과를 내고 있는지 보여준다. 두 가지 핵심 지표는 '비용수익비율(CIR)'과 '전체 자산 대비 비용이 차지하는 비율(CAR)'이다.

앞서 가는 경쟁회사의 자료를 작성하는 일이 외부 고객을 가진 회사에게 너무 어려워서는 안 된다. 우선 과제는 6~10개의 주요 경쟁자 리스트(또는 성과대비일람표)를 만드는 것이다. 그러나 주요 경쟁자를 생각해볼 때 일반 고객뿐만 아니라 해당 사업영역에서 주주들에 대한 유치 경쟁을 벌이는 다른 기업들도 고려할 것을 권한다. 복합 사업단위(예컨대 복합 지역, 부서, 지점 등)의 경우에는 다른 내부 사업단위들(예컨대 다른 지점)이나 유사한 외부 사업체를 고려할 수 있다. 목적은 모든 단계에서 성과대비일람표를 만드는 것이다. 사업단위가 성과대비일람표에서 차지하는 위치를 보고 압력을 느끼면 이는 성과 개선을 위한 노력으로 이어질 수 있다.

한델스방켄에서는 지점 및 지역의 다양한 성과대비일람표를 매월 작성하며, 이로써 동료 간 압력의 힘을 효과적으로 이용한다. 얼핏 보기에 이는 사업단위나 팀들 간에 불화를 초래할 것 같지만, 이와 같은 경쟁 네트워크는 폭넓은 기반의 보상 시스템 내에서 운영된다. 따라서 성과가 높은 지점은 성과가 낮은 지점을 지원하려는 강력한 동기를 지니게 된다. 그 때문에 정보와 베스트 프랙티스가 신속하게 공유된다. 한델스방켄은 세 가지 간단한 측정지표를 이용해 성과 진전을 평가하며, 이는 지점 간의 바람직한 경쟁을 유도하고 은행 전체 구성원에게 공동의 목표의식을 심어주는 데 기여한다. 세 가지 측정지표란 투하자본수익률Return on Capital Employed (ROCE), 비용수익비율, 직원 1인당 이윤Profit per Employee(PPE)이다. 이 은행의 모든 직원은 이러한 측정지표의 의미와 역할을 잘 이해하고 있다. 그들은 측정지표가 은행의 전체적인 성과에 대해 알려줄 것이라는 사실을, 그리고 은행 전체의 성과가 자신에게 돌아올 이윤분배profit share에 영향을 끼친다는 사실을 잘 알고 있다.

다양한 측정지표를 활용하여 관리성과에 대한 논의에 정보를 제공하라

비즈니스 개선에 초점을 맞춰 측정하는 것이 비교적 최근의 아이디어라면, 관리성과에 대한 측정은 매우 오래된 개념이다(대차대조표가 아닌 손익계산서에 초점을 맞추는 것은, 처음에 투자자보다는 세금 징수관들 때문에 20세기에 들어 나타난 현상이긴 하지만 말이다). 대부분의 성과평가 시스템에서는 성과책임이 개인에게 맞춰져 있으며, 대개 한 해의 마지막 분기에 연간 성과평가가 이루어진다. 그러나 사업단위 성과측정의 역사는, 목표 수치 달성과 보너스 획득을 위한 하위 관리자들의 수치 조작, 본사 관리팀의 부당한 비용 전가, 이전가격(허위 손익 기록으로 이어진다) 등과 같은 그릇된 행태들로 점철되었다. 헨리 민츠버그Henry Mintzberg는 그러한 요인들이 사업을 무너뜨릴 수도 있다고 말한다. 특히 교육이나 의료보건 분야의 조직에서는 그 결과가 치명적일 수도 있다. 그는 이렇게 말한다.

> 만일 우리가 중요한 것을 측정할 수 없다는 가정에서 출발해보면 어떻게 될까? 그러면 우리는 측정 대신에 정말 무시무시한 것을 활용하게 될 것이다. 그것은 바로 '판단'이다. 판단이 없는 사회는 길을 잃은 사회다. 그리고 조직의 관료주의가 하는 일이 바로 그것이다. 판단을 몰아내는 것 말이다.[18]

앞서 가는 기업들은 민츠버그의 견해에 귀를 기울이고 전통적인 평가 틀에서 벗어나기 시작했다. 그리고 합의된 평가기준을 토대로 보았을 때 시간 흐름에 따라 관리자들의 성과가 개선되었는지 여부에 초점을 맞추기 시작했다(이에 대해서는 제3장에서 논한 바 있다). 이와 같이 변화된 접근법에서는 업무가 완수된 이후에 성과를 평가하되, 미리 정해놓은 목표나 예산안과 비교하는 것이 아니라 관리팀이 커다란 영향을 미치는 기준들(운영 효율성, 자원관리 등)과 관련하여 성과를 평가한다. 평가를 뒷받침하는 것은 성과측정이지만, 최종 평가는 판단에 기초하며 일정 시점이 지난 이후에 돌아봤을 때 관리성과에 대한 그림을 보여줄 수 있는 많은 요소를 고려한다.

대부분의 영리기업에서 사업단위의 초점은 이익중심점이다. 따라서 자본수익률, 비용수익비율, 직원 1인당 이익 등과 같은 이익 파생 수치는 적절한 측정지표다. 비영리조직에서는 이런 측정지표가 존재하지 않는다. 어떤 측정지표는 탁월성을 필요로 하는 다섯 가지 측면을 살펴본다. 전략 실행, 자원관리, 운영 효율성, 인력 관리, 리스크 관리가 그것이다. 이들 지표는 사업단위가 지향하는 성공이 무엇인가를 말해줄 수 있는 핵심 성공 요인에 초점을 맞춰야 한다. 성과측정의 역할은 그런 요인에 대한 평가를 알려주는 것이다. 측정의 맥락은 동료 그룹이나 전년도 벤치마크들과 성과를 비교하는 데 맞춰야 한다.

사업단위에 대해 이 같은 평가 시스템을 설계할 때는 책임 측정지표와 관리자들이 수익이나 자원에 대해 갖는 통제 범위에 조화를 맞춰주는 것이 중요하다. 이 통제 범위는 때로 **책임 범위**라고 불린다. 이것은 관리자가 바람직한 수준의 성과를 달성하기 위해 행할 것이라 예상되는 트레이드오프의 범위를 말한다.[19] 따라서 예컨대 수익(매출 및 기타 수익)에 대해서만 책임을 지고 직원 채용이나 건물, IT 비용에 대한 통제권은 없는 은행 지점장에 대해 비용과 수익성을 토대로 성과측정을 해서는 안 된다. 그러나 전체의 수익성에 대해 책임을 지는 한델스방켄의 지점장들은 지점 비용의 대부분에 대해 의사결정을 내릴 수 있는 자유와 능력을 필요로 한다(일부 IT 비용은 지점에 할당되지만 지점이 그 비용에 대해 영향력을 갖는다). 어떤 중앙집중 지원 서비스 비용을 이익중심점에 청구할 것인가에 대해서는 다양한 의견이 있다. 대부분의 재무회계 서적에서는 팀 관리자들이 **통제**할 수 있는 비용에 대해 그렇게 해야 한다고 말한다. 하지만 나는 한델스방켄의 접근법이 바람직하다고 보며, 따라서 **영향력**이라는 말이 중요하다고 생각한다. 일선 사업단위에 청구되는 중앙집중 지원 서비스 비용의 퍼센티지가 높을수록 사업단위는 그 비용 부담을 크게 느낄 것이고, 그것을 줄이기 위해 더 많은 압력을 행사하려 할 것이다.

측정과 책임 범위는 일치하지 않을 때가 많다. 예를 들어 세일즈맨의 성과가 고객충성도를 토대로 측정된다면 세일즈맨이 통제할 수 없는 많은 요인이 그 측정지표에 영향을 미칠 것이다. 이를 테면 제품이나 서비스의 질이 형편없는 경우 고객이 재구매를 할 가능성은 낮아진다. 마찬가지로 마케팅 관리자에게 브랜드 가치에 대한 책임을 지우는 일도 벌어질 수 있다. 이 경우에도 측정지표는 수많은 요인(예컨대 경쟁사의 행동, 제품의 질 등)에 영향을 받는다. 사실 측정지표가 누군가의 책임 범위와 정확하게 들어맞는 경우는 거의 없다. 이 때문에 더 넓은 증거 기반의 기준을 사용하는 판단 중심의 평가 프로세스가 단순한 측정지표를 사용하는 것보다 더 바람직한 것이다.

성과 비교(외부적 또는 내부적인)는 사업단위의 성과를 판단하는 데 유용한 관점을 제공한다. 일단 선택하고 나면, 상대적인 측정지표는 해당 사업단위가 다른 사업단위보다 높은 성과를 올리려고 애쓰는 과정에서 몇 년 동안 유효할 수 있다. 물론 벤치마크 수치 자체는 고정된 것이 아니라는 점을 기억해야 한다. 그것은 사실 움직이는 목표인 셈이다. 한 사업단위를 다른 사업단위와 비교, 평가하는 것이 가져다주는 효과를 간과해서는 안 된다. 그러한 평가를 제대로만 수행한다면 지속적인 개선과 발전이 반드시 뒤따라온다.

성과 개선을 위해 상대적인 측정지표 활용하기 》 알셀

스웨덴의 유통업체인 알셀은 북유럽 지역의 설치업체, 건축산업, 공공사업, 소매업계에서 사용되는 다양한 종류의 제품을 판매한다. 이 회사의

CFO 군나르 해그룬드Gunnar Haglund는 새로운 관리모델을 수립한 인물이다. 그는 1995년에 이 모델을 도입해 실행했으며 이후 더 효과적인 형태로 발전시켰다. 1996년 이래로 알셀은 23개 기업을 인수했으며, 그 기업들이 지난 9년간 알셀의 수익 성장의 90%를 주도해왔다. 알셀은 수익 책임을 분권화하고 상대적인 측정지표를 채택한 이후 꾸준히 경쟁력 강화를 거듭해왔다. 업무 만족도가 높고 역량이 뛰어난 직원들, 향상된 고객만족도, 경쟁사들과 비교해 탁월한 재무성과 등이 알셀의 접근법이 지닌 효과를 말해준다.

알셀의 판매부서들이 활용하는 핵심 측정지표는 다음과 같다. ① 가치창출 증가율, ② 매출수익률Return on Sales(RoS), ③ 효율성(총수익 나누기 임금 비용으로 측정), ④ 전략 성과(시장점유율로 측정). 모든 사업단위의 성과를 실적대비일람표에 정리하여 조직 구성원 누구나 볼 수 있게 한다. 일람표의 종류는 세 가지다. '프리미어 리그Premier League'에서는 정해진 벤치마크를 넘어선 RoS를 달성한 사업단위에 대해 가치창출 증가율과 RoS 둘 다를 토대로 평가한다. '퀄리파이어 리그Qualifiers League'에서는 기준에 못 미치는 사업단위들에 대해 RoS만을 토대로 평가한다. '엘리트 리그Elite League'에서는 전자상거래 도입의 성공 여부를 측정한다. 추세 정보 또한 누구나 볼 수 있다. 그리고 내부통제를 위한 목적에서 고위 관리자들은 다른 범주의 사업단위(예컨대 규모별 또는 지역별)의 성과를 비교·검토할 수 있다.

200여 개 일선 사업단위의 매출수익률을 결정할 때, 매출대비비용으로 직접재료비, 운임비, 하위 단위의 제반 비용(인건비, 진부화 재고자산, 재고품 손실, 부실채권, 임대비, 감가상각비 등)을 포함한다. 사업단위는 벤치마크

표준 RoS를 달성하기 위해 노력한다. 각 사업단위의 성과는 다른 모든 사업단위와 비교된다. 고정된 목표는 존재하지 않지만, 성과가 뛰어난 구성원에게 상당한 보너스를 제공하는 인센티브 제도는 존재한다. 하지만 이 인센티브는 전년도와 대비한 성과를 기반으로 정해진다. 회사 전체 차원에서의 성과는 경쟁자들과 비교하여 측정한다.

매달 모든 사업단위의 성과가 측정되고, 실적대비일람표를 통해 최고의 팀과 최악의 팀을 확인한다. 보고 시스템은 신속하고 개방적인 체제를 갖고 있다. 따라서 사내 모든 구성원이 성과나 결과를 동시에 알 수 있다. 사업단위는 정보를 사용해 스스로의 성과를 관리하고 통제한다. 알셀에는 상부에 의한 원격통제식 관리가 존재하지 않는다. 어떤 부서도 성과를 숨기거나 조작할 수가 없다. 성과가 기준에 미치지 못하는 예외적인 팀들은 뚜렷하게 눈에 띌 수밖에 없다. 또한 알셀은 성공을 인정하고 그에 대해 보상하는(그리고 실수로부터 배우는) 기업문화가 조성되어 있다. 최고 성과를 낸 사업단위의 모든 구성원의 집으로 매달 빨간 장미 바구니가 배달된다. 게다가 그런 사업단위는 두 달에 한 번씩 발간되는 사보에 소개된다. "왜 하필 장미를 배달할까?"라는 의문이 들지도 모르겠다. 스웨덴어로 장미를 뜻하는 'ros'는 매출수익률의 영어 약자 'RoS'와 같기 때문이다.

알셀은 높은 수준의 윤리 가치를 토대로 한 정보 시스템을 갖고 있다. 군나르 해그룬드는 말한다.

우리는 정보에 대한 자유로운 접근을 기반으로 하는 내부경쟁 및 자기 관리를 처음부터 핵심 원칙으로 삼았다. 우리는 보고서를 최대한 줄이고, 가장 간략하고 적절한 내용을 담은 형태로 작성한다. 우리의 보고 시스템에는 정보를 변형하고 왜곡할 수 있는 중간보고자가 없으며, 따라서 누군가가 정보를 조작하는 일이 불가능하다. 성과는 투명하게 공개된다. 우리는 실제 숫자를 이용할 뿐이다. 모든 구성원이 상대적인 성공이나 실패를 파악할 수 있다. 이는 정보 공유와 베스트 프랙티스의 실천을 촉진한다.[20]

◇ ◇ ◇

대부분 경영대학원을 졸업할 즈음엔 성과측정에 대한 모델이 머릿속에 뿌리박히게 되고, 그런 모델을 고스란히 마음속에 가진 채 조직의 관리자가 된다. 또는 사회에 뛰어들어 실전 경험을 몇 년 하는 동안에 특정한 모델이 머릿속에 자리를 잡는다. 그런데 대개 그것은 명령과 통제 중심의 모델인 경우가 많다. 이 모델에서는 측정지표가 성과평가, 보너스, 개인평가로 이어지는 목표와 계약으로 변한다. 회계 숫자가 마치 절대적 진실인 양 간주된다. 하지만 현실은 다르다. 측정지표 자체는 대략적이고 손쉬운 가이드라인만 제공할 뿐이다. 중요한 것은 측정 결과들이 의미하는 바를 분석하고 해석하는 것, 그런 분석을 토대로 어떤 행동을 취할지 결정하는 것이다.

CFO는 조직 내 모든 단계의 측정지표가 지니는 의미를 설명할 중대한 책임을 갖고 있다. CFO는 그러한 역할을 절대로 회피해서는 안 된다. 하지만 이를 위해서는 효과적이고 적절한 커뮤니케이션 능력이 필요하다. 측정지표는 특정한 방향으로 나아가는 성과 궤도에 대한 그림을 보여준다는 점을 명심하라. 그리고 그 길을 안내하는 것이 바로 CFO의 역할이다.

☑ 측정이 모든 것을 해결해주지는 못한다.

☑ 조직 내 모든 수준에서 단 몇 개의 핵심 측정지표만을 이용하라(약 6~7 개).

☑ 확실한 숫자보다는 유연한 피드백에 집중하라. 숫자는 성과 스토리의 일부만을 말해줄 뿐이다. 그리고 숫자를 잘못 해석할 경우, 부적절한 행동을 유발하고 경영성과의 진정한 가치를 이해하는 데 실패할 수 있다.

☑ 측정지표를 목표나 성과계약으로 변화시키지 마라. 만일 그렇게 할 경우 구성원들의 문제적 행동이 나타날 가능성이 크다.

☑ 성과측정 시 운영팀 단계에서의 자기 개선에 초점을 맞춰라.

☑ 개방적인 정보 시스템을 유지하여, 관리자들이 적절하고 필요한 정보를 얻을 수 있게 하라.

☑ 목표와 전략을 토대로 측정지표를 결정하라. 목표는 측정을 가능케 하고 측정은 성과 개선을 가능케 한다.

☑ 개별적 활동보다는 완결적 업무 흐름 프로세스의 가치를 측정하라.

☑ 관리자들이 시스템을 개선하는 데 기여할 수 있는지 여부를 토대로 측정지표를 선택하라. 그렇지 못한 측정지표는 폐기하는 편이 낫다.

☑ 운영상의 측정지표를 결정할 수 있는 권한을 하위 팀들에 위임하라.

☑ 핵심성과지표(KPI, 선행 및 예측지표)와 핵심결과지표(KRI, 후행 및 사후 지표)를 구별하라.

☑ 균형성과표를 활용할 때는 측정지표가 연간 계약이 되지 않도록 조심하라.

☑ 프로세스 수준에서는, 측정지표를 활용하여 변동 요인을 줄여라.

☑ 벤치마킹을 사용해 외부 상황과 비교한 성과 점검을 수행하라.

☑ 분권화된 구조 안에서는, 하위 관리자들이 성과를 관리하기 위해 필요한 정보를 제때 얻을 수 있게 하라.

☑ 패턴과 추세, 이상 현상의 관점에서 성과측정을 바라보라. 추세 보고서를 이용하여, 사업 검토 회의에서 논의되는 내용을 변화시켜라(계획과 실적의 차이보다는 지속적인 개선에 초점을 맞추도록).

☑ 다양한 측정지표를 이용하여 경영성과에 대한 논의에 정보를 제공하라. 측정지표는 조사와 관련된 중요한 증거와 유사하지만, 그것이 전체 이야기를 말해주는 것은 아니다.

제6장

CFO는
리스크 조정자다

우리가 조직에서 함께 일할 때에는 다양한 사회적 압박과 관리 시스템들이
미래에 대한 시야를 흐리는 경향이 강해진다.

매튜 레이치_ 리스크 관리 전문가

CFO들은 '내부통제'에 관한 규율을 훈련받아왔다. 이러한 규율은 대개 명확한 권한의 수준을 정하는 것, 재무 프로세스가 올바르게 관리되도록 하는 것, 감사 요건을 충족시키는 것과 관련된다. 그러나 수많은 기업 스캔들이 세간의 이목을 끌고 뒤이어 사베인스-옥슬리법이 제정되면서 이러한 주제가 갑자기 기업 어젠다로서 폭발적으로 떠오르기 시작했다. 사베인스-옥슬리법이라는 새로운 규제제도는 CFO들로 하여금 통제 시스템을 검토하도록 요구했고, 그 결과 수많은 취약점이 드러났다. 사내 여러 부문의 회계 프로세스와 시스템, 통제도구를 적절하게 파악하고 있다고 믿는 CFO는 40%에 불과하다.[1] 그리고 대부분의 공개기업이 산출하는 수치를 크게 신뢰하는 고위 재무관리자는 거의 없다. 2004년 설문조사에 따르면, 고위 재무관리자 가운데 자신의 돈을 투자했다고 가정할 때 공개기업에 대한 정보의 질과 완전성을 "매우 신뢰할 수 있다"고 느낄 거라고 답한 사람은 27%에 불과했다.[2]

언젠가부터 '기업지배구조'나 '리스크 관리', '불확실성 관리'와 같은 새로운 용어들이 이목을 끌었으며, 좀 더 최근에는 '전사적 리스크 관리Enterprise Risk Management(ERM)'라는 용어가 등장했다. CFO에게 요구되는 지식과 전문성은 현저하게 확장되었다. CFO들은 이제 최고 컴플라이언스 책임자와 최고 리스크 책임자의 역할까지 요구받고 있다. 일부 CFO에게는 사베인스-옥슬리법이 과거의 명령과 통제방식으로 회귀할 구실을 만들어주었다. 그 법을 조직에 더 많은 목표와 세부적인 통제를 부과할 수 있는 일종의 면허로 해석한 것이다. 이들은 대개 다음과 같이 주장한다. "상세한 계획과 예산안을 승인하고 그것들을 그대로 따른다면 우리는 아주 깨끗한 상태를 유지할 수 있을 것이다." 또는 "생각해낼 수 있는 모든 리스크를 제시하고 그것들을 해결하는 모종의 조치를 취하도록 보장한다면 사베인스-옥슬리법의 요건을 통과할 수 있을 것이다." 그러나 이러한 유형의 사고는 성과를 개선하는 데 아무런 도움이 되지 않는다.

너무도 많은 CFO가 사베인스-옥슬리법의 기본 정신을 따르기보다는 글자 그대로의 표면적인 의미만을 따랐다. 다시 말해 관리의 관점(즉 기업 문화의 관점)보다는 절차(즉 '체크 박스'의 관점)에서 문제에 접근했다는 얘기다. 그러나 주요 문제들은 문서 자료나 감사 결과와 관련된 것이 아니다. 그보다는 과도한 리스크 감수와 잘못된 관행, 탐욕 등의 원인과 관련되어 있다. 근본적인 원인은 항상 조직 전반에 걸쳐 금전적 인센티브와 자사주 구입 권리 등을 제시하며 공격적인 목표를 설정하는 것이다. 이러한 공격적인 목표들은 남성적 스타일의 경영문화와 이기적인 문화를 낳으며 단기적인 성과에 치중하게 만든다. 또 하나의 문제는 경영진이 종종 투자 옵션을 논의할 때 확실성을 요구한다는 것이다. 경영진은 대부분의 윤리적인 관리자들이 제공할 만한 경고들을 듣고 싶어 하지 않는다. 관리자들은 이것저것 따져 물으면 자신의 제안에 내재한 불확실성을 인정할 준비가 되어 있는데도 말이다. 대부분의 경영자들은 지나치게 낙관적이라 상방 리스크Upside Risk(UR)◆와 하방 리스크Downside Risk(DR)◆◆에 대해 논의하기보다는 맘에 드는 제안을 합리화하고 싶은 유혹에 빠진다.

좀 더 현명한 CFO들은 고정계약을 없애고 강력한 윤리적 리더십이 보강해주는 정직과 개방의 문화를 창조했다. 완전히 투명한 시스템 내에서

◆ 무언가가 일정 수준 위로 변동하는 경우에 생기는 리스크. 예컨대 원화 가치가 일정 수준 이상으로 상승하면 수출 등 여러 경제 활동에 원화 가치의 상방 리스크가 작용하게 된다.
◆◆ 무언가가 일정 수준 아래로 변동하는 경우에 생기는 리스크.

는 일선 팀들이 자유롭게 의사결정을 내리되 그 결과에 대해 책임을 진다. CFO들은 관리자들로 하여금 그들의 의사결정에 의해 야기될 수 있는 광범위한 결과에 대해 허심탄회한 태도를 취하도록 독려할 필요가 있다.

이번 장에서는 먼저 관리 행동과 보고에 초점을 맞춰 기업지배구조를 살펴볼 것이다. 그런 다음 리스크 관리를 살펴보고 내부통제와 불확실성 관리에 초점을 맞출 것이다. 이번 장에서는 CFO가 다음과 같은 역할을 수행할 것을 제안한다.

- 윤리적인 보고 및 행동에 대해 가장 높은 기준을 설정한다.
- 과도한 리스크 감수를 부추기는 압박지점을 정기적으로 검토한다.
- 전사적으로 리스크를 관리한다.
- 열린 마음으로 불확실성에 접근한다.
- 효과적인 피드백 통제를 제공한다.

윤리적인 보고 및 행동에 대해 가장 높은 기준을 설정하라

2003년 국제회계사연맹International Federation of Accountants(IFAC)의 한 연구팀은 기업지배구조의 관점에서 세계 각지의 27개 기업을 조사했다. 이들은 통신과 소매업, 금융서비스, 에너지, 제조업을 포함하여 다양한 산업을 대표하는 기업들이었다. 이 중 11개 기업은 성공사례로 분류되었고, 나머지 16개는 실패사례였는데, 여기에는 아홀드Ahold(네덜란드)와 케이블앤와 이어리스Cable&Wireless(영국), 엔론(미국), 프랑스 텔레콤France Telecom(프랑스), HIH(호주), 막스앤스펜서(영국), 노텔네트웍스Nortel Networks(캐나다), 페레그린 인베스트먼트Peregrine Investments(홍콩), 서스캐처원 휘트 풀Saskatchewan Wheat Pool(캐나다), 트리프코비치D. Tripcovich(이탈리아), 비방디Vivendi(프랑스), 월드컴(미국), 제록스(미국), YBM 마그넥스YBM Magnex(캐나다) 등이 포함되었다. IFAC 보고서는 실패한 기업들에서 가장 흔한 문제점에 대해 다음과 같이 결론지었다.

- 상부의 부적절한 윤리기준
- 공격적인 목표 및 수익 관리
- 부적절한 인센티브 조정
- 지나치게 지배적이고 카리스마적인 CEO
- 힘없는 (즉 CEO와 과도하게 사이가 좋은) 이사회
- 미약한 내부통제(예를 들면 형편없는 자원관리)
- 공격적인 M&A 전략에 과도하게 몰두한 CFO
- 부적절한 전략 선택 및 명확성 결여
- 형편없는 실행(특히 인수합병의 실패)
- 변화에 충분히 빠르게 대응하지 못하는 경향[3]

이러한 문제들에 의해 상당 부분 유발된 회계부정과 허위발표는 꽤 놀라운 수준이었다. 세간의 시선을 가장 많이 끈 엔론과 월드컴, 타이코 외에도 이러한 기업들은 수없이 많았다. 미국의 통신회사인 루슨트 테크놀로지스Lucent Technologies의 전 간부는 해당 기업의 몰락(1년 동안 주주가치

2,000억 달러 하락)에 대해 "달성할 수 없는 목표들로 대중을 잘못 인도"했기 때문이라고 했다.[4] 1990년대 질레트Gillette는 분기 말에 매출액 수치를 끌어올리기 위해 제품을 유통채널에 억지로 밀어 넣는 이른바 '트레이드 로딩trade-loading'◆에 관여했다.[5] 코카콜라Coca-Cola는 보틀링 업체 매각으로 얻은 자본이득을 이용해 보고서상의 이익이 괜찮아 보이도록 만들었다.[6] 2004년 시티그룹Citigroup은 일련의 스캔들로 타격을 입자, 80억 달러를 특별 결손처분 했다.[7] 같은 해에 미국 모기지 회사 패니매Fannie Mae는 2000년부터 2004년까지 경영진이 파생상품을 정확히 보고하지 않은 탓에 이익 90억 달러를 재발표해야 했으며, 그 1년 뒤에는 상여금이 깎이지 않도록 2억 달러의 비용을 공시하지 않았다.[8] 그 결과 CEO와 CFO가 모두 퇴출되었고 감사인들은 엄중한 조사를 받았다.

S&P 500 시가총액의 거의 40% 비중을 차지하는 120개 이상 기업들의 2004년 재무공시자료를 분석한 결과, 그릇된 인상을 주는 재무보고 관행이 '주식회사 미국Corporate America'◆◆에 널리 퍼져 있다는 사실이 밝혀졌다 (재무제표의 약 3분의 1이 진짜 재무상태를 나타내지 못하고 있다). 놀라운 추세 가운데에는 부외차입(75%의 기업들이 사용), 비현실적인 연금 가정 (64%), 공격적인 수익 인식(28%)이 포함되어 있다.[9] 크리스피크림Krispy Kreme, 노텔, 패니매 등이 최근에 손익계산서를 재작성한 것, 규제기관의 법적 조치가 늘어나는 현상 등은 오늘날 기업계에 회계 관련 부정행위가 만연해 있음을 시사한다.

◆ 도매상에 필요 이상의 상품 구매를 유도 또는 강요하는 행위.
◆◆ 300만 개 이상의 주식회사들이 주름잡고 있는 미국 경제 전체를 가리키는 표현이다.

많은 회계 담당자는 재무수치를 '매력적으로 보이게 만드는 것'을 지극히 당연한 관행으로 생각한다(일반적으로 용인되는 회계원칙에 의해 변호할 수 있는 해석이 가능하기만 하다면 말이다). 사실 그것은 그들의 가장 중요한 기술 가운데 하나다. 대부분의 노련한 회계 담당자는, 손익계산서와 대차대조표는 시기별로 요구되는 바에 따라 다른 곡조에 맞춰 노래하고 춤추도록 조정될 수 있다는 사실을 알고 있다. 이처럼 숫자를 부풀리고 조작할 경우 그 효과는 습관성 마약처럼 관리자들에게 일시적인 해결방법을 제공할 수 있지만(심지어 그들은 자신이 현실을 변화시켰다고 확신할 수도 있다), 다음 보고 기간이 돌아오면 문제들은 순식간에 제자리로 돌아온다.

진정으로 염려해야 할 점은 이처럼 '유연한' 기준이 사람들이 인식하는 것보다 더 만연해 있다는 사실이다. 조직의 모든 차원에서 수치를 충족시켜야 한다는 압력이 사람들로 하여금 어떤 경우에는 직장을 잃지 않기 위해 직업윤리를 저버리게 만든다. 아무리 수많은 가치 선언문과 사내방침 매뉴얼이 존재한다고 해도 조직 전반에 걸쳐 도덕적·윤리적 기준을 정하는 것은 리더가 말로만 할 일이 아니라 직접 실천해야 할 일이다.

'주주가치'를 좇는 지배력이 강한 CEO를 경계하라

IFAC 보고서에서 두드러지게 나타난, 실패한 기업의 공통적인 특징 하나는 지배적이고 카리스마적인 리더였다. CEO의 성향은 각양각색이다. 대부분은 광범위한 자질을 갖춘 유능한 사람들이지만, 그들이 인정받는 것만큼 진정으로 차별화된 인물들일까? 일이 잘못되었을 때 그들이 가장 큰 비난을 받아야 할까? 짐 콜린스Jim Collins가 수행한 연구에 따르면 그렇지 않다. 사실, 대규모 조직에 변혁을 가져올 수 있는 리더는 거의 없다.

그는 1965년부터 1995년까지 ≪포천≫ 선정 500대 기업에 속한 1,435개 기업 가운데 자사를 '좋은 기업'에서 '위대한 기업'으로 변모시킨 경영진은 11명에 불과하다는 사실을 발견했다.[10] 투자자들은 '오마하의 현인' 워런 버핏Waren Buffit의 조언에 귀를 기울여야 할 것이다. 그는 이렇게 말했다. "바보도 경영할 수 있는 회사에 투자해야 한다. 정말 바보가 경영하게 될 날이 올 테니까 말이다."[11]

　오늘날 대부분의 대규모 조직이 요구하는 것은 직원으로 하여금 게임의 판돈을 키우고 잠재력을 십분 활용하도록 독려하며 그들의 감정적 헌신을 이용하고 개인의 행동과 기업의 행동에 대해 가장 높은 도덕적 기준을 세우는 리더다. 리더는 '눈에 띄는 화려한 존재'여야 하며 굉장한 전략을 실행하고 더 높은 수준의 주주가치를 달성하도록 조직을 개혁할 수 있는 존재여야 한다는 믿음은 쉽게 변하지 않는다. 많은 리더들에게 (그리고 투자자들에게) 꾸준한 발전은 따분할 수밖에 없다. 그들은 극적인 변화를 요구한다. 그리고 극적인 변화는 종종 주요 인수합병이나 구조조정을 수반하고 이는 일선 직원에게 더 큰 환멸을 안겨준다. 어떤 대가를 치르더라도 단기적인 목표를 달성하는 것이 일반적인 기업문화가 되기 쉽다. 이렇게 되면 종종 롤러코스터를 타듯 기복이 심한 호경기와 불경기를 타게 되는데, 이러한 상황은 반드시 피해야 한다. 짐 콜린스가 분명히 지적하듯이 실제로 리더의 영웅 이미지는 (거의 예외 없이) 근거 없는 통념에 불과하다. 헨리 민츠버그 교수는, 조직을 창조하기 위해서는 꿈꾸는 공상가가 필요할지 모르지만 조직을 경영하기 위해 영웅이 필요하진 않다고 믿는다. 진정으로 필요한 것은 현재 상황을 정확히 알고 있으면서 적극적인 주도력을 지닌, 유능하고 헌신적이며 관대한 리더다.[12]

CFO는 지배적인 CEO에게 어떤 영향력을 행사할 수 있는가? 물론 그에 대한 답은 다양하다. 헬스사우스의 경우 그 답은 "거의 없다"였다. 연속해서 다섯 명의 CFO가 비윤리적인 보고를 중단하지 못했으니까 말이다. 그러나 CFO는 최소한 수익성 대신 주주가치를 좇는 것이 그릇된 생각이라고 지적할 수는 있다. 이사회가 주주가치를 좇느냐 수익성을 좇느냐는 회사의 의사결정과 리스크 프로파일에 커다란 차이를 안겨줄 수 있다(장기적으로는 상이성이 없어지겠지만 단기적으로는 중대한 격차가 생길 수 있다). 예를 들어 주가는 이익 예측이나 인수합병, 신제품 개발, 심지어는 인원 감축 등의 사건 발표에 큰 영향을 받을 수 있다. 많은 지분을 보유한 공격적인 이사회는 이러한 발표 내용을 과장하여 투자자들에게 매입 신호를 보내고 싶은 유혹에 빠질 수 있다. 그러나 이러한 발표들 가운데 수익성에 정량화가 가능한 영향을 주는 것은 없다. 비교적 공격적이지 않은 조직의 리더들은 결과로 말하는 방식을 선호한다. 그들은 결코 투자자들과의 약속을 지키기 위해 행동을 취하지 않는다.

CFO는 데밍이 말한 '목적의 지속성constancy of purpose'을 고려해야 할 것이다. 이 말은 매년 지속적인 성장을 추구하되 투자자들이나 직원들을 격정시킬 만한 충격적인 사건(이를테면 이사회의 반란이나 CEO의 배신)이 거의 없어야 한다는 뜻이다.[13] 이것은 GE와 도요타, 한델스방켄, 사우스웨스트항공 같은 조직의 리더들의 믿음을 요약한 듯 보인다. 리더들은 좀 더 할아버지, 할머니처럼 행동해야 할 것이다. 자신들의 이익을 채워주고 좋은 소식을 열망하는 분석가들의 단기적인 갈망을 충족시켜주는 단기적인 수익을 추구하기보다는, 지식과 경험을 활용하여 젊은 관리자들을 이끌고 지원하며 그들이 성장하고 성숙하도록 도와야 한다는 얘기다. 그것이 바로 위대한 리더들이 하는 일이다. 수년간의 마라톤에서 릴레이 바통을 넘겨주는 것과 마찬가지로, 그들은 자신이 넘겨받은 것보다 더욱 강력하고 적절한 기업을 다음 세대에 물려주어야 한다. 그것이 진정한 리더의 유산이다. 이것은 기업의 재무 역량에 반영되긴 하겠지만 그것이 유일한 척도는 아니다. 조직의 모든 수준에서 유능한 직원들을 양성하고 양식 있는 의사결정의 문화를 구축하는 것이 다음 세대에게 전수되는 유산에 훨씬 더 훌륭한 척도가 된다.

기업지배구조에 대해 '단거리 경주가 아닌 마라톤'의 관점을 견지할 때 유발되는 효과를 과소평가해선 안 된다. 최고경영진이 주주가치를 위한 빠른 질주가 아닌 꾸준하고 장기적인 성장의 측면에서 자신의 역할을 찾는다면, 그들은 측정된 리스크를 감수하고 직원들로 하여금 정직하고 서로에게 허심탄회한 태도를 유지하도록 독려하는 지배구조 및 도덕적 리더십을 제공할 가능성이 더욱 크다.

이사회에 보고하는 독립적인 내부감사 기능을 제공하라

사베인스-옥슬리법은 감사위원회에 더 많은 강제력을 실어주었다. 찰스 엘슨Charles Elson 교수는 다음과 같이 지적했다. "과거에는 CFO와 감사위원회가 동등한 입장에서 협력한 반면, 이제는 감사위원회로 힘이 이동하여 감독의 관계가 되었다."[14] 이사회는 또한 조직이 처한 리스크를 적절하게 처리하는 내부통제 시스템을 설치하는 일뿐 아니라, 전문적이고 적절한 자원을 갖춘 내부감사 기능을 구축하는 일까지 책임지고 있다. 문제는 재무조직과 내부통제 부서들이 엄격한 벤치마킹을 경험하면서 비용과 귀중한 자원을 삭감해왔다는 것이다. 최근 몇 년 사이 기업들이 규모를 대폭 줄이고 이전의 수많은 견제와 균형을 배제하면서, 조직 내 회계전문가들이 통제에 실패하는 경우가 사실상 막대하게 증가했다.[15]

사베인스-옥슬리법 또한 내부감사인들의 위상을 올려놓았다. 피트니 보우스Pitney Bowes의 CFO인 브루스 놀로프Bruce Nolop는 이렇게 말한다. "내부감사인들은 이제 록스타 같은 인기를 누리고 있다. 그들에게는 전성기인 셈이다."[16] 사베인스-옥슬리법 덕분에 내부감사팀은 이제 내부통제 시스템에 대해 주관적인 판단을 내리는 것 이상을 내다볼 수 있다. 그들은 이제 자신들을 수준 높은 모델과 비교할 수 있다(가장 유명한 모델은 'COSO'로, 이것은 트레드웨이위원회Treadway Commission '조직지원위원회Committee of Sponsoring Organizations'의 약자를 따온 것이다). 이것은 일반적인 모델로서 각 조직에 맞게 조정해야 한다. 그리고 내부통제의 틀은 더 광범위한 맥락의 리스크 관리보다는 주로 장부 기장에 초점을 맞추고 있으므로 불확실성을 관리하는 것과는 무관하다. 리스크 관리를 업무와 통합하는 것보다는 사후평가와 관련된다는 얘기다. 그렇다고는 해도 그것은 내부감사팀에게 긍정적인 진일보다. 그들은 이제 "이러한 통제가 효과를 발휘하는가?"라고 묻기보다는 "이러한 통제가 선택된 모델에 부합하는가?"라고 물을 수 있다.

그러나 최고의 기업들에서는 내부감사 기능이 리스크 관리 어젠다의 동인이 되지 않는다. 리스크 관리는 전체 관리 프로세스의 핵심이 되는 부분이다. 다시 말해 관리자들은 먼저 불확실성 관리에 초점을 맞추고, 그런 다음에 두 번째로 규칙을 따른다. 내부감사는 이러한 역할을 뒷받침할 뿐 아니라 관리자들이 하는 일을 감사하기도 한다. 사전에 대책을 강구하는 동시에 사후에 대응하기도 한다. 사전 역할로는 중요한 예측들과 필수적인 리스크 노출, 보험정책 등을 검토할 것이다. 또한 각종 계획과 의사결정들에 대해 의견을 제공할 것이다. 내부감사는 조직과 분리된 조사관의 역할이라기보다는 관리팀의 일부다. 그렇다고 해서 타협이 가능하다는 얘기는 아니다. 조직 내에서 독립적인 위치를 유지하고 이사회에 직접 보고해야 한다는 사실에는 변함이 없다.

과도한 리스크 감수를 부추기는 압박지점을 정기적으로 검토하라

이제 많은 CFO가 통제 시스템과 리스크 관리 정책 및 관행을 재고하고 있다. 그러나 그저 리스크 목록을 작성하고 조직이 그것을 얼마나 적절하게 또는 부적절하게 다루는지 점검하는 것은 올바른 방법이 아니다. 어떤 비즈니스에서든 리스크 프로파일은 지속적으로 변화하므로 관리자들은 지식과 기술을 모두 활용하여 그것을 완벽하게 파악하도록 노력해야 한다. 대부분의 조직에는 수많은 압박지점이 존재하며, 이러한 압박지점들은 리스크 평가의 풍부한 근거를 제공한다. 목표와 인센티브가 어떻게 정해지는지, 최고경영진과 일반 직원 사이의 임금 차이가 너무 과도하지는 않은지, 정보가 개방되어 있는지 아니면 경영진의 비밀창고에 갇혀 있는지 등을 알아보는 것도 여기에 포함된다.

공격적인 목표와 인센티브를 경계하라

하버드 대학의 로버트 사이먼스 교수는 "호경기에는 리스크를 쉽게 잊는 법"이라고 말한다.[17] 그러나 호경기는 부적절한 의사결정을 내리고 과도한 리스크를 감수할 가능성이 가장 큰 시기다. 또한 나쁜 소식을 전달하는 사자使者들이 가장 쉽게 침묵하는 시기이기도 하다. 그리고 이러한 행동은 회사의 관리 역량을 압도할 정도로 많은 성장 이니셔티브로 이어질 수 있다.

그러나 리스크 모니터링 시스템이 아예 작동을 멈추게 할 수 있는 것은 바로 성과와 연계한 경영진의 임금 결정이다. 많은 이사회가 경영진의 임금을 성과와 연계시킨다. 이는 대개 금전적 보너스나 주식매입권의 형태를 취한다. 이러한 계약이 얼마나 공격적인가는 종종 과도한 리스크 감수를 부추기고 있다는 강력한 신호가 된다. 그것은 또한 이사회에 매년 높은 성장률이 가능하다는 믿음을 심어줄 수 있다. 그러나 이러한 생각은 현실을 완전히 무시하는 것이다. "15%의 환상"이라는 기사에서 캐럴 루미스 Carol Loomis는, 리더들은 "그들이 정한 수익 및 이익 목표에 대해 반복적으로 세상에 떠벌리고 있다. 이는 사실상 컨설턴트들이 '크고 어려우며 대담한 목표'라고 말하는 그런 종류의 목표다. 그리고 나면 크고 어려우며 대담한 실패가 뒤따르는 경우가 너무도 많다"라고 주장한다.[18] 이 기사는 "내년 주당순이익Earning Per Share(EPS) 15% 성장"이라는 일반적인 약속을 다룬 것이었다. 그러나 지속적으로 두 자리 수의 성장률을 기록하는 기업은 거의 없다. 실제로 1972년 미국의 상위 50개 기업 가운데 25년간 연속해서 EPS 15% 성장을 달성한 기업은 3개에 불과했다.[19]

대담한 기업가 정신을 발휘하는 행동에 대한 보상이 올라갈수록 리스크도 커진다. 예를 들어 막대한 보너스를 받는 파생상품 트레이더는 과도한 리스크를 감수할 가능성이 크다. 월드컴의 전 CEO인 버니 에버스Bernie Ebbers는 수억 달러를 차입하여 개인적으로 자사 주식을 매입했다. 이후 회사의 성과가 급격히 하락하자 에버스는 이를 부인하는 방법을 택했다. 그는 CFO와 함께 재무팀에 압력을 행사하여 회사가 목표를 달성한 것처럼 장부를 분식하게 함으로써 (일시적으로나마) 주가를 보호했다. 그러나 결국 그것도 한계에 부딪혔다.

CFO는 인센티브와 성과와의 연계는 기껏해야 매우 빈약한 수준이며, 최악의 경우 대중을 잘못 인도할 수 있다는 사실을 인지해야 한다. 2002년 CEO 연봉 총액(급료 + 보너스)은 10% 증가한 반면, S&P 500 수익률 지수는 24% 감소했다.[20] 찰스 핸디Charles Handy는 지난 10년 동안 "인센티브는 그것으로 창출할 수 있는 추가적인 부를 오히려 모두 소비했다"라고 말한다.[21] 맥킨지McKinsey & Company가 한 연구는 최고경영진의 보수와 혁신 사이에 역상관성이 존재한다는 점을 시사했다. 이 연구에 따르면, 성과에 대한 보수에 의존하는 경향을 줄이는 것이 직원들로 하여금 새로운 비즈니스를 개발하는 일과 기존 사업을 경영하는 일에 동시에 초점을 맞추도록 설득하는 비결이 될 수 있다.[22]

수많은 유력한 투자고문은 고객에게 경쟁력 있는 특정 벤치마크를 초과하거나 성과와 충분히 밀접하게 연관되지 않는 보상 계획 또는 보상위원회 구성원에게 반대표를 던지라고 조언하기 시작했다. 영국의 슈퍼마켓그룹 세인즈버리J. Sainsbury의 주주총회가 있기 전에 전국연금기금협회 National Association of Pension Funds(NAPF)는 주주들에게 퇴출된 회장 피터 데이비스Peter Davis에 대한 보너스 지급에 반대표를 던지도록 촉구하고 있었다. 소문에 따르면 데이비스는 해당 그룹의 이윤 및 주주 배당금이 실제로 떨어진 연도에 성과 관련 보너스의 86%를 받게 되어 있었다고 한다. 전국연금기금협회는 "회사, 그리고 특히 보상위원회가 (이러한 보상금 수여의) 승인과 관련하여 태만한 태도를 취했으며 …… 이사회는 그들이 경쟁사들 대비 세인즈버리의 성과에 비추어 상여를 올리거나 내릴 권리를 확보했다고 진술했다"라고 밝혔다.[23]

보상위원회도 세간의 주목을 받게 되었지만 핵심 쟁점은 누가 보상위원회를 구성할 것이냐다. 바버라 프랭클린Barbara Franklin은 이러한 쟁점을 연구하는 블루리본 위원회Blue Ribbon Commission의 의장을 맡고 있다. 그녀는 이렇게 말한다. "보상 계획 전문가들이 위원회를 구성하도록 기대해선 안 된다. 그보다는 진정으로 독립적인, 심리적으로도 독립적인 (그리고 필요한 경우 CEO에게 반기를 들 수 있을 만큼 어느 정도는 용기 있는) 사람이 위원회를 구성하도록 기대해야 한다."[24]

일부 적절하게 운영되는 조직들은 여기에서 더 나아가 수치 달성을 강조하는 고정성과계약을 무효화하거나 없애버렸다. 제3장에서 살펴본 바와 같이, 일부 조직은 상대적인 측정을 토대로 하는 (따라서 달성해야 할 목표 수치라는 것이 존재하지 않는) 공정하고 일관성 있는 기준에 근거한 성과측정 시스템을 채택했다. 이런 경우 관리자들은 사내 다른 관리자들의 결과를 보기 전까지는 자신의 수준이 어느 정도인지 알지 못한다. 정해진 기간이 끝날 때까지 최선을 다하는 것 외에는 선택의 여지가 없는 셈이다.

요컨대 금전적 인센티브가 뒷받침되는 공격적인 성과계약은 오늘날 조직들 사이에 만연한 과도한 리스크 감수 및 비윤리적 재무보고 경향의 가장 큰 원인일 것이다. 한 회계학 교수는 패니매의 붕괴를 "재무제표에 대한 당신의 믿음을 뒤흔드는 것"으로 묘사했다.[25] 여기서 얻는 교훈은, 비현실적인 수익 목표를 세우고 (공정한 것이든 비열한 것이든) 가능한 모든 수단을 동원하여 그것을 달성하려 하면 결국 눈물을 흘리게 될 가능성이 크다는 것이다. 이미 이러한 행동으로 인해 무너진 기업의 주주 및 직원 수천 명이 그런 일을 겪었다.

직원들을 소외시키는 일을 경계하라

직원과 리더의 사이가 멀어질수록 직원이 부적절한 의사결정을 내리거나 경영진에게 잠재적으로 심각한 문제를 고지하지 않을 위험이 높아진다. 이와 관련하여 놀라운 통계자료가 존재한다. 평균 CEO 보수 대 일반 직원 급료는 1980년에서 2001년 사이에 41 : 1에서 411 : 1로 증가했다.[26] 이러한 사실이 조직 전반에 걸쳐 구성원에게 어떤 태도를 유발하겠는가? 틀림없이 직원들은 다음과 같은 태도를 갖게 될 것이다. "우리가 왜 신경 써야 하는가? 그들이 자기 자신만 먼저 챙긴다면 우리라고 그렇게 하지 못할 이유가 어디 있는가?" 직원들이 리더들과 연결되지 못하는 조직, 리더들이 자신의 행동에 대해 책임감을 느끼지 않으며 상부에 앉은 사람은 이기적인 행동에 대한 특권을 지녔다는 사고방식을 갖고 탐욕과 조작 행위를 당연히 여기는 조직에서는 사기와 부패가 일어날 가능성이 훨씬 더 높다. 커다란 보수 차이가 반드시 더 나은 결과로 이어지는 것도 아니다. 미국 야구 리그에 대한 연구 결과, 스타 선수와 나머지 선수의 연봉 차이가 클수록 스타 선수뿐 아니라 팀 전체의 성적까지 떨어지는 것으로 드러났다.[27]

이러한 유형의 직원 소외는 사이먼스가 말하는 **합리화**에 충분한 근거를 제공한다. 그는 이것이 소외의 압박을 비윤리적 행동의 기회로 전환하는 핵심요소가 된다고 주장한다. 다시 말해 개개인이 "다들 그렇게 하잖아", 또는 "그 정도는 별다른 영향을 미치지 않을 거야", "아무도 다치지 않아",

"이게 다 회사의 이익을 위해서 하는 일이야" 등의 구실을 대면서 자신의 행동이 잘못된 것이 아니라고 스스로를 납득시킨다면 개인과 조직 모두를 위험에 빠뜨리는 행동을 거의 예방할 수 없을 것이다.[28]

한델스방켄이나 사우스웨스트항공과 같은 조직은 그룹 전체가 이익을 공유하기 위해 목표 달성에 기반을 둔 개별 인센티브를 피함으로써 잠재적인 압박을 완화하고 있다. 이러한 접근방식은 협력과 공유를 장려할 뿐 아니라 공정하고 정당해 보인다. 두 기업 모두 해당 업계에서 가장 낮은 이직률을 기록하고 있다.

정보관리에 대한 폐쇄적인 사고방식을 경계하라

대부분의 기업은 코앞에 닥칠 일을 예측하지 못하는 것은 물론이고 자신의 현주소도 제대로 알지 못한다. 장부 마감에 6일이 걸리고 관리보고서를 작성하는 데는 추가로 5일이 더 걸린다. 또 다른 문제는 정보의 투명성에 관한 것이다. 만일 정보가 경영진이 "알 필요가 있다"라고 선정한 사람들에게만 제공된다면, 완전한 투명성에서 나오는 견제와 균형이 위태로워질 것이다. 마거릿 휘틀리는 이러한 접근방식에 대해 다음과 같이 경고했다.

조직의 데이터를 잠재적 해석이 풍부한 양자이론의 파동함수에 비유해 생각해보자. 만일 이처럼 여러 가지 잠재적 해석이 가능한 파동을 단 한 명의 관찰자가 목격한다면 이는 그 사람의 예상에 맞춰 오직 한 가지로만 해석될 것이다. 이 단일한 관찰 행위로 다른 모든 잠재적 해석은 시야에서 사라져 자리를 잃게 된다. 그런 다음, 이 하나의 해석이 조직 내 다른 이들에게 전달된다. 대개의 경우 이 같은 해석은 객관적이고 최종적인 것으로 제시되는데, 그것은 결코 객관적인 것이 아니며 확정적인 것이 될 수도 없다.[29]

엔론의 붕괴는 진정으로 투명한 정보 시스템에서는 발생할 수 없었을 것이다.

훌륭하게 운영되는 조직들은 어떤 조직에든 자유로운 정보 흐름을 악용하려 드는 소수의 사람이 존재한다는 (그리고 그들이 어떤 시스템이든 악용할 거라는) 사실을 알고 있다. 그러나 이러한 조직들은 그 정도 리스크는 감수할 가치가 있다고 판단한다. 그들은 필요한 경우 모든 사람이 어떤 정보에든 접근할 수 있게 함으로써 얻게 되는 이익이 부정적인 리스크보다 훨씬 더 크다는 점을 인지하고 있다. 신뢰는 핵심 사안이다. 계획을 엄격하게 따를 것을 요구한다면 신뢰가 결여될 수밖에 없다. 이러한 조직의 리더들은 인성에 대해 낙관적인 시각을 갖고 있다. 그들은 신뢰에 대한 규칙들을 세워놓고 그것을 위반할 경우 냉혹하게 대처한다.

최고의 조직들은 정보의 흐름을 새로운 수준의 개방과 투명성으로 끌어올렸다. 그들은 직원들이 과거에는 최고경영진이 보유하던, 전략적이고 경쟁적이며 시장에 근거한 정보에 접근할 수 있도록 허용했다. 그들은 조직 내의 모든 수치가 '한 가지 진실'을 고수해야 한다는 점을 깨달았다.

의사결정 위임을 통해 효과적인 관리통제를 제공하기 》 한델스방켄

모든 것이 순조로운 상황에서도 컴플라이언스와 리스크 감수 사이의 적절한 균형을 찾는 것은 어려운 일이지만, 사베인스-옥슬리법의 영향으로 이 두 가지 사이의 균형을 찾는 일은 훨씬 더 어려워졌다. 이러한 문제들은 은행에서 더욱 심각하게 나타난다. 한델스방켄의 CFO 레나트 프랭크는 이것이 자신이 현재 다뤄야 하는 가장 중요한 이슈 가운데 하나라고 생각한다. 그는 한델스방켄의 접근방식을 이렇게 설명한다.

전반적으로 컴플라이언스가 대부분의 다른 기업에서보다 더 복잡한 이슈로 생각되는 것은 아마도 우리가 은행이기 때문일 것이다. 스웨덴판 사베인스-옥슬리법도 우리에게는 큰 문제가 되지 않는다. 우리는 그것을 다룰 기업지배 체계도 갖고 있다. 우리는 아주 최소한의 변화를 꾀해야 했는데, 그중 가장 중요한 것은 이전에는 갖지 못했던 본사 이사회 산하에 감사위원회를 구축하는 것이었다 ·······.

문제는 재무규제기관인 스웨덴 금융감독청(FSA)이 수많은 규칙을 적용하고자 한다는 것이다. 그것은 중앙집중화된 틀에 크게 기반을 두고 있다. 이는 모든 규제기관이 은행에 대해 (우리는 결코 가져본 적 없는) 고도로 중앙집중화된 대출성과관리 시스템을 갖추기를 기대한다는 의미다. 아울러 우리는 우리의 분권화가 대출 손실을 그토록 낮게 유지할 수 있는 주요 원인 가운데 하나라고 여겼다. 우리는 지점 관리자들이 모두 리스크가 낮은 대출 정책을 따르고 보수적인 태도를 견지하기를 기대한다. 이는 최고경영진에게 리스크가 높은 제안은 거의 올라가지 않는다는 의미다. 그러한 제안은 그룹의 대출관리부서에 도달하기 전에 걸러진다. 대출관리부서는 겨우 9명으로 구성되어 있으며, 이들이 대규모 제안들을 모두 검토하고 있다(그 정도로도 충분하다). 그런데 그게 문제가 되기도 한다. 규제기관들은 대출 상품을 출시하는 비즈니스 조직이라면 모든 종류의 대출을 추적하고 관리하는 직원들의 수도 대단히 많아야 한다고 생각하기 때문이다. 이렇듯 우리는 금융감독청의 요건들을 충족시킬 수 있으려면 규제들을 지키기 위해 지침을 바꾸고 새로운 직원들을 고용해야 한다는 점에서 컴플라이언스 문제를 갖게 된다. 결코 컴플라이언스 자체가 문제 되는 것이 아니다.

우리는 가장 중요한 이슈 가운데 하나가 투명성이며, 투명성은 평평하고 간소한 조직을 구축함으로써 이룰 수 있다고 생각한다. 우리의 관리계층은 3개뿐이다. 일부 은행에는 7, 8개의 관리계층이 있다! 관리계층이 3개뿐이면 투명성을 유지하기가 훨씬 쉬워진다. 이렇게 되면 통제가 매우 간단해진다. 예를 들어 내가 지점에서 일어나는 상황을 실제로 파악하는 일도 어느 정도 가능하다. 나는 여러 가지 동향을 보고 지점들의 특정 범주의 성과가 작년보다 올해에 더 나아진 이유를 알 수도 있고, 서로 다른 유형의 지점들의 비용과 수익 상황이 어떠한지도 꽤 적절하게 파악할 수 있다. 이러한 것들을 파악하게 되면 앞에서 언급한 투명성이 더욱 강화된다. 이는 CEO와 CFO, 여타의 고위 관리자들이 실제로 일선에서 일어나는 상황을 지속적으로 파악할 수 있다는 의미이다. 그리고 관리통제의 관점에서 그것이 우리 은행과 다른 대부분의 기업 사이의 커다란 차이일 것이라고 나는 생각한다.[30]

프랭크가 말하는 리스크 정책은 한델스방켄의 연차보고서에 상세하게 나타나 있다.

당 은행은 거래와 해당 거래가 유발하는 리스크에 대해 개별 직원에게 책임을 위임하고자 한다. 고객과 시장 상황을 가장 잘 아는 사람은 리스크를 평가하기에도 가장 좋은 입장에 있는 셈이다. 이렇게 되면 각각의 비즈니스

운영에 대해 책임 소재가 명확해지며 책임 이행이 고객과 최대한 가까이에서 이뤄진다.[31]

이러한 접근방법은 놀라울 정도로 성공적이었다. 한델스방켄 연차보고서에는 이렇게 적혀 있다.

당 은행은 신용 리스크와 불량 대출 관리 및 분석 방법 덕분에 오랫동안 (그리고 특히 1990년대 초반에) 엄청난 대출액에 비해 대출 손실은 경쟁사들보다 현저하게 낮은 수준을 유지해왔다.[32]

전사적으로 리스크를 관리하라

CFO들은 끊임없이 예측 불가능한 사건들과 씨름하면서 비즈니스의 위협 요소가 언제 어디서든 유발될 수 있다는 점을 상기하게 된다. 여기에는 테러 공격이나 금융 재난뿐 아니라, 새로운 경쟁자나 신기술의 출현 또는 시장 변화에 대한 예측 실패 등의 전략 리스크도 포함된다. 그러나 이러한 주요 위협들 대부분은 정확하게 측정되거나 모니터 되지 않는다.

대부분의 CFO는 이러한 리스크를 관리하려면 더 포괄적인 시스템이 필요하다는 것을 인지하고 있다. 더 포괄적인 접근방식이란 주로 재무와 관련된 위험한 리스크에 초점을 맞추는 전통적인 리스크 관리와는 달리 운영 리스크 및 전략 리스크까지 다루는 것으로서, 최근에 전사적 리스크 관리(ERM)로 불리고 있다. ERM에는 회사의 모든 리스크를 일관된 방식으로 분류하고 전 부서에 걸친 접근방식을 적용하여 그것들을 관리하는 것이 포함된다.

일부 조직은 ERM을 사용하여 차트에 나타난 심각성과 빈도를 토대로 모든 운영 리스크의 등급을 평가하는 리스크 관리 매트릭스를 작성했다. 리스크는 또한 완전히 전가된(보험에 가입된) 리스크, 부분적으로 전가된 리스크, 전가되지 않은(회사가 떠안는) 리스크로 분류된다. 이것은 28억 달러 규모의 석탄 생산 및 유통업체인 피바디 에너지Peabody Energy가 취한 접근방식으로, CFO인 릭 나바르Rick Navarre가 감사위원회를 교육하기 위해 처음 시작했다. 그는 자사가 직면했던 모든 리스크의 포트폴리오를 제시함으로써 그러한 리스크들을 다룬 방식에 대해 설명할 수 있었다. "나는 직원들이 우리가 직면하는 모든 리스크를 식별하고 있으며 감수하길 원치 않는 리스크에 대해서는 구체적인 리스크 전가 및 완화 전략을 실행했다는 안도감을 느꼈으면 좋겠다고 생각했다." 나바르의 말이다.[33]

그는 다양한 위치에 있는 열두 명 이상의 임원들을 대상으로 설문조사를 실시하여 각자의 관리영역에 도전이 되는 리스크가 무엇이라고 생각하는지 파악해보았다. 리스크의 범주는 운영 리스크와 재무 리스크, 전략 리스크, IT 리스크 네 가지였다. 재무조직과 운영부서, 그밖에 다양한 부서 구성원들로 구성된 나바르 팀은 경험과 직관, 조사를 결합하여 빈도와 심각성 측면에서 각 리스크의 예상 확률을 계산했다. 그들은 내부에서 개발한 리스크 매핑risk-mapping 소프트웨어를 사용해서 매트릭스에 해당 리스크들을 기입하고 색으로 구분했다. 빨간색은 거의 또는 전혀 전가되지 않은 리스크였고, 파란색은 완전히 전가된 리스크였으며, 녹색은 부분적으로 전가된 리스크를 나타냈다. 이 소프트웨어를 통해 나바르 팀은 특정 리스크를 드릴 다운drill down◆ 방식으로 분석하고, 리스크 분류 체계에서 해당 리스크가 갖는 상대적인 중요성에서부터 그 리스크에 대한 상세한 분석을, 또는 해당 리스크가 전가되거나 완화될 경우 그 리스크를 관리하는 책임이 누구에게 있는지를 보여줄 수 있다.

전체 프로세스는 다소 역동적이다. 피바디는 나바르를 의장으로 하여 전사全社 리스크관리위원회를 구성하고, 한 달에 한 번씩 모여 회사의 리스크를 지속적으로 평가했다. 나바르는 이렇게 설명한다.

> 새로운 리스크가 나타나면(이를테면 합작투자나 인수합병에 들어가면) 우리는 함께 모여 거기에 내재한 리스크를 평가하고 ERM 프로세스를 실행시킨다.

그는 또한 이로써 얻는 이익에 대해서도 분명하게 밝힌다.

> 그것은 사내 모든 부서의 고위 경영진 팀들 전체가 관여하여 리스크를 평가하는, 광범위한 집중 프로세스다. ERM은 개별 리스크들에 집중하기보다는 회사의 모든 리스크를 평가하고 그것들을 개별적으로 그리고 서로와 연관 지어 이해함으로써, 그렇지 않았더라면 식별해내지 못했을 리스크들을 잠재적으로 식별해내어 리스크를 완화할 것인지 감수할 것인지 결정할 수 있게 해준다.[34]

◆ 특정 주제에 대해 넓은 범위로부터 좁은 범위로 단계적으로 접근하는 분석 방법.

ERM은 부서별 리스크 관리에서 조직 전체에 걸친 리스크 관리로의 전환을 의미한다. 그것은 최고경영진에게 리스크에 대한 더 나은 시각을 제공하며 포트폴리오 접근방식을 가능하게 해준다. 조직 전체에 걸쳐 리스크 관리 프로세스가 통합적일수록 CFO들은 더욱 만족할 수 있다. 마찬가지로 리스크 관리가 전략적 계획수립 프로세스와 밀접하게 연계될수록 CFO들은 그것이 더 효과적이라고 믿는다.[35] 이리스크eRisk의 창립자이자 전前 피델리티 인베스트먼트Fidelity Investments 최고리스크관리자인 제임스 램James Lam은 성공적인 리스크 관리의 주요 요건 중 하나는 적절한 보고 시스템을 갖추는 것이라고 주장한다. 그의 관점에 따르면, 최고경영진에게 올라가는 이상적인 월간 리스크 보고는 두 페이지만으로 충분하다. 다만, 그 두 페이지에는 다음 세 가지가 담겨 있어야 한다.

- 매출총손실 경영진이 회사가 겪은 운영손실과 대출손실, 시장손실을 이해하도록 도우며 수익 관련 동향들을 보여준다.
- 리스크 사건 손실을 유발했을 가능성이 있거나 그렇지는 않지만 알아둘 가치가 있는 최근의 리스크 사건들을 규명해준다
- 관리 평가 관리 부분에 의한 자체 평가다. '나는 무엇 때문에 밤잠을 설치는가?', '나는 무엇을 걱정해야 하는가?' 등을 평가한다.[36]

펩시PepsiCo의 재무담당 수석 부사장인 매트 매케나Matt McKenna에 따르면, 그들은 투자에서 주요한 손실을 겪은 후 주로 이사회의 감사위원회에서 밀어붙인 덕분에 ERM을 도입하게 되었다. "새로운 리스크 프로그램의 한 가지 목표는, 투자가 이뤄지고 난 이후 재무부문이 여타의 사업단위들과

긴밀하게 협력하여 투자 리스크를 관리하도록 만드는 것이다." 매케나의 말이다. 펩시의 재무담당 부사장 피터 톰슨Peter Thompson은 자사의 새로운 리스크 프로그램이 다음 네 가지 이슈에 초점을 맞췄다고 설명한다.

- 리스크들을 정의하고 우선순위를 매긴다 펩시는 수많은 리스크에 우선순위를 매기기 위해서 세 가지 카테고리를 만들었다. ① 회사를 파산시킬 수 있는 리스크, ② 회사에 손상을 입힐 수 있는 리스크, ③ '소음', 즉 경영진의 시간이 별로 소요되지 않을 만큼 비교적 소소한 리스크가 그것이다. 톰슨은 단기적인 압박 때문에 주요 장기적 리스크를 간과하는 일은 반드시 피해야 한다고 강조한다. "어떻게 인지하느냐가 당신의 리스크 초점을 모양 짓는다. 그러나 그 인지는 왜곡될 수 있다. 특히 분기별 순이익 압박에 의해서 말이다."
- 리스크 허용한도를 설정한다 회사 전체에 걸쳐, 그리고 사업단위별로 경영진이 어느 정도의 리스크까지 기꺼이 허용할 것인지를 결정한다.
- 리스크 식별 이 영역의 주요 변화는 내부감사의 초점을 바꿔 운영감사를 좀 더 많이 포함하도록 만든 것이었다.
- 리스크 관리 및 완화 이 영역에서 펩시의 노력은 세 가지 활동에 초점을 맞췄다. 첫째는 위기관리의 개선으로, 여기에는 회사의 모든 비즈니스 프로세스에 대한 이해력 향상이 수반된다. 둘째, 재무조직은 그들의 프로세스들이 좀 더 리스크 관리에 치중하도록 만들었다. 여기에는 비공식적인 리스크 검토의 횟수 및 빈도의 증가가 포함된다. 마지막으로 매케나는 투자 관리에 대한 새로운 접근방식을 개발

하는 데 초점을 맞춰 재무정책을 갱신하려는 노력을 이끌고 있다.[37]

일부 재무담당 임원들은 리스크 관리가 몇 가지 방식으로 경쟁 우위를 창출할 수 있다고 믿는다. 첫째, 해당 업계의 핵심 리스크들을 경쟁사보다 적절하게 관리하는 기업은 시간이 갈수록 더 많은 이익을 창출 또는 유지할 수 있는 강력한 입지를 다지게 된다. 머크Merck의 제품 개발 리스크 통제가 한 예다. 제품 개발 단계의 리스크들을 주의 깊게 모델링함으로써 머크는 자사의 주요 수익원에 대해 더 많은 통찰력을 얻고 있다. 머크의 부사장이자 재무담당관인 캐롤라인 도로사Caroline Dorosa는 이렇게 말한다.

우리는 이 리스크를 금융상품으로 전환할 생각이 전혀 없다. 이것은 주주 가치를 창출하는 리스크이기 때문이다. 경영진에게 파이프라인 프로세스 pipeline process 관리에 대해 추가적인 통찰력을 제공하기 위한 모든 행동은 우리의 경쟁력 포지션을 강화하는 데 기여할 수 있어야 한다.[38]

둘째, ERM 시스템은 CEO와 CFO가 프로젝트 리스크를 좀 더 철저하게 평가하도록 돕는다. 조직의 전체 리스크 수준을 파악하고 감당할 수 있는 리스크의 총량이 어느 정도인지 알면 회사의 리스크 프로파일에 맞는 투자를 좀 더 쉽게 식별할 수 있다. 이러한 지식이 없다면 경영진은 혁신의 기회를 잡지 못할 것이다. "적절한 리스크 관리가 이뤄지지 않으면 지나치게 보수적인 태도를 갖게 되어 자본을 특정 비즈니스에 효과적으로 배분할 수 없게 될 수도 있다." 노스캐롤라이나에 기반을 둔 발전 및 천연가스·전기 공급업체 듀크에너지Duke Energy의 최고리스크관리자이자 전前

CFO인 리처드 오스본Richard Osborne의 말이다.[39]

셋째, 리스크 관리와 계획수립을 통합하면 회사의 전체 리스크를 줄이고 성과를 높여주는 프로젝트를 식별하는 데 도움이 될 수 있다. 예를 들어 네덜란드의 화학제품 및 약품 제조업체인 아크조 노벨Akzo Nobel은 화학제품과 코팅 사업에서 리스크 감소 기회를 발견했다. 그중 한 가지 프로젝트는 물을 이용한 코팅 라인의 개발이다. 이러한 제품들은 해당 기업의 책임 및 직원 안전 리스크를 줄여줄 뿐 아니라, 더 높은 이윤을 창출한다. 아크조 노벨의 리스크 및 보험 책임자인 안데르스 비야르네할Anders Bjarnehall은 이렇게 말한다.

> 만일 우리가 특정 환경 리스크나 향인성 리스크*를 식별하고 제품 개발 일선에 설 수 있다면, 우리는 분명히 친환경 화학제품을 요구하는 시장에서 유리한 입지를 구축할 수 있을 것이다.[40]

리스크 관리를 전략적 계획수립 프로세스와 통합하라

톰킨스의 켄 레버는 사베인스-옥슬리법이 제정되어 전략적 통제에서 내부감사로 중점이 옮겨 갔다는 사실이 절망스럽다고 말한다. 이는 많은 CFO를 대변하는 말이다. 그는 다음과 같이 설명한다.

> 사베인스-옥슬리법의 역할은 우리의 통제 시스템을 뒷받침하는 수많은 상세 문서자료를 보유하도록 강제하는 것뿐이다. 그런 다음 경영진으로 하

◆ 질병, 사고, 사망 등 사람에게 발생할 수 있는 리스크.

여금 지속적으로 그것들을 시험하도록 강요한다. 이는 그 미미한 혜택에 비해 엄청난 수고를 요구한다. 공정하게 말하면, 특정 영역에서 통제와 관련하여 해결해야 마땅한 두세 가지 취약점이 발견되기도 한다. 그러나 사베인스-옥슬리법은 진짜 문제를 해결해주지 못한다고 생각한다. 나는 사업체의 가치 파괴 중 90%는 통제 시스템상의 문제가 아닌 전략적 오류에 기인한다고 생각한다. 우리의 통제 시스템에 존재하는 약점이 중대한 재무 관련 오류를 유발한다면 나는 물론 매우 놀랄 것이다. 그러나 커다란 전략적 실수는 기업과 그 주주들에게 수천만 달러의 손해를 끼칠 수 있다. 나는 사베인스-옥슬리법의 문제가 진짜 쟁점에 초점을 맞추지 않는 것이라고 생각한다. 진짜 쟁점들은 리스크와 관련된 것이다. 우리는 결국 감사인들과 증권거래위원회(SEC)가 우리가 적절하게 해나가고 있음을 확인할 수 있도록 수많은 문서자료를 준비하고 테스트 제도를 갖추는 데서 끝날 것이다. 그것이 주식회사 미국에 가치를 더해준다면 정말이지 대단히 놀라운 일이 아닐 수 없다. 내가 보기에 그것은 주주들에게서 회계사나 변호사들에게로 가치가 대대적으로 이동하는 활동에 불과할 것 같다.[41]

진정 중요한 문제는 커다란 전략적 오류들을 예방하는 것이다. 심리학자들이 연구한 결과, 대부분의 관리자들은 미래의 결과 예측을 과신하는 경향이 있으며, 자신이 실제보다 더 큰 통제력을 갖고 있다고 생각한다는 사실이 드러났다. 이 점이 드러나자 일부 기업은 리스크 관리와 전략적 계획수립을 더 긴밀하게 통합하는 방법을 모색하기 시작했다. 그중 몇몇은 명백하게 이러한 변화에 성공했다. 예를 들어 듀크에너지는 전략적 계획수립을 전사적 리스크 관리부서에 포함시켰다. "듀크에너지가 가진 역량으로 투자자들에게 최고의 위험조정수익률을 달성해줄 수 있는 영역이 어디인지 결정하는 것은 우리의 책임이다." 리처드 오스본의 말이다. 아크조 노벨과 아벤티스Aventis를 포함하여 다른 기업들도 좀 더 비공식적인 방식으로, 그러나 리스크 관리를 이용하여 가치창출에 추진력을 제공하겠다는 동일한 목표를 갖고 계획수립과 리스크 관리를 연계시키고 있다.[42]

일부 CFO와 리스크 관리자들은 다뤄야 할 리스크를 목록으로 정리하는 데 시간을 소비한다. 그러나 리스크는 깔끔하게 분류하고 목록으로 정리한다고 해서 해결되는 게 아니다. 또 하나의 문제는 리스크 분석이 대개 행동 개시 시점을 표시해준다는 것이다. 그러나 관리자들은 리스크를 쉽게 분류하지 못한다. 예를 들어 '시장점유율을 잃는 리스크'는 매우 광범위한 사건들을 수반할 수 있다. 리스크를 쪼개는 것도 관리자들로 하여금 주요 리스크를 행동 개시가 필요치 않은 작은 하위 리스크로 재분류함으로써 행동을 취하는 것을 회피하도록 부추긴다.

가장 효과적인 통제 시스템은 단연 부적절한 의사결정을 방지하는 시스템이라는 인식이 점점 증가하고 있다. 수많은 조직이 점차 전략적 통제를 사용하여 관리자들로 하여금 성과에 책임을 지게 하는 것은 바로 이런 이유 때문이다. 이는 전략적 목표가 무엇인지에 대해 관리자들끼리 합의에 도달한 다음, 그것을 달성하게 도와주는 도전적인 계획과 행동을 실천하는 데 전념하는 것을 의미한다.

그룹 간부들은 이러한 프로세스를 지원하는 데 필요한 통제 시스템 및 전략 개발 측면에서 중요한 역할을 수행해야 한다. 예를 들어 그들은 전략 개발과 의사결정을 위한 지침과 방향을 설정하고, 사업단위 관리자들이 핵심적인 가정과 리스크를 합당하게 설명할 수 있도록 촉구해야 한다. 해당 프로세스의 출발점은 사업단위다. 이들은 나름의 목표와 계획을 세우고 그것들을 그룹의 목표와 일치시키도록 돕는 (구체적인 목표는 아니지만) 명확한 지침들과 기대치를 부여받는다. 기업 본사의 역할은 지휘와 통제가 아니라 독려와 지원이다. 이렇게 되면 사업단위 팀들은 자연재해나 고객 문제처럼 예측 불가능한 사건을 다루고, 계획 및 예측을 실시간으로 조정할 수 있게 된다. 이는 조직이 효과적이고 신속하게 반응하도록 해준다는 점에서 매우 강력하다. 또한 이러한 프로세스는 (사베인스-옥슬리법의 핵심 요건인) 신속한 공개를 가능하게 해준다.

일부 조직은 미래를 예측하기 위해서가 아니라, 특정 시나리오가 발생하면 신속하게 대응하는 능력을 키우기 위해 시나리오 계획수립 방법을 사용했다. 로열 더치셸Royal Dutch/Shell은 1973년 오일쇼크 당시와 1989년 구소련 말기에 한 가지 계획을 갖고 있었다고 한다. 셸의 전 간부인 아리드 호이스Arie de Geus는 "시나리오는 신호에서 잡음을 걸러주는 역할을 하여" 관리자들이 중요한 환경적 신호들에 민감하게 반응하도록 만들어준다고 한 바 있다.[43] 이러한 방식은 간과하기 쉬운 미래의 가능한 결과들을 인식하도록 도와준다. 그러나 가능성이 아주 낮은 리스크들을 과장하여 값비싼 비상 대책에 불필요하게 돈을 낭비하게 될 위험이 따르기도 한다.

열린 마음으로 불확실성에 접근하라

2002년 노벨 경제학상 수상자인 대니얼 카너먼Daniel Kahneman 교수는 처음으로 의사결정이 내려지는 방식에 대해 조사했다.[44] 그의 결론은, 자기

이익의 최대화라는 관점에서 인간의 행동을 설명하려는 전통적인 경제 이론으로는 사람들의 실제 행동을 예측할 수 없다는 것이다. 사실, 개인 의사결정자들은 꽤 좋은 정보를 갖고 있을 때조차도 비합리적인 선택을 할 때가 많다. 카너먼은 이렇게 설명한다.

해당 주제를 연구하는 사람 중 다수는 매우 다른 2개의 시스템이 존재하며, 이 두 시스템은 실제로 제각기 매우 다른 특징을 갖고 있다고 생각한다. 이 두 가지는 대개 '직관'과 '이성'으로 알려져 있지만, 어떤 이들은 '시스템 1'과 '시스템 2'라고 부르기도 한다.

카너먼에 따르면, 수준 높은 의사결정자들, 특히 (대개는 연관된 확률 추정이 포함된 의사결정 트리를 다루는) 의사결정이론을 공부한 사람들은 항상 시스템 2를 사용할 거라고 생각되지만 실상은 그렇지 않다고 한다. 의사결정자들은 의사결정 분석을 좋아하지 않는다. 의사결정 분석은 의사결정이 몇 가지 모험들 가운데서 선택하는 것이라는 생각을 토대로 하기 때문이다. 카너먼은 이렇게 주장한다.

관리자들은 스스로를 폭풍우가 몰아치는 바다에 떠 있는 배의 선장이라고 생각한다. 그들에게 리스크는 위험한 것이지만 그들은 고도의 통제 상태에서 그것과 싸우고 있다. 모험을 하고 있다고 생각하면, 특정 시점에 통제력을 잃게 되며 특정 시점을 넘어서면 더 이상 통제력을 보유하지 못한다는 점을 인정하는 셈이다. 이것은 의사결정 관리자들이 질색하는 것이다. 그들은 그것을 거부한다. 그리고 이것이 바로 그들이 의사결정 분석을 거부하는 이유다.

대신에 그들은 감정의 지배를 받는다. …… 확률을 토대로 삼는 게 아니라 우려나 기대를 토대로 삼는다는 의미다. 감정이 개입될수록 분별력은 흐려진다.

다시 말해 최악의 상황을 가정한 시나리오가 확률 평가를 압도하게 된다는 의미다.

얼핏 생각하기엔 잘 이해되지 않을 수도 있지만, 그룹 차원의 의사결정은 개인의 의사결정보다 더 극단적일 수 있다. 배심원단에 대한 조사가 이점을 입증한다(개인들은 집단 내에서 우세한 것으로 인지되는 관점에 도달하기 위해 자신의 관점을 억누른다). 비즈니스의 맥락에서 집단은 좀 더 낙관적인 경향이 있으며, 이것이 높은 리스크가 수반되는 행동에 대한 고려로 이어질 수 있다. 게다가 리스크에 대한 인지는 구성원의 동기에 의해 왜곡된다. 카너먼은 조직들이 개인과 집단 모두에 대해 의사결정이 내려지는 방식을 검토하는 메커니즘을 갖춰야 한다고 믿는다. 특히 그는 대부분의 조직이 실수로부터 교훈을 얻지 않는다고 말한다(대부분의 조직은 의사결정 시점부터 최종 결과가 도출될 때까지 그들의 의사결정 프로세스를 추적하지도 않는다). "그들은 실제로 자신이 무엇을 잘못했는지 파악하는 데 조금의 노력도 투자하지 않는다. 게다가 이는 무의식적인 것도 아니다. 그들은 알고 싶어 하지 않는 것이다." 카너먼의 말이다.

카너먼의 연구는 대부분의 관리자들이 이미 알고 있는 것, 즉 의사결정은 우리가 믿고 싶어 하는 것보다 더 주관적이고 비합리적이라는 사실을 다시 한 번 확인해주는 셈이다. 일부 조직에서는 부적절한 동기와 문제적 행동들이 이러한 비합리성을 강화한다. 실제로 어떤 조직들은 불확실성을 은폐하는 문화를 갖고 있다. 이런 일은 때로 무의식적으로 이뤄지기도 하지만, 때로는 의식적으로 이뤄진다. 그러나 대개는 은밀하게 일어나기 때문에 감지하기가 어렵다. 예를 들어 대부분의 관리자들은 프로젝트 아이디어를 납득시키는 것이 일종의 기술이라고 믿고 진실을 왜곡하면서까지 그러한 '기술'을 연마한다. 또 하나의 문제는, 일부 관리자는 평가하기 어려운 리스크들에 대한 책임을 회피하기 위해서라면 무슨 일이든 하려 든다는 사실이다. 그들은 그것을 명확하게 다루기보다는 무시하고 싶은 유혹에 빠진다.

조직 구성원이 미래에 대해 좀 더 현실적으로 생각하고 리스크와 불확실성에 좀 더 허심탄회하고 솔직한 태도를 견지하게 하려면 어떻게 해야 하는가? 영국의 리스크 관리 전문가 매튜 레이치Mattew Leitch는 몇 가지 방법을 제안한다.

- 리더들이 확실하게 윤리적인 태도를 취하도록 하라 리더는 불확실성을 숨기는 것은 잘못되었다고 말하는 강력한 윤리적 태도를 취해야 한다. "불확실성을 숨기는 '대담한' 프레젠테이션은 바람직한 사교 기술의 증거가 아니다. 그것은 비난받아 마땅한 거짓말이다." 레이치의 말이다.

- 초기 개입을 장려하라 대부분의 비즈니스 사례와 수준 높은 프로젝트 계획은 모종의 방식으로 리스크를 다루고 있다. 그것은 종종 제안서의 한 부분에 '프로젝트 리스크'라는 제목으로 포함된다. 레이

치는 그것이 너무 늦게 다뤄진다고 지적한다. "리스크에 대한 부분을 작성할 무렵이면 우리는 이미 아이디어와 접근방식에 몰두해 있는 상태다. 따라서 한 번 이상 회의를 갖고 구두로 그것을 옹호한 상태일 것이다. 우리는 제안서의 승인을 우리의 개인적인 성공과 동일시한다." 그는 직원들이 개인적으로 전념하기 전에 리더들은 불확실성이 미리 식별되는 부분에서 필요한 기법을 모색해야 한다고 조언한다. 리스크에 대한 고려는 아이디어 개발 과정의 일부가 되어야지 아이디어 평가 방식의 일부가 되어서는 안 된다.

- **조작하기 어려운 기법을 사용하라** 레이치에 따르면, 일부 리스크 관리 기법은 다른 것들에 비해 조작하기가 어렵다. 그는 몇 가지 예를 제공한다. 인기 없는 리스크를 미리 열거해놓고 자발적 감수 의사를 원천 봉쇄하는 리스크 분석도구, 대응방안의 틀이 이미 갖춰져 있어 제출자가 용도에 맞춰 재단하고 행 고르기만 하면 되는 리스크 계획도구, 순전히 주관적인 것이 아니라 객관적 리스크 요인이 뒷받침하는 리스크 평가, 모든 데이터의 출처를 확실하게 기술하라는(그저 의견 제시자의 이름을 쓰는 정도라도 말이다) 요구 등이 그것이다.

- **하방 리스크와 상방 리스크 모두에 초점을 맞춰라** 레이치는 상방 리스크와 하방 리스크 관리를 통합하면 전체 프로세스에서 부정적인 느낌과 방어적인 느낌이 줄고 균형 잡힌 느낌이 강해진다고 말한다. 이는 구성원들로 하여금 미래에 대해 좀 더 개방적인 마인드를 갖는 데에 주력하도록 독려한다. 그러나 그는 높은 예측과 낮은 예측을 쓸모 없게 만드는 두 가지 문제에 대해 경고한다. 한 가지 문

제는 때때로 높은 예측이나 낮은 예측의 실현 가능성을 전혀 확신할 수 없다는 것이다. 그것이 정말 최고 또는 최저의 가능한 값인가? 아니면 결과가 최고치와 최저치 사이에 있을 거라고 예측자가 80% 정도 확신하는 범위인가(혹은 다른 정도로 확신하는 것인가)? 이 점을 분명히 할 필요가 있다. 그러나 사람들은 각각의 투입변수에 대해 높은 값과 낮은 값을 고르고 나서 결과를 계산하는 경우가 더 많다. 이는 전반적으로 낮은 산출은 최악의 악몽들이 모두 한꺼번에 실현되는 결과인 반면, 최고의 산출은 가장 무모한 꿈들이 모두 실현될 때의 결과라는 의미다. 둘 다 가능성은 매우 희박할 수밖에 없다. 특히 투입변수들이 많을 때는 더욱 그러하다. 따라서 그 범위가 과도하게 넓게 잡히는 것이다.

■ **자연스러운 기법을 사용하라** 불확실성 은폐 심리에 대항하기 위해서 리스크 관리 도구모음에는 신속하게 사용할 수 있고 쉬우며 자연스러운 기법이 더 많이 포함되어야 한다. 한 예로 레이치가 말하는 '진화하는 불확실성 목록'을 들 수 있다. 이 목록은 어떤 아이디어나 계획을 수립하는 과정에서 유용하다. 변수가 달라질 때마다 여전히 남아서 현재 진행 중인 일과 일정 부분 관련성을 갖는 불확실성의 영역들을 간단히 적고, 그것의 잠재적인 영향력을 고려해보고, 다른 불확실성들을 찾아내는 방법과 불확실성이 남아 있을 경우 취할 수 있는 조치에 대해 생각하는 것이다. 초반에는 불확실성의 영역이 조사와 생산적인 사고에 추진력을 제공하는 경향이 있다. 이 단계에서 취하는 행동은 대부분 더 많은 것을 파악해내거나 생각해내는 것이기 때문이다. 계획 작성이 끝나갈수록 처음의 리스크가 해

당 프로젝트에 맞춰지면서 목록이 모양을 갖춰간다. 이렇게 빠르고 간단한 기법은 별도의 명령 절차가 없을 때조차도 관리자 행동방식의 일부가 될 수 있다.[45]

효과적인 피드백 통제를 제공하라

리스크를 효과적으로 관리하는 것이 전부는 아니다. 예상치 못한 사건들이 일어날 때 신속하게 대응하는 것도 그에 못지않게 중요하다. 그러나 이것을 방해하는 수많은 장벽이 존재한다. 그중 하나는 고정 연간목표와 그것을 달성하기 위해 수행하는 단기적인 예측들이다. 이러한 것들은 실패에 대한 두려움을 만들어낼 수밖에 없으며, 그러한 두려움은 다시 나쁜 소식의 전달을 차단하는 역할을 한다. 예기치 못한 사건이 일어날 때마다 가혹한 뉴스를 전달하고 싶어 하는 관리자는 없다. 따라서 관리자들은 나쁜 소식을 교묘하게 처리하고, 그것을 상쇄하는 좋은 소식을 찾아서 그들의 예측에 끼워 넣으려고 노력한다. 이러한 문제는 대응하는 데 걸리는 시간이 길어질수록 더욱 악화된다. 선택 가능한 대응방안들이 줄기 시작하고 이윤에 미치는 영향도 악화되기 때문이다(〈그림 6-1〉 참조). 관리자들이 초기 경고 신호(예를 들면 경기침체나 경쟁자의 행동, 고객불만족)를 감지하여 그에 대해 신속하게 조치를 취할 수 있다면, 필경 기회를 극대화하고 새로이 나타나는 위협들을 피할 수 있을 것이다.

2002년에 시어스 로벅Sears Roebuck에서 일어난 일은 나쁜 소식이 은폐될 경우 극도로 불리한 결과가 도출될 수 있음을 보여주는 좋은 예다. 신용카

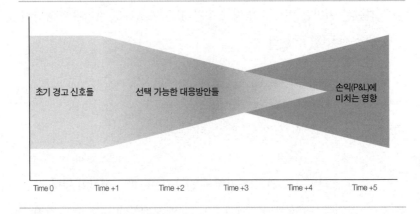

초기 경고 신호들   선택 가능한 대응방안들   손익(P&L)에 미치는 영향

Time 0   Time +1   Time +2   Time +3   Time +4   Time +5

드 사업은 시어스의 수익성을 책임지는 주요 원천이었다(원래 신용카드 회사인데 장난삼아 소매업에 뛰어들었다는 말이 있을 정도였다). 당시 도입된 지 얼마 안 되던 시어스 마스터카드는 성공적이긴 했지만 계획한 성장 수준을 달성하진 못했다. 사용자 평균 결제액이 예측한 것보다 현저히 낮았던 것이다. 그래서 2002년 초에 시어스는 이자율과 수수료를 경쟁력 있는 수준보다 훨씬 높이는 조치를 취했다. 그러나 이러한 조치는 이미 높은 수준이었던 연체율을 훨씬 더 높이 끌어올렸다. 시어스의 고객 대부분이 다른 곳에서 대출을 얻을 수 없었기 때문이다. 불량대부가 한 분기에 50%까지 증가하면서 곧바로 커다란 문제가 불거졌다.

　문제는 시어스가 평균 240일이 지날 때까지 불량대부들을 장부에서 지우지 못했다는 것이었다. 그래서 관리자들은 지불 연기의 추세와 결손 처분의 가능성이 크다는 점을 알고 있었음에도, 수치를 달성해야 한다는 압박감 때문에 만기일까지 그것을 보고해야 할 책무를 회피했다. 시어스는 결국 대출 포트폴리오에 대한 부적절한 관리감독 및 보고로 인한 피해가 회사에 너무도 여러 차례 뜻밖의 결과를 안겨줬다는 결론을 내렸다. 2003년 초에 시어스는 매출채권 290억 달러를 30억 달러에 시티그룹에 매각했다고 발표했다.[46]

적절하게 통제되는 조직은 나쁜 소식을 재빨리 받아들여 거기에 대응한다. 이런 방식을 취하면 하위 관리자들은 나쁜 뉴스가 가져올 결과를 예측에 포함하는 것을 두려워하지 않는다. 빌 게이츠는 이에 대해 적절하게 조언했다.

나쁜 소식을 독려하고 그것에 귀를 기울이는 방식으로 조직의 태도를 변화시키는 것은 위로부터 이뤄져야 한다. CEO와 여타의 고위 간부들은 나쁜 소식을 받아들이게 하고 조직 전체에 걸쳐 나쁜 소식을 요구하도록 만들어야 한다. 나쁜 조류를 몰고 오는 사람은 벌이 아니라 상을 받아야 한다. 비즈니스 리더들은 세일즈맨과 제품 개발자, 고객들로부터 경보를 받길 원해야 한다. 그저 경보를 끄고 다시 잠자리에 들 수는 없다. 당신의 회사가 생존하길 원한다면 결코 그래선 안 된다.[47]

한델스방켄의 관리자들은 나쁜 소식을 즉각 공유한다. 예를 들어 한 지점이 고객을 잃었다면 해당 상황을 회복하려고 노력하고, 유용한 지식을 갖고 있을 법한 사람들의 도움을 받거나 잃어버린 거래를 대체해야 한다. 이런 경우에는 지역 관리자들에게 도움을 요청할 수 있다.

일련의 빠른 피드백 통제를 사용하라

대부분의 조직은 목표와 예산을 토대로 운영하면서 변동요인을 관리자들에게 추가적인 조치가 필요한지 여부를 알려주는 주요 피드백 자료로 사용한다. 그러나 (대개는 다달이 보고되는) 변동요인은 종종 너무 늦게 나타나며 문제의 근본적인 원인을 다루지 못한다. 일부 선두기업이 신속한 재무 결과와 KPI, 가까운 미래 예측 등을 포함하는 광범위한 피드백 통제를 사용하는 것은 바로 이런 이유 때문이다. 이들의 경우, 실질적인 재무 결과들은 주로 간략하게 요약되며 추세와 이동평균으로 제시된다 (이 점에 대해서는 제5장에서 논의했다). 또한 이전 기간들과 비교되어 제시된다. 재무 정보의 분석 및 발표는 신속하고 적절해야 한다. 그 목표는 실시간 회계 시스템을 갖추는 것이다. 회계 데이터를 관련성 있는 수치들로 유지하고 예산 및 변동요인 분석을 배제하면 보고의 부담을 덜 수 있다. 슬림패스트와 톰킨스, 한델스방켄, 코그노스 같은 조직은 사실상 온라인으로 결과를 산출하여 관리자들이 현재 일어나는 상황을 통제할 수 있게 한다. 이렇게 되면 이상 징후나 갑작스러운 동향에 신속하게 대응할 수 있다.

KPI는 경영의 레이더망인 셈이다. 그것은 무언가가 잘못되고 있을지도 모른다는 조기 경고 신호를 보낸다. KPI는 개수가 극도로 적어야 하며 경영 수준에 적합해야 한다. KPI들을 종합적으로 검토하면, 관리자들은 현재 일어나는 상황과 가까운 미래에 일어날 가능성이 큰 상황을 알려주는 일종의 성과 조감도를 얻을 수 있다. 한델스방켄과 보리알리스, 세계은행을 비롯한 일부 조직은 고정목표와 예산보다는 적합한 측정지표들을 사용하여 관리자들이 정해진 성과범위 내에서 자율적으로 판단하게 한다.

가까운 미래에 대한 예측(주로 롤링 예측)은 미래의 성과에 대해 빠르고 수준 높은 관점을 제공하는 또 하나의 통제 시스템이다. 그러나 예측에 관한 한 수사修辭와 현실 사이에는 종종 커다란 간극이 존재한다. 관리자들은 상관에게 그가 듣고 싶어 하는 얘기를 들려주고 그들의 결론을 숫자로 정당화해야 한다는 커다란 압박을 느끼기 때문이다. 대부분의 조직은 미래의 결과에 대한 단일점 추정single-point estimates◆을 토대로 예측을 수행한다. 그것들은 대개 현재 추세에 대한 외삽extrapolations, 즉 이미 알고 있는 자료에 의거한 추정일 뿐이다. 문제는 경영진들이 종종 수치를 요구한다는 것이다. 수치는 해당 예측이 확실하다는 의미를 내포한다. 결국 이러한 수치들은 과거 기간들의 '평균'이 될 수밖에 없는데, 평균은 대개 틀리기 마련이다. 평균들의 평균은 더욱 그러하며, 특히 다른 가정들이 그 평균에 의존하는 경우 위험은 더욱 커진다.

톰킨스는 미래의 결과를 예상하는 데 일련의 중단기예측을 사용한다. CFO 켄 레버에 따르면, 톰킨스는 어떤 일이 벌어지든 신속하게 대응할 수 있다.

예를 들어 우리는 2005년 1월 셋째 주에 1분기 예측을 내놓았다. 그리하여 취약점이 보이는 부분이 있으면 가능한 해결 방안에 대해 해당 부서들과 논의를 했다. 이전 시스템을 그대로 사용했다면 2월 중순이 되어서야 이런 일이 가능했을 것이다. 따라서 우리는 3주나 앞서게 된 셈이다. 우리는 현재

◆ 결과를 이끌어내기 위해 평균과 같이 가장 가능성이 큰 하나의 값을 스프레드시트에 입력하여 하나의 결괏값을 도출하는 것.

의 예측방식을 토대로 2주에 한 번씩 그룹 전체에 걸쳐 경영회의를 진행한다. 그 효과는 매우 분명하다. 모든 비즈니스 팀은 이제 자신들의 전략을 전달하고 위협과 기회가 나타날 때마다 그때그때 그것을 다루는 데 주력한다. 이로써 우리는 훨씬 더 역동적인 조직이 되었다.[48]

코그노스는 추세와 예측, 여타의 피드백 통제들을 사용하여 컴플라이언스 프로세스를 지원하고 관리자들이 상황을 통제할 수 있게 만드는 또 하나의 회사다. CFO 톰 맨리는 이렇게 말한다.

진정한 통제 시스템은 후행 분석과 감사 추적이 아니라 현주소를 파악하고 가까운 미래를 예측하는 것이다. 우리는 계획을 검토하는 데 아주 많은 시간을 투자하기 때문에, 이 회사에서 내가 재무와 관련하여 의외의 사실을 발견하기란 매우 어려울 것이다. 오늘 아침 7시에 나는 두 시간 동안 계획을 검토하는 회의에 참석했다. 리스크 관리라는 것이 예기치 못한 상황을 방지하는 것이라면, 우리의 연속적인 계획수립 프로세스는 적절하게 기능하고 있다고 생각한다. 이를 통해 나는 코그노스의 성과관리 비전을 잃지 않을 수 있다. 그것이 컴플라이언스의 핵심이라고 나는 생각한다.[49]

◇　◇　◇

최근 몇 년 동안 내부통제 시스템을 업데이트하는 데 엄청난 돈이 소비되었지만, 여전히 마음만 먹으면 시스템을 속일 수 있는 방법이 많다. 과도한 리스크 감수와 부적절한 의사결정의 궁극적인 방어책은 문화적인 것이다. 다시 말해 최고의 성과기준과 윤리기준을 설정하고 고정성과계약이 가진 최악의 측면을 피해야 한다. 또한 그것은 수정이 필요한 몇 가지 문제에 초점을 맞출 것이 아니라 전체 그림을 보라는 의미이기도 하다. 키워드는 투명성과 책임이다.

CFO의 새로운 역할 수행을 위한
체·크·리·스·트

☑ 이론적 원칙보다는 정신에 주목하라. 지배구조와 리스크 관리의 본질은
   그저 항목에 체크하는 것이 아니다. 그보다는 적절한 가치를 정하고 윤리
   적 행동을 실천하는 것과 관련된다.

☑ 윤리적 행동을 지속적으로 보강하도록 이사회의 역할을 조정하라.

☑ 지배력이 강한 CEO를 조심하라. 이사회가 주주가치의 그림자를 쫓기보
   다는 지속적으로 수익성을 높이는 데 주력하게 하라.

☑ 윤리적 행동에 대해 단호한 태도를 견지하라. 윤리적 기준의 수호자이자
   비윤리적인 보고의 최종 방어선이 되어라.

☑ 이사회에게 독립적인 내부감사 기능 보고를 직접 제공하라.

☑ 공격적인 목표와 동기를 경계하라. 그것들은 고흡리스크 전략과 잘못된
   행동으로 이어진다.

☑ 직원들이 소외되는 것을 경계하라. 최고경영진이 과도한 이익을 가져가
   는 것처럼 보이면 직원들은 자신도 똑같이 행동해도 된다고 느낀다.

☑ 정보관리에 대한 폐쇄적 사고방식을 경계하라. 투명성은 윤리적인 행동
   과 보고의 가장 강력한 힘이라는 점을 인지하라.

☑ 기업 전체를 아우르는 리스크 관리통제의 틀을 제공하라. 리스크의 심각
   성과 빈도를 평가하고 운영 리스크의 상태를 하나의 차트로 작성하라. 이
   리스크 프로파일을 이사회에 전달하고 그 의미를 교육하라.

☑ 그저 리스크 목록을 작성하는 데서 그치지 말고 계속해서 수정하고 보완하라. 리스크는 쉽게 쪼갤 수 있는 것이 아니다. 허용할 수 있는 리스크 한도에 맞추기 위해 리스크들을 쪼개고 싶은 유혹은 피해야 한다.

☑ 투자와 리스크에 대해 사업단위 관리자들과 지속적으로 논의하라. 사후가 아닌 투자 계약 이전의 리스크 관리에 초점을 맞춰라.

☑ 주요 의사결정이 있을 때마다 그 결과를 추적하고 실수에서 교훈을 얻어라.

☑ 관리자들이 열린 마음으로 불확실성에 접근하도록 독려하라. 관리자들이 투자 사례를 '납득시키고' 핵심 리스크들을 무시하는 입장에 서도록 허용하기보다는 초기 단계에서 불확실성을 다뤄라.

☑ 나쁜 소식을 거부하는 문화를 경계하라. 관리자들이 들려주고자 하는 것만을 경영진이 듣고자 한다면 재난이 야기될 것이다. 직원들이 나쁜 소식을 즉시 공유하게 하라.

☑ 신속한 재무 결과와 핵심적인 측정기준들, 가까운 미래에 대한 예측 등을 포함하는 신속한 피드백 통제를 제공하라.

제7장

CFO는
변화의 옹호자다

무언가를 변화시킨다는 것은 새로운 것을 배우는 것뿐만 아니라 방해가 될
가능성이 큰 기존의 것을 버리는 것 또한 의미한다. 대부분의 학습이론과 학습모델이
간과하는 것이 바로 이 버림의 역학, 변화에 대한 저항을 극복하는 것의 역학이다.
이 이론·모델들은 낙관적인 미래에 대한 명확한 비전만으로 무언가를 새롭게
배우는 것에 충분히 동기부여가 될 수 있다고 가정한다.

에드거 샤인_『기업문화 생존 가이드』

재무운영과 성과관리업무에 변혁을 가하는 것은 CFO가 이끄는 재무팀의 책임이다. 변화관리의 기술에 대한 책은 뭐든지 고칠 수 있다고 떠벌리는 컨설턴트들만큼이나 많이 있지만, 변화관리는 결코 쉬운 일이 아니다. 한 조직의 베스트 프랙티스를 다른 조직에 똑같이 적용하는 것은 쉽지도 않을 뿐더러 그리 효과적이지도 않다. 변화를 효과적으로 구현하는 방법은 조직마다 다를 수밖에 없다. 예를 들어 어떤 조직은 컨설턴트의 보고서에 이사회의 승인을 받아 그대로 따르고 싶어 하며, 어떤 조직은 스스로 배워가며 문제를 해결하고 싶어 한다. 주변 환경 또한 매우 다양하다. 예컨대 공공분야는 민간분야보다 제약조건이 더 많고, 비공개기업은 대개 공개기업에 비해 빠르게 움직일 수 있다(납득시켜야 할 이해관계자가 상대적으로 적기 때문이다).

서론에서 간략히 살펴본 변화관리 공식이 성공적인 변화를 예측하는 데 신뢰할 만한 지침 역할을 한다. 이 공식의 요점은 성공적인 변화란 다음 세 가지 요소의 결과물이며, 이 세 요소의 결합이 변화에 대한 저항을 극복하는 충분한 힘이 된다는 것이다.

$$D \times V \times F > R$$

D: 불만족(Dissatisfaction)
V: 비전(Vision)
F: 신뢰 구축, 핵심인물 동참을 위한 첫 번째 단계(First steps)
R: 변화에 대한 저항(Resistance to change)

이 장에서는 실례를 통해 이러한 변화를 위한 여정을 살펴보고자 한다. 세계은행과 톰킨스, 아메리칸 익스프레스, 유니레버 등을 포함하는 여러 조직의 경험을 토대로 살펴볼 것이며, 추구해야 할 이정표 또한 정리해서 보여줄 것이다. 여기서 CFO에게 다음과 같은 일을 수행할 것을 제안한다.

- 변화의 필요성을 강력히 주장하고 설득력 있게 입증한다.
- 방향을 설정하고 개시한다.
- 주요 인물들의 지원을 얻어낸다.
- 변화 프로세스에 실무자를 참여시킨다.
- 복잡성을 피한다.
- 일정 정도의 초기 성과를 보여준다.
- 참을성을 갖되 추진력을 유지한다.

변화의 필요성을 강력히 주장하고 설득력 있게 입증하라

재무 변화의 필요성에 대한 주장은 재무팀 자체에서 출발해 비즈니스 파트너 전반으로 확대되어야 한다. 재무팀에서부터 시작해보자. 지난 3개월간 당신의 팀에서 초과근무를 한 사람은 몇 명인가? 주말에 근무한 사람은 몇 명인가? 지난 한 해 동안 주어진 휴가를 모두 쓰지 못한 직원은 몇 명인가? 이런 질문들을 세미나에서 던지면 전 세계 어디에서든 대부분 공감을 표한다. 일과 삶의 균형은 열악한 상태일 뿐 아니라 더욱 악화되고 있다. 물론 더 많은 사람을 쓰는 것으로 해결할 수도 있다. 하지만 진짜 문제는 그것이 아니다. 문제들 대부분의 근본적 원인은 바로 성과관리 시스템의 작동 방식에 있기 때문이다. IT 시스템이 강력해질수록 더욱더 많은 세부사항을 보유하고 그에 액세스할 수 있게 된다. 강력한 IT 시스템으로 인해 모든 직급에서 더 많은 목표와 예산을 설정할 수 있으며, 더 많은 측정과 보고서를 도출할 수 있다. 다시 말해서, 권한 위임과 책임의식에 대한 그럴듯한 말들에도 불구하고, 이러한 시스템은 오히려 더욱 복잡하고 명령과 통제가 더 많은 방향으로 우리를 이끌고 있다. 이것이 진정 미래에 대한 우리의 비전인가? 근본적으로 바꾸지 않으면 이 모든 것이 수반하는 복잡성과 스트레스로부터 우리는 결코 자유로워질 수 없다. 이를 변화시키는 것이 CFO의 의무다.

이제 비즈니스 파트너들을 생각해보자. 서론에서 밝혔듯이 일선 관리자들이 재무팀으로부터 받는 서비스에 매우 불만족해한다는 사실은 명백하다. 그들은 필요할 때 필요한 정보를 얻지 못한다. 그들은 사업이 아니라 숫자를 관리하도록 강요하는 연간목표와 재무 사이클에 묶여 있다. 그 결과 일선 관리자들은 당면 현실에 반응할 수 있는 유연성을 거의 또는 전혀 갖지 못하게 된다. 그들은 예산에 대해 '최저 목표치로 협상하기' 또는 '(다음 회계연도에 깎이지 않기 위해) 남은 예산 다 써버리기' 등과 같은 다양한 술수를 부리도록 강요받으며, 이렇게 하지 않으면 상대적으로 불이익을 받게 되는 상황에 처한다. 그들의 실적은 끊임없이 측정되고 평가받는다. 일선 관리자들은 재무팀으로부터 실로 거의 지원을 받지 못한다. 최고의 재무관리자들조차도 저부가가치 업무에 묶여 꼼짝 못하는 상황이기 때문이다. 이러한 문제점은 당연히 **전체 조직**의 성과에 부정적인 영향을 미친다. 결과적으로, CFO에게는 진정한 변화를 이룰 기회가 생기는 셈이다. CFO는 조직과 시스템을 다른 관점에서 보기만 하면 된다.

물론 행동보다는 말이 쉽다. 대부분의 성과관리 시스템은 수십 년간 바뀌지 않은 상태다. 각종 ERP를 포함하는 새로운 IT 시스템에 대한 투자 덕분에 시간이 걸리는 많은 업무가 자동화되기는 했지만, 그와 동시에 대개의 경우 세부항목은 증가했고, 여전히 전과 똑같은 방식으로 예산을 짜고 자원을 분배하며 성과를 보고한다. 그렇다면 논쟁을 출발시키고 사람들이 변화에 대해 생각해보도록 하려면 어떻게 해야 할까? 여기 몇 가지 아이디어가 있다.

- 사람들이 무엇을 생각하고 있는지 알아내라. 설문조사를 하라(www. bbrt.org에서 설문조사 양식을 무료로 다운로드할 수 있다). 설문조사 대상은 재무관리자와 사업관리자를 모두 포함해야 한다. 세계은행 재무팀은 설문조사 결과를 통해 변화를 위한 추진력을 얻을 수 있었다.
- 모든 고위 재무관리자들을 위한 컨퍼런스를 개최하고, '미래를 위한 재무', '역동적 성과관리', 또는 '예산제도 탈피' 등과 같은 이름을 붙여라. 아메리칸 익스프레스는 2000년에 "세계 수준의 재무"라 명명한 컨퍼런스를 통해 변화 프로그램을 출범시켰으며, 2004년에는 이와 비슷한 포럼을 열어 진행상황을 확인하고 무엇이 더 필요한지 파악했다.
- 서로 다른 업무 분야의 직원들이 고루 참여하는 내부 워크숍을 개최하고, 설문조사 결과에 대해 활발히 토론하라.
- 벤치마킹이나 여타의 학습집단에 참여하라. 새로운 경영관리 원탁

회의(BBRT)는 공동학습을 위한 포럼이다(www.bbrt.org). BBRT에는 이 책에서 언급한 회사들을 포함해 모범 사례가 되는 많은 조직이 회원으로 참여하고 있다.

변화의 당위성에 대한 주장은 일반적으로 현재에 대한 불만족과 미래에 대한 비전을 조합해서 펼쳐야 한다. 현재에 대한 불만족이 클수록 CFO로서는 변화를 주장하기가 수월해진다. 사람들에게 현 시스템에 대한 느낌을 분명히 밝히게 하려면 설문조사와 워크숍을 이용하는 것이 좋다. 설문조사와 워크숍은 무엇을 할 필요가 있고 어떤 순서로 진행해야 하는지에 대한 계획을 세우는 데에도 도움이 된다.

변화에 대한 강력한 요구 》 세계은행

세계은행은 매년 200억 달러 정도를 개발도상국에 투자하고, 운영비용으로 19억 달러 정도를 사용한다. 이 은행은 회원국들을 주주로 하여 협동조합과 같은 형태로 운영된다. 세계은행에는 24명의 전임이사로 구성된 이사회가 있는데, 이들은 전통적으로 상세한 예산계획을 통해 지출을 세세하게 관리해왔다. 세계은행의 예산계획은 향후 3년을 전망하며 연 2회 준비하는 것이 원칙이었다. 하지만 최근에 재무팀에서는 이 과정이 지나치게 오래 걸리고, 비용이 많이 들며, 가치를 거의 부가하지 못한다는 결론에 도달했다. 그들은 더 전략적이고 비용효율이 높은 프로세스를 도입하길 원했다. 그래서 그들은 2004년에 '예산 혁신'이라는 이름의 새로운 프로젝트를 출범시켰다. 하지만 이것이 예산안 개혁을 위한 첫 번째 시도는 아니었다. 이 은행은 전에도 수차례 예산안 개혁을 시도해서 일정 부분 성공하기도 하고 실패하기도 한 경험이 있었다. 따라서 재무팀은 앞으로 어떠한 난관을 뚫고 나가야 하는지 잘 알고 있었다. 예산혁신팀을 이끈 CFO 존 윌턴은 당시 변화를 요구하는 다양한 압력이 어떠했는지 다음과 같이 설명한다.

변화를 요구하는 압력이 많았다. 어떤 것은 내부적인 압력이었고, 어떤 것은 외부적인 압력이었다. 내부적인 관점에서 보자면, 예산수립이 너무 오래 걸리고 비용이 많이 들며 가치 부가가 별로 없다는 사실 때문에 변화를 요구하는 압력이 많았다. 이런 압력은 우리의 고객인 조직 내 타 부서들에서만 나온 게 아니라 자신들의 업무 중 일부가 가치를 부가하지 못하는 것을 우려한 예산부서에서도 나왔다. 또 다른 관점은, 세계은행이 성과(즉 빈곤 타파라는 목표를 달성하는 것)에 더욱 집중해야 한다는 것이었다. 하지만 현장의 성과를 은행 업무에 직접적으로 연계시키는 것은 쉬운 일이 아니다. 우리보다는 정부가 하는 일이 훨씬 더 큰 영향을 미친다. 결국 직권과 관련된 문제가 생기는 셈이다. 그럼에도 우리가 결과를 측정하고 평가하는 방법을 개선할 수 있다는 점은 분명하다. 주주의 관점에서 나온 또 다른 요인은 지난 4~5년간 고객 요구에 따라 예산이 장기적으로 유지 불가능한 비율로 증가해왔다는 것이다. 또한 우리가 절제된 방식으로 전략적 트레이드오프를 반영하여 올바르게 실행하고 있는지도 분명치 않았다. 어떤 것을 추가로 해달라고 요청받을 때마다 예산 증가로 이어지곤 했다. 따라서 이사회를 위해 좀 더 면밀한 조사를 수행할 필요가 있었다. 예산이 더욱 절제된 방식으로 관리되도록 하기 위해서 말이다.

외부적인 압력은 우리의 주주들에게서 나왔다. 예를 들면 세계은행의 이

사회는 일반적인 조직의 이사회와는 다르다. 주주들이 선택한 전임이사들이 이사회를 구성한다. 다양한 배경을 가진 이사들은 지지자들(그들을 선택한 주주들)의 이익과 은행의 더 광범위한 이익을 모두 대변해야 한다. 이 이사들이 자신들의 국가 예산(특히 유럽과 일본 등지의 국가 예산)은 제한되어 있는데 어째서 우리는 예산을 늘리고 있는지 묻기 시작했다. 우리는 또한 다른 곳에서 베스트 프랙티스가 변화하고 있다는 사실도 인지하고 있었다. 예컨대 우리는 BBRT와 미국 생산 및 품질 센터American Productivity and Quality Center(APQC)가 제공하는 베스트 프랙티스의 증거들과, 그리고 공공분야에 대한 우리 자신의 지식에서 추출된 증거들을 살펴보았다.[1]

방향을 설정하고 개시하라

변혁의 여정에 들어가기 전에 CFO가 자문해봐야 하는 어려운 질문들은 적지 않다. 그중 필수적인 몇 가지를 살펴보자면 다음과 같다.

- 고객과 가까운 운영팀에게 계획수립, 의사결정, 성과측정에 관한 더 많은 권한을 위임할 준비가 되어 있는가? 목표와 예산에 기반을 둔 상의하달식 통제조직을 해체할 준비가 되어 있지 않으면, 변화 프로그램은 희석된 결과물만 내놓게 되기 마련이다. 이것은 사업운영 관리자들에게 행동의 자유뿐만이 아니라 행동할 수 있는 능력 또한 부여하라는 의미다(즉 관리자들은 결정을 실행에 옮기는 데 필요한 정보와 자원까지 가져야 한다).

- 린 싱킹을 기꺼이 수용할 수 있는가? 조직은 고객가치를 전달하는 프로세스로 구성된 수평적 시스템이라는 것을 인식하도록 다른 리더들을 독려할 용의가 있는가?
- 기득권을 버리고 과감히 인센티브의 개정 방안에 대한 토의를 이끌 준비가 되어 있는가?
- 당신 자신의 역할을 기꺼이 바꿀 수 있는가? 이것은 계획과 통제에 쓰는 시간을 줄이고 분기별로 사업을 검토하는 데, 그리고 성과에 대한 통찰을 이사회와 여타의 임원들에게 제시하는 데 쓰는 시간을 늘리는 것을 의미한다.
- 팀의 인재 일부를 교체할 준비가 되어 있는가? 현 시스템에 익숙해져 있는 기존의 사람들만으로는 재무 변화를 성공시키기 힘들다.
- 이사진이나 여타의 임원들이 귀를 틀어막고 변화를 거부하는 경우 이에 맞서 싸울 준비가 되어 있는가? 고정관념에 대항하는 것은 결코 쉽지 않은 일이다. 얀 발란더는 한델스방켄이 매년 거치는 예산 프로세스를 폐기해야 한다고 주장했으며, 이 과정에서 수많은 싸움을 겪어야 했다. 그는 이를 '예산관료주의 복합체'라 칭했다. "자신의 위치와 업무가 예산과 관계되어 있고 따라서 예산 프로세스가 없어질 경우 자신의 위치와 업무가 해를 입을 거라고 생각하는 사람들이 바로 이 예산관료주의 복합체를 구성한다. 여기에는 예산제도와 그것의 복잡화에 대해 책을 쓰고, 강연을 하고, 컨퍼런스를 조직하는 대학교수와 경영 컨설턴트, 여타의 전문가들도 속해 있다."
- 수년에 걸쳐 변화 프로세스를 관리할 수 있는 끈기와 인내를 가지고 있는가? 변화의 효과는 한순간에 나타나지 않는다.[2]

모든 질문에 "예"라고 대답할 수 있다면, 당신은 재무를 변화시키고 그 혜택을 전 조직에 퍼뜨릴 기회를 확보한 셈이다. 하지만 어디서부터 시작해야 할까? 이 질문에 대해 유니레버의 재무변화 리더인 스티브 몰리지는 이렇게 말한다.

어디서 시작해야 하는지 또 어떻게 시작해야 하는지에 대한 물음에는 정답이 존재하지 않는다. 답은 기업문화에 따라 달라진다. 예를 들어 비전은 어느 정도까지 공유되고 있는가? 조직 내에서 당신의 위치는 어디에 있으며 당신에게 주어진 자원은 무엇인가? 이는 어떻게 하면 전투에서 승리할 수 있는지 묻는 것과 같다. 이에 대해서는 자신이 들고 있는 것이 장난감 칼이 아니라 진짜 검인지 확인할 것, 자신보다 큰 사람에게는 덤비지 말 것 등과 같은 기본적으로 지켜야 할 것들이 있다고 답할 수 있다. 몇 가지 기본규칙들이 존재한다는 뜻이다. 승리하기 위해서는 언제나 기마병들을 가운데 세우고 보병들을 계곡 아래로 돌진시켜야 한다고 주장할 수는 없다. 변화관리는 오히려 손자병법에 가깝다. 몇 가지 원칙은 있지만 그것을 행하는 방법이 한 가지로 정해져 있는 것은 아니다.[3]

변화 프로그램에서 상황은 대단히 중요하다. 이런 종류의 변화에 해당 조직은 얼마나 잘 대처하는가? 움직여야 할 핵심인물들은 누구인가? CFO는 어느 단계에서 재무분야 밖의 주요 인물들을 참여시켜야 하는가? 그들에게는 '큰 그림'을 보여주고 이를 실행하도록 해야 하는가, 아니면 단계를 나누어 그에 따르게 해야 하는가? 현재의 IT 시스템은 변화에 대처할 수 있는가? 최근의 사례를 보면, 대부분 제한된 비전을 가지고 시작했지만(즉 그 비전이 재무팀의 안락지대comfort zone◆ 안에 머물렀지만), 여정이 진행됨에 따라 인센티브 또는 경영진의 역할 및 의무 등과 같은 곤란한 현안을 다루기 위해 다른 사람들과 연계를 맺어야 한다는 사실을 깨닫는 것으로 이어졌다.

세계은행의 프로젝트팀은 세 가지 목표를 가지고 시작했다. 첫째는 연도별 예산수립 절차를 폐지하고 중기적 방향에 따른 목표와 지속 가능한 성과 개선으로 이어지는 기준을 설정하는 것이었다. 둘째는 관리자들에게 유연성을 부여하는 것이었다. 은행은 관리자들이 연도별 자원 할당에 의존하기보다는 복수연도에 걸쳐 정해진 재무기준 내에서 필요한 자원을 이용해 합의된 전략을 수행하기를 원했다. 셋째는 실제 성과에 대한 관리 책임에 집중하는 것이었다. 이에 따라 관리자들은 합의된 목표나 예산에 대한 충족이 아닌 전략 실행, 자원관리, 운영효율 개선 등에 대해 책임을 져야 했다. 평가는 사후에 이루어지도록 했으며, 실제 성과는 추세와 기준, 실적표 등을 이용해 지속적이고 투명하게 평가하도록 했다.

텔레콤 뉴질랜드의 프로젝트는 수수한 목표를 가지고 2000년에 출범했다. 반드시 구현해야 할 웅장한 비전도 없었다. CFO인 마르코 보고이브스키는 다음과 같이 설명한다.

우리는 하나의 웅장한 비전보다 실현 가능성이 훨씬 큰 자그마한 비전들을 택했다. 우리는 좀 더 역동적인 18개월 단위의 사업 전망을 이사회에 제시함으로써, 롤링 예측을 시행하는 데 우리가 필요로 하는 역량을 이해시키

◆ 적당히 익숙하고 편안하게 느끼는 영역.

려 했다. 우리는 예측의 질이 형편없음을 깨닫고, 핵심 가치 동인을 이용해 예측의 정확성을 측정하여 인센티브를 제공하기로 결정했다. 하지만 프로세스를 개선하는 일에 생각보다 오랜 시간이 걸렸다. 실제로, 롤링 예측이 대차대조표 요소를 포함한 실제 보고서와 같은 형식을 갖추도록 하는 데만 2년가량의 시간이 걸렸다.[4]

세계은행과 텔레콤 뉴질랜드의 사례는 많은 변화 프로젝트가 시작하는 방식에 관한 전형적인 예다. 변화 프로젝트는 예산, 예측, 자원관리, 보고 등과 같은 재무 프로세스를 개선하는 것으로 시작하여 중대한 문화적 변화로 진화한다. 그리고 나면, 전체 성과관리 시스템이 서로 연결되어 있다는 사실과 한 가지를 바꾸기 위해서는 다른 것들에 영향을 주지 않을 수 없다는 사실을 깨닫게 된다. 예를 들면 예측의 질은 관리자들이 편견 없이 미래를 바라보는지 여부에 영향을 받는다. 하지만 목표와 인센티브가 분기별 또는 연도별 성과에 초점이 맞춰져 있는 한 관리자들은 편견을 가질 수밖에 없다. 따라서 CFO는 목표와 성과측정 방법, 그리고 이러한 목표와 연관된 인센티브에 신경을 써야 한다.

문제와 비전을 명확히 하기 》 유니레버

스티브 몰리지는 자신 한 명으로 구성된 프로젝트팀의 리더다. 그는 지난 2000년 이래로 마치 선교사처럼 유니레버의 이곳저곳을 다니며 전통적 성과관리 프로세스를 자신이 이름 붙인 '역동적 성과관리'로 변화시키는 것에 관한 아이디어를 설파하고 있다. 몰리지는 조직이 당면한 문제점에 대해, 그리고 변화에 대한 자신의 비전이 그것을 어떻게 해결하는지에 대해 다음과 같이 말한다.

나는 세 가지 심각한 문제점을 파악했다. 첫 번째 문제점은 관리 시스템의 유연성 부족이었다. 목표는 고정되어 성과에 묶여 있었으며, 자원과 계획은 너무 자세하게 짜여 있어서 시장에서의 예상치 못한 위협과 기회에 대응하려는 업무의 범위를 제한하고 있었다. 더욱 심각한 것은, 잘못된 행동방식을 보이는 사람들이 시스템을 농락하는 데 능숙하고 결과적으로 '승자'가 된다는 사실이었다. 우리의 시스템은 관리시간 중 비정상적으로 많은 부분을 회사 외부적인 일보다는 내부적인 일에 집중하게 만들었다.

접근방식이 지닌 완고함은 나아가 임시비용(우발 사건 충당비)이라는 결과물을 만들어냈다. 전통적인 관리형태 뒤에 숨어 있는 가정은 바로 세상은 예측 가능하며 행동의 결과는 알려져 있다는 것이다. 이것이 현실과 다르다는 것은 모두 알고 있지만, 고정계약적 관리 프로세스에서는 이러한 불확실성을 공개적으로 인정할 수가 없다. 결국 우리가 불확실성을 다루는 방법은 임시비용을 창출하는 것이다. 계약적 관리 시스템에서 임시비용이 없는 사업부는 모종의 사건들에 좌지우지될 수밖에 없다.

추가적인 문제점은 바로 이러한 임시비용이 공식적으로는 '허용'되지 않기 때문에 숨겨지기 마련이고, 따라서 관리가 불가능하다는 것이다. 애초에 세워진 계획에 느슨한 점이 얼마나 많이 있었는지, 어느 부분에 있었는지 등을 그저 우리가 모를 뿐이다. 결과적으로, 그렇지 않으면 성장을 위해 사용될 자원들이 사라져 버렸으며, 기계적 계약 프로세스를 통해 리스크를 억제하려 노력하는 과정에서 다른 곳에 가변성이라는 개념을 도입할 수밖에 없었다. 그 결과는 게임이다. 목표치 협상 과정에서 관리자 A는 자신의 임시

비용을 감추려 하는 동시에 관리자 B의 임시비용을 밝혀내려 노력한다. 전체 예산 프로세스가 부정과 조작으로 오염되어버리는 것이다. 이것은 전통적인 고정재무계약 프로세스의 두 번째 주요 문제점인 문제적 행동을 유발한다.

전형적인 프로세스에서 고정목표는 보상과 밀접하게 연결되어 있다. 일단 돈이 관련되면, 목표는 단순한 성과기준 이상의 것이 된다. 즉 채워야 할 할당량이 되는 것이다. 그 결과로 할당량에 매우 많은 것이 좌우되게 됨에 따라, 공정한 양을 할당받기 위한 협상이 필요하게 된다. 문제의 근원은 보상을 기계적으로 목표에 연결하는 순간 게임이 시작된다는 것이다. 목표를 가능한 한 낮게 잡을수록(혹은 역으로 가능한 한 많은 예산을 따낼수록) 게임에 승리할 가능성이 커지며, 목표가 이제 할당량의 형태를 띠는 관계로 결코 목표를 초과달성해서도 안 된다(혹은 예산의 경우 다 쓰지 않고 남겨서도 결코 안 된다). 이 게임에 이기려면 기회를 탐색하거나 이용하는 대신 문제점과 어려움에 집중해야 한다. 물론 조직의 고위층에서는 이와 반대로 움직이는 것이 승리의 전략이다. 이렇듯 계약적 성과관리가 조장하는 행동은 기업문화를 가꾸려는 우리의 노력과 완벽하게 상충된다는 점이 명백하다. 이러한 프로세스의 주인으로서, 재무팀은 주어진 기능을 넘어서는 책무를 지닌다.

현 모델의 마지막 문제점은 바로 복잡성 및 원가다. 예를 들면 각 원가중심점의 관리자들은 내년 3월에 출장비나 전화요금 같은 사소한 비용으로 얼마를 쓸 계획인지 등과 같은 질문을 몇 달 전에 미리 받는 게 일상적이다. 이러한 문제들은 협의 과정을 거치며 더욱 복잡해진다. 우리 회사에서는 차기연도 목표가 합의될 때까지 예산안이 적어도 네 번 이상 수정을 거쳤다. 예산안은 매번 상세하게 수정되었으며, 결과적으로 추가적인 업무와 복잡성을 야기했다. 문제는 여기서 그치지 않았다. 목표는 평균 1년에 세 차례 정도 바뀌었는데, 이마저도 빙산의 일각이었다. 목표에 대한 수정안이 받아들여질 때마다 빛도 못 보고 사라진 여타의 수정안들이 얼마나 많았겠는가.

예산수립 프로세스는 완결 짓는 데 통상 6개월 정도가 걸렸다. 세상이 더욱 역동적이고 예측 불가능해짐에 따라 급속히 구식이 될 수밖에 없는 구조라는 얘기다. 따라서 다른 회사들과 마찬가지로, 우리도 이제는 연도별 계획 사이클이 비용 측면에서 비합리적이라는 판단하에 예측을 더욱 적극적으로 활용해 사업을 관리하고 있다.

그렇다면 우리는 어떤 일을 할 수 있는가? 군대라는 조직은 산업 분야의 관리적 사고보다 50년을 앞서 가고 있다. 군대의 지휘관들은 이제 더 이상 병사들이 전장에서 행하는 행동을 미리 계획하거나 규제하지 않는다. 전장의 병사들은 이제는 열을 맞춰 행진하지 않으며, 지휘계통을 따라 명령이 바통처럼 전달되는 일도 더는 없다. 대신, 지휘관은 목표의 명확성에 강박적으로 집중하며, 작전 수립 시 다양한 시나리오를 고려함으로써(발생 가능한 다양한 상황을 고려함으로써) 병사들에게 주어진 상황에 대처할 수 있는 역량을 부여한다. 작전 계획이 주어지지만 이는 언제든 검토되고 수정될 수 있다는 의미다. 최근 특정 분쟁지역에서 계획대로 작전을 수행하고 있는지를 물었을 때 군 당국이 답을 거부했던(아니, 하지 못했던) 일을 기억하는가? 전장에서 군인들은 명확하게 정의된 교전규칙과 '지휘관의 의도' 내에서 스스로 판단할 수 있는(항공 지원을 요구하는 결정까지 포함해서) 최대한의 자유를 부여받는다. 개개인에 대한 훈련, 높은 수준의 동기부여, 정보의 자유로운 흐름 등이 이 모델을 제대로 작동시키는 데 필수적이다. 그럼으로써 명확하게 정의된 목표와 전략 내에서 최대한으로 반응할 수 있게 되는 것이다.

이런 아이디어들을 우리에게 친숙한 성과관리 용어로 풀어보자면, 결국 성과관리 시스템의 모든 기능은 여전히 필요하지만 다른 결과를 얻기 위해서는 다른 방법을 사용해야 한다는 의미다. 따라서 우리는 여전히 목표를 세우고 사람들에게 적절히 보상할 수 있는 방법을 찾아야 한다. 여전히 예측을 수행하고 계획을 세워야 하며, 여전히 성과를 측정함으로써 일이 뜻한 대로 이루어지지 않을 경우 수정을 가해야 한다. 또 여전히 자원을 어디에 분배해야 할지 결정해야 하고, 모든 사업단위의 행동이 조화롭게 공조를 이루도록 만들 필요가 있다.

우리의 목표는 더욱 성공적으로 고객과 주주들을 유치하는 것이다. 우리가 좀 더 즉각적으로 반응해야 하고 좀 더 경쟁에 집중해야 한다고 느껴진다면, 이러한 기능들을 다른 방식으로 수행하고 좀 더 유연한 구조를 갖출 필요가 있다. 즉 적응력이 좋은 시스템을 갖추어야 하는 것이다.[5]

개시하기 》 아메리칸 익스프레스

아메리칸 익스프레스의 변화 프로그램을 이끈 것은 그룹 CFO인 게리 크리텐던으로, 그는 이 프로그램에 신속하게 다른 고위 경영진을 참여시켰다. 크리텐던은 다음과 같이 이야기한다.

이것은 내가 이 회사에 합류했던 2000년에 시작되었다. 모든 핵심 재무인 사가 모여 하나의 팀으로서 회사를 위한 재무의 역할을 발전시키기 위해 무엇을 할 수 있는지 살펴보았다. 그 당시(9 · 11 테러 이전이었음을 참고하

라) 변화의 진정한 동인으로 작용했던 것은 '거래처리 및 결과 보고'와 '미래 예측 및 계획수립' 사이에서 어느 쪽에 중점을 두어야 할지에 대한 고민이었다. 나는 이러한 상황을 설명할 때 종종 열차사고를 비유로 든다. 열차사고가 발생하면 그것이 왜 일어났는지 알아내 보고하는 것이 중요한데, 이는 사고에 관련된 모든 것을 조사한다는 뜻이다. 하지만 이보다는 열차사고를 미리 예측하고 이를 방지하기 위한 노력을 펼치는 것이 훨씬 더 중요하다. 재무의 역할은 과거를 돌아보는 것이 아니라 미래를 예측하는 것이라고 나는 항상 믿어왔다. 2000년에 있었던 첫 번째 재무 리더십 모임의 결론 중 하나는 우리가 나아가야 할 방향에 좀 더 중점을 두자는 것이었다. 이를 통해 우리는 우리의 비즈니스 파트너들에게 훨씬 더 많은 도움을 줄 수 있게 되었다.

물론 과거에 일어났던 일들을 분석하는 것도 유용하지만, 미래를 내다보고 곧 다가올 사건에 영향을 미칠 수 있다면 이는 진정으로 조직에 가치를 부가하는 일이 된다. 재무조직은 조직의 다른 어떤 부서보다도 많은 정보가 결집되는 곳에 위치한다. 우리는 생산라인의 수익성, 대차대조표, 세무 전략 등에 관계된 모든 정보를 보유한다. 실제로 우리 외에는 어떤 누구도 조직이 대안적인 의사결정까지 내릴 수 있도록 그러한 정보를 분석하고 해석할 수는 없을 것이다. 예를 들어 우리는 "이런 방식으로 일이 돌아갈 것이며(혹은 돌아갈 수도 있으며), 그러한 잠재적 결과를 다룰 수 있는 몇 가지 대안적 전략이 여기 있다"라고 말할 수 있다. 우리의 일은 미래에 어떤 일이 생길지 예측하고, 가능한 선택안들을 내놓으며, 이런 일들을 시의적절하게 수행함으로써 우리의 비즈니스 파트너들이 올바른 결정을 내릴 수 있도록 돕는 것이다.

우리는 핵심목표뿐 아니라 명확한 방향성도 가지고 있었다. 하지만 그것을 웅장한 비전이라 칭하지는 않겠다. 2000년의 회의는 우리에게 실로 생산적인 사건이었다. 우리의 주 관심사는 재무조직을 정비하는 데 있었다. 하지만 2004년에 다시 모였을 때, 우리 모두는 그동안 주 관심사가 어떻게 변했는지에 대해 한마디씩 하지 않을 수 없었다. 이제 주제는 재무조직의 정비가 아니라 "어떻게 사업 안건을 진전시킬 것인가"로 바뀌어 있었다. 그렇게 우리는 진정으로 역할에 대한 정의를 바꾸려 애쓰는 단계를 밟고 있었으며(참고로, 아직 끝나지 않았다), 보고 업무를 행하는(물론 이 또한 필요한 일이며 잘 수행해야 하는 일이다) 후방의 인원을 줄이는 한편 가능한 한 많은 인력을 전방, 즉 업무 일선에 배치했다. 우리가 고용한 6,000명 정도의 재무인력 중 고위급 70명이 이 일에 참여했으며, 몇 가지를 이행하는 데 전념하기로 결의했다. 그중 하나가 더 많은 사람을 업무 일선에 배치하는 것이었다. 우리는 대신 후방 기능의 절차를 획기적으로 개선함으로써 후방 인력 감소에 따르는 문제를 보완하겠다고 설명했다. 그 후 2~3년에 걸쳐 우리는 재무조직의 인력을 1,000명 정도나 줄일 수 있었으며, 절대적 기준으로 1억 달러 정도의 비용을 절감할 수 있었다. 그리고 나서 우리는 그중 일부를 우리가 하고자 하던 좀 더 미래지향적인 행동을 취하는 데 투자할 수 있었다. 이러한 변화는 우리에게 실로 열쇠 역할을 해주었다.

내가 생각하기에 가장 크게 인지할 수 있는 변화는 우리가 훨씬 더 민첩한 조직이 되었다는 것이다. 과거에는 매우 전통적인 계획수립 프로세스를 가지고 있었다. 계획은 9월이나 10월에 세워지고 연말까지 계속해서 수정되었는데, 그때쯤 되면 계획은 종종 시기상 뒤처진 것이 되기 마련이었다. 그러고는 몇 달 후에 또 새로운 예측을 하곤 했다. 이제 우리는 훨씬 더 유연한 프로세스를 사용하게 되었다. 여전히 연도별 계획을 세우긴 하지만, 이는 우리의 연속적인 미래 예측에 대한 업데이트에 지나지 않는다. 이제 우리의 주된 관리도구는 12개월 단위의 롤링 예측 프로세스다. 매월 우리는 현재의 예측에 담긴 리스크와 기회를 분석한다. 또한 손실 방지책을 세우지 않은 노출을 살펴보고 이렇게 자문한다. "특정 분야에 대한 지출을 삭감해야 하는가, 아니면 더욱 늘려야 하는가?" 그러고 나서는 우리가 움직이는 방향에 따라 투자에 대한 결정을 내린다. 생각했던 것보다 가용자금이 많이 있다면 투자를 늘리기로 결정할 것이며, 자금이 적다면 물러서기로 할 것이다. 나는 이렇게 유연한 계획수립 프로세스는 세상에 유일무이하지 않은가 생각한다. 많은 사람이 유연성에 대해 말하지만, 우리는 실제로 유연성을 지니고 있다. 이는 우리와 함께 일하는 사업단위의 강력한 재무 리더들과 재능 있는 입안자들 덕분에 가능해진 것이다.[6]

주요 인물의 지원을 얻어내라

CFO와 재무팀은 핵심 인재의 지원을 받을 필요가 있으며, 특히 다른 관리자들이 존경하고 경청하는 주요 인물의 지원을 얻어야 한다. 몇 가지 다르게 이해되는 부분이 있다. 예를 들어 초과근무를 요구하는 대부분의 변화관리 프로그램과는 다르게, 재무 변화는 기존과 다르게 하는 일에 관한 것인 동시에 안 해도 되는 일에 관한 것이다. 서류작업 줄이기, 보고서 수 줄이기, 관료주의 축소하기, 회의 줄이기, 그리고 무엇보다 시간 낭비 줄이기에 관한 것이라는 얘기다. 이러한 점은 실무자들에게 강한 반향을 불러일으킬 수 있다. 그들이 즉각적으로 이해할 수 있는 이익이기 때문이다.

힘겨운 설득도 필요 없다. 존 월턴은 자신이 세계은행에서 주요 인물에게 변화의 개념을 어떻게 납득시켰는지 다음과 같이 설명한다.

> 나는 먼저 예산부서에 개혁팀을 조성했다. 이 팀은 조직 내부에서 실시한 설문조사를 토대로 변화의 타당성에 대한 주장을 준비했다. 우리는 그 설문조사 결과를 설명하기 위해서 많은 내부 커뮤니케이션을 수행했다. 그러고 나서 향후 예산 집행방식에 대한 고차원적인 구상을 확립했다. 나는 일대일 미팅과 프레젠테이션을 여러 차례 진행했고 결국 그 구상에 대해서 사내 전체의 광범위한 지지를 얻어냈다. 그러고 나서 구상 내용을 실행하기 위한 일련의 제안들을 준비했다. 이것은 우리 은행 내의 많은 직원이 참여하는 이니셔티브였다. 무려 100명이 넘는 직원이 참가했다. 그때 이후로 우리는 이사회 및 최고경영진과 정기적으로 대화하고 있다.[7]

톰킨스의 CFO 켄 레버는 CEO에게 지원을 받으면 실행 속도가 더 빨라질 수 있다고 생각한다.

> 또 한 가지 중요한 점은 당신이 추진하고자 하는 바를, 특히 그 구상을 추진하여 어떤 효용이 발생할 것인가를 조직의 모든 주요 인물에게 정확히 알리는 일이다. 우리가 새로운 인센티브 제도를 철저하고 면밀하게 검토한 것은 중요했다고 본다. 그런 제도는 사람들의 주목을 끌 것이 확실하기 때문이다. 또 경영진 그룹을 통해 변화를 추진해야 하고, 그들이 변화에 대한 주인의식을 지녀야 한다. 그렇지 않으면 '우리 대 저들'이라는 사고방식이 조성되어 재무조직 직원들이 늘 상부 관리자들과 갈등을 빚는 상황이 벌어진

다. 우리는 그러한 상황에 이르기를 무엇보다 원치 않았다. 관리자들이 부서 이익을 위하기보다는 본사 경영진을 위해 움직여서는 안 되는 법이다. 우리는 재무 직원들이 '집단 내의 스파이'가 아닌 훌륭한 비즈니스 파트너가 될 수 있다고 확신한다.[8]

아메리칸 익스프레스의 게리 크리텐던은 파트너와 협력하면 더 많은 것을 성취할 수 있다는 사실을 깨달았다. 그는 다음과 같이 설명한다.

사람들은 어떤 행동에 대해 자신에게 직접적인 책임이 없다 할지라도, 종종 자신이 그 행동의 결과에 이해관계가 있다고 느끼며, 따라서 관여하기를 원한다. 우리 회사의 발전은 결코 무無에서 일어난 것이 아니다. 모든 것을 구상하고 실행할 때 언제나 사업단위 리더들과 상의를 거쳤다. 우리는 모든 단계에 그들을 참여시켜왔다. 우리는 항상 그들의 관심사와 우려를 경청하고자 했다. 또 우리가 그들이 동의하지 않을 가능성이 있는 행동을 할 때에도 최소한 그들은 우리가 무엇을, 왜 시도하려 하는지 이해하고 있었다. 모든 것을 100% 합의로 진행했다고 말할 수는 없지만 대부분의 경우에 서로를 충분히 이해했다. 이것은 효과적인 변화를 위해 반드시 필요한 조건 중 하나다. 변화로 얻게 될 효익을 명확히 설명하는 것, 그리고 주요 인물들과 지속적이고도 효과적으로 커뮤니케이션하는 것은 매우 중요하다.[9]

변화 프로세스에 실무자를 참여시켜라

우리가 지난 10~15년간 깨달은 것이 있다면, 그것은 바로 대규모의 상의하달식 변화 프로그램은 그다지 큰 효과를 거두지 못한다는 사실이다. 먼저 리더들은 자신의 조직을 제대로 이해해야 한다. 조직에 어떤 방식이 효과가 있을까? 그리고 변화는 어떤 방식으로 이루어지는 것이 바람직한가? 나는 경영교육 전문가로 다년간 활동하면서, 조직의 변화는 내부로부터 시작돼야 한다는 사실을 알게 되었다. 변화에 직접 영향을 받는 사람들이 그 변화에 참여해야 한다. 변화를 위한 여러 가지 훌륭한 아이디어가 조직 내에서 일하는 구성원들의 머릿속에 이미 들어 있다. 단지 그것들을 끄집어내 해방해주기만 하면 된다. 그러나 조직 내에 지식과 에너지를 해방하기 위해서는 또 다른 무언가가 더 필요하다. 그것은 바로 진정한 **통찰력**이다. 한두 개의 아이디어가 진정한 발전과 지속 가능한 변화로 향하게 하는 촉매제가 될 수도 있다.

100여 개의 모든 사업단위 팀들을 변화를 위한 여정에 직접적으로 참여시켰느냐는 질문에, 톰킨스의 켄 레버는 이렇게 답했다.

그렇지는 않다. 중대한 메시지들은 내가 사장 회의, 연간 재무회의, 분기별 검토 회의 등에 전달했다. 나는 또한 개별 관리팀들과도 만났다. 이를테면 타운홀미팅(비공식적 공개 주민회의) 같은 접근법인 셈이다. 그러나 진짜 힘든 일은 모든 사업단위가 우리가 말하는 변화 방향에 동의하도록 이끄는 것이다. 어떤 이들은 적극적으로 반응을 보이지만, 어떤 이들은 이걸 왜 해야 하는지 이해할 수 없다며 뒷걸음질치기 마련이다. 하지만 차츰 모두가 같은 방향을 따르게 된다. 우리는 추진되고 있는 변화가 기업문화에 맞지 않는다며 절대적으로 반대하는 직원은 보지 못했다. 우리 직원들은 무언가를 행할 때 거기에 뒤따르는 효익을 잘 알고 있다. 나는 그들이 상당히 빨리 깨달았다고 생각한다. 우리가 꾀하는 목표가 정보 시스템을 효율화하는 일이라는 사실, 그리고 그것이 조직을 이롭게 한다는 사실을 말이다. [10]

미국에서 여섯 번째로 큰 모기지 대출기관인 라살 뱅크LaSalle Bank에서 추진한 변화는 실무관리자들을 참여시키는 접근법을 보여주는 좋은 예다. 이 은행의 CFO인 톰 골드스타인Tom Goldstein은 먼저 '변화의 원circle of change' 이라는 프로그램을 도입했다. 이는 현재 상황이 어떻게 돌아가고 있는지, 어떤 측면을 개선할 수 있을지에 대해 일선 직원들의 의견을 직접 듣는 것이다. 이런 과정을 통해, 중복된 업무나 부적절한 시스템의 사례가 상당히 많이 존재한다는 사실이 금세 드러났다.

그다음으로, 골드스타인은 단순히 새로운 직원을 채용하거나 새로운 시스템을 구입하는 대신에(많은 이들이 그런 방식을 제안했다), 최상의 해결책이 무엇인지 고민하기 시작했다. 그는 재무조직에 6개의 시스템과 6개의 다른 업무그룹이 존재한다는 사실을 깨닫고, 그 업무그룹들을 하나로 통합하고 업무 중복 문제를 해결하라는 임무를 부여했다. 그는 말한다.

그들에게 작은 규모의 예산만 제공했음에도 결과는 상당히 빨리 나타났다. 이제는 6개의 시스템을 연결하는 브라우저를 이용하기 때문에, 한 시스템에서 다른 시스템으로 원활하게 이동할 수 있다. 모든 것이 완벽하게 조화를 이루는 것이다.

또 다른 성공적인 전략은 팀워크 구축이었다. 서로 다른 그룹들이 협업하여 효율성과 정확성을 증진하는 방법을 배워나갔다. 특히 각자의 책임이 명확하게 정의되어 있을 때는 더욱 효과가 컸다. 그러자 구성원들은 권한을 위임받았다는 기분을 느꼈다. 또 조직은 더 분권화되었다. 결과적으로 현재의 재무조직은 혼합된 형태의 구조로 되어 있다. 예를 들어 시스템 운영은 여전히 집중화되어 있는 반면, '분석이 필요한 특징을 가진 것들'은 분산화되어 있다.[11]

복잡성을 피하라

변화를 위해 프로세스와 시스템을 새롭게 설계하는 것은 좋은 일이다. 그런데 조직이 분열되는 일 없이 현재 지점에서 원하는 방향으로 나아갈 수 있을까? IT 지원은 얼마나 많이 필요하며, 그런 지원은 언제 가능해질 것인가? 시간 척도들은 현실적인가? 만일 변화 계획의 추진으로 영향을 받을 사람들에게 그 계획을 알려준다면, 특정 제안들이 정해진 예정 시간 내에서 현실적으로 실행 가능한 것인지에 대한 합리적인 가이드를 마련할 수 있을 것이다. 이것은 중요한 체크 사항이며 이러한 체크는 정기적으로 수행할 필요가 있다.

무엇보다 중요한 것은 재무팀과 그들의 내부 고객 모두에게 모든 것이 더 단순해져야 한다는 점이다. 텔레콤 뉴질랜드의 CFO 마르코 보고이브스키는 이렇게 말한다.

이제 우리 회사에서는 이사회가 보는 내용과 사업단위들이 활용하는 자료 내용 사이에 차이가 거의 없다. 이사회가 조금 더 요약된 내용을 받긴 하지만, 본질적으로는 동일한 보고 내용이 활용된다. 따라서 이런 정보를 만들어내기 위해 재작업하는 경우는 극히 드물다. 또한 이제는 정해진 템플릿에서 벗어나 각 사업단위가 그들의 목적에 필요한 것이라면 어떤 것이든 사용한다. 우리는 스스로에게 이렇게 물었다. "왜 서로 다른 사업단위들에 똑같은 양식의 보고서를 작성하라고 강요하는가?" 그것은 이치에 맞지 않았다. 각 사업단위는 자신의 업무를 관리하는 데 적합한 최적의 도구를 활용해야 한다. 그래서 우리는 상당량의 업무를 없애고 의사결정 과정도 개선했다. 그리고 지금도 더욱 간결한 회사로 변화시키기 위해 노력하고 있다. 본사에서 처리하는 업무의 양도 점점 줄어들고 있으며, 각 사업단위에 부여되는 자원과 능력은 점점 늘어나고 있다. 각 사업단위는 간결성(예컨대 제품 합리화 추구 등)을 중시하고 있다.[12]

켄 레버는 경제적 부가가치Economic Value Added(EVA)를 자신만의 방식으로 활용하는데, 이는 복잡한 아이디어를 가능한 한 단순하게 만드는 좋은 사례라 할 수 있다. 그는 이것을 다음과 같이 말한다.

우리에게 맞는 개념을 채택했기 때문에 우리는 이론 같은 것은 별로 걱정하지 않았다. 우리에게 가장 중요한 것은 올바른 방향으로 나아가고 있느냐, 우리의 방침이 올바른 행동을 이끌어내느냐 하는 것이다. 우리는 EVA를 '보너스로 돌릴 수 있는 이익'이라고 부른다. 이렇게 표현하고 나니까 우리 관리자들이 그것이 무엇인지 너무나도 잘 이해한다. 반면 EVA는 그 자체로 이해하기 어렵고 복잡한 개념이 될 수 있다. 직원 교육, R&D 등의 자본화 등과 같은 온갖 종류의 조정을 필요로 하기 때문이다. 우리는 그런 것을 원치 않았다.[13]

게리 크리텐던 역시 단순화에 대해 몇 가지를 강조한다.

첫째, 지나치게 상세한 계획을 세우는 것이 아니라면 지나치게 상세한 보고 역시 필요하지 않다. 우리는 상세함의 정도가 계획이나 예측의 품질 향상에 도움이 되지 않는다는 것을 깨달았다. 오히려 나는 세부적인 요소가 줄어들수록 수치의 질이 향상된다고 말하고 싶다. 둘째, 시스템 내에서 권한 이양의 횟수를 줄여야 한다. 각각의 권한 이양은 통제와 관련된 문제를 야기할 가능성이 있으므로, 그와 관련된 절차를 자동화할 수만 있다면 통제 시스템을 더욱 개선할 수 있을 것이다.[14]

일정 정도의 초기 성과를 보여주라

단기적인 성과를 보여주는 것은 반대자들의 접근을 막는 데 중요한 역할을 한다. 실패의 최초 징후를 찾는 사람들은 항상 존재하기 마련이다. 따라서 그들에게 확실한 성공의 증거를 보여주는 것만큼 좋은 방법은 없다. 초기 성과는 세 가지 특징을 갖춰야 한다. 첫째, 가시적이어야 하고(사람들이 스스로 결과를 목격할 수 있도록), 둘째, 명백해야 하며, 셋째, 변화와 분명하게 연관되어야 한다. 초기 성과에는 다음과 같은 것들이 포함된다.

- 가치를 창출하는 업무에 할당하는 시간의 증대 세부사항과 복잡성을 줄임으로써, 관리자들로 하여금 수치를 관리하는 것보다는 비즈니스를 개선하는 일에 더 많은 시간과 에너지를 집중하게 할 수 있을 것이다.
- 관리보고서 작성 및 비전략적 프로젝트 추구를 중단함으로써 얻게 되는 비용절감 효과 보고서 작성에 드는 비용은 관리자들이 생각하는 것보다 훨씬 더 클 수 있다.
- 문제적 행동의 감소 조작과 술수의 성격을 띤 행동이 줄어든다. 달성할 고정목표가 없으면 사람들은 숫자로 게임을 벌일 이유가 없다.
- 개선된 관리 정보를 기반으로 한, 더 빠르고 더 적절한 의사결정 일선 직원들에게 빠른 정보를 제공하는 조직은 이윤 창출 기회를 포착하고 민첩하게 행동을 취할 수 있는, 더 강력한 포지션에 서게 된다.

세계은행의 경우, 자원의 가용성과 마이크로매니지먼트, 신뢰의 증가, 최고경영진과의 좀 더 투명한 관계, 전략과 자원 결정 사이의 더 분명한 연계, 가치를 부가하는 활동의 보강, 더 적절한 책임 틀 등이 포함된 상부로부터의 더 분명한 전략적 지침이 (그리고 확실성이) 초기 성과에 포함되었다. 기업 차원의 초기 성과에는 사명에 따른 은행 자원의 효율적이고 효과적인 활용, 중기적 자원 가용성에 대한 더 명확한 이해와 방향, 계획수립 및 모니터링에 대한 전략적 초점 강화, 실제 성과에 대한 사업단위의 책임감 증대, 세계은행이 공공부문에서 리더십을 보여주는 영역의 확대 등이 포함되었다. CFO가 이러한 것들을 이해할 수만 있다면 커다란 보상을 얻을 수 있다.

아메리칸 익스프레스의 단기 성과에 대한 질문을 받았을 때 게리 크리텐던은 이렇게 답했다.

초기 성과는 조직 내의 신용을 구축하도록 돕는다는 점에서 아주 중요하다. 상당한 비용절감과 정보의 개선은 이러한 변화들이 의미 있다는 분명한 메시지를 모든 사업단위에 전달해주었다.[15]

톰킨스의 초기 성과는 정보의 질적 향상으로 이어졌고, 이는 다시 더 효율적인 통제로 이어졌다. 켄 레버는 이렇게 말한다.

모든 정보는 그룹 통합연결 시스템으로 들어온다. 그러면 우리는 정보를 다시 사업부문들에 제시하여, 전체 성과가 어떠한지 그들이 볼 수 있도록 한다. 이 통합연결 시스템은 해당 프로세스의 효율성을 크게 향상했다. 예를 들어 통합연결 시스템은 정보를 대조하고 발표하는 데 걸리는 시간을 줄여주었다. 이 모든 것이 진행되는 동안, 국제회계기준의 도입과 같은 다른 문제들이 동시에 다뤄지고 있었다는 점을 잊어선 안 된다. 이제 우리는 영국과 미국의 회계기준에 맞는 분기별 정보를 산출한다. 본사의 자원 역량은 거의 증가하지 않았지만, 이 모든 개선을 큰 인력 추가 없이 일궈낼 수 있었다. 시스템 개선과 관련하여 수행한 일이 아니었다면 이 모든 것을 해낼 수 없었을 것이다. 우리의 모든 노력은 프로세스의 속도 증가, 정보의 질적 향상, 효율성 향상에 초점이 맞춰져 있었다.[16]

참을성을 갖되 추진력을 유지하라

변화를 완성하기까지 소요되는 시간을 현실적으로 예측하는 것도 매우 중요하지만, 추진력을 유지하는 것도 똑같이 중요하다. 정기적인 검토는 성과를 평가하고 두드러진 문제를 해결할 기회를 준다는 점에서 필수적인 과정이다. 한 가지 확실한 것은 문제가 존재하리라는 점이다. 그것을 방치하는 것은 불만의 씨를 퍼트리는 것이며, 모종의 조치를 취했다면 사람들의 태도에 커다란 변화를 야기할 수도 있었던 것을 파괴하는 일이 될 수도 있다. 어쩌면 더 많은 훈련과 교육이 필요할 수도 있다. 따라서 프로젝트 리더들은 주저 없이 그것을 제공해야 한다.

세계은행의 존 월턴은 다음과 같은 말로 변혁을 꾀한 모든 리더를 대변한다.

> 이 프로세스는 매우 고되며 추진력을 계속 유지해야 한다. 따라서 나와 같은 고위 관리자가 정기적으로 그것을 검토하고, 올바른 방향으로 나아가고 있는지 자문해봐야 한다. 다시 에너지를 주입하기 위해서 나는 무엇을 할 수 있는가? 다행히 내게는 우리가 장애물에 직면해서 도움이 필요한지 여부를 알려줄 직원들이 있다.[17]

◇　◇　◇

변화를 꾀한 리더들 대부분은 시간이나 에너지, 자금상의 제약들 때문에 프로젝트의 첫 단계에서 모든 것을 변화시킬 수는 없다는 점을 빠르게 깨닫는다. 예를 들어 조직문화와 관련된 장벽들은 성과의 개선이 분명하게 나타나기 전까지는 완전히 제거하기가 극도로 어렵다. 기업문화에 비하면 시스템은 변화시키기가 좀 더 쉽지만, 새로운 비전과 기존 시스템 사이의 작은 불일치를 모두 제거하고자 한다면 결코 성공할 수 없을 것이다. 변화 프로젝트들은 대부분 미리 정해진 경로보다는 '지향성' 접근방식을 받아들인다. 다시 말해 그들은 목표한 방향으로 나아가면서 배우고 발전할 것이라는 사실을 알고 있다.

이제 도전할 준비가 되었는가? 변화에 대한 주장을 분명하게 표현하고 이를 납득시킬 수 있는가? 진정한 의욕을 창출하고 충분한 지원을 모을 수 있는가? 현재 변화를 시도하고 있거나 변화할 준비가 된 조직들이 점점 늘고 있으며, 이들은 서로의 경험에 귀를 기울이고 거기에서 교훈을 얻는다. CFO들은 또한 변화의 범위가 그들이 처음 생각한 것보다 클 수도 있다는 사실을 깨닫기 시작하고 있다. 이것은 CFO와 재무팀에게 익숙하지 않은 역할이다. 그러나 그들은 진정으로 중요한 변화를 이뤄낼 수 있는 사람들이다. 그들이 변화를 이끄는 데 성공한다면, 더욱 적응력 있고 강력하며 가치를 더해주는 재무팀, 그리고 낭비를 줄이는 윤리적인 조직이 될 수 있을 것이다.

CFO의 새로운 역할 수행을 위한

체 · 크 · 리 · 스 · 트

☑ 재무의 성과에 대해 토론을 시작하라. 재무관리자들과 비즈니스 관리자들 모두와 대화를 가져라. 사내 설문조사를 실시하고 내부 워크숍을 개최하라.

☑ 스스로에게 도전적인 질문들을 던져라. 고객과 더 가까운 팀들에게 계획수립 및 의사결정을 위임할 준비가 되어 있는가? 자신의 역할을 바꾸고 새로운 사람들과 협력할 준비가 되어 있는가? 장기간의 과정을 밟아갈 준비가 되어 있는가? 이러한 질문들에 답해보면 개선을 위한 비전이 더욱 선명하게 보이기 시작할 것이다.

☑ 원대한 비전에 너무 많은 시간을 낭비하지 마라. 방향을 이끄는 목표들을 설정하고 출발하라. 앞으로 나아가는 과정에서 배워라.

☑ 주요 인물들과 아이디어를 공유하고 그들의 지원을 얻어라.

☑ 해당 변화에 가장 영향을 많이 받는 관리자들을 소외시키지 마라. 그들을 변화 프로세스에 참여시켜라. 그들은 종종 개선에 대한 최고의 (그리고 가장 실용적인) 아이디어를 갖고 있다.

☑ 무엇을 하든 관리영역을 더 복잡하게 만들어선 안 된다! 복잡한 시스템을 피하라. 모든 단계에서 모든 것을 단순화하는 것을 목표로 삼아라.

☑ 초기 성과를 보여줌으로써 신뢰를 구축하라. 무언가가 저절로 입증될 것이라고 가정하지 마라. 초기 성과를 제시하고 당신의 성공을 축하하라.

☑ 변화는 긴 여정이라는 점을 처음부터 인식하라. 당신에게는 끈기와 인내심이 필요하다. 그러니 천천히 시간을 갖되 추진력을 유지하라.

주(註)

서론 INTRODUCTION

1 Claudia H. Deutsch, "Where Have All the Chief Financial Officers Gone?," *New York Times*, November 28, 2004, www.nytimes.com/2004/11/28/business/yourmoney/ 28cfos.html.

2 같은 글.

3 "Finance Under Pressure: How Innovative CFOs Do More with Less," *CFO Magazine Research Series*, January 2004, www.cfoenterprises.com/research.shtml.

4 Kris Frieswick, "Hard Times," *CFO Magazine*, November 1, 2004, www.cfo.com/ article.cfm/3329236.

5 같은 글.

6 Deutsch, "Where Have All the Chief Financial Officers Gone?"

7 Francis J. Aguilar and Thomas W. Malnight, "General Electric Co.: Preparing for the 1990s," Harvard Business School Case 9-390-091, October 1990.

8 Quoted in David A. J. Axson, *Best Practices in Planning and Management Reporting* (Hoboken, NJ: John Wiley & Sons, 2003), 89.

9 John Goff, "Who's the Boss?" *CFO Magazine*, September 1, 2004, www.cfo.com/article.cfm/ 3127506.

10 Price Waterhouse Financial & Cost Management Team, *CFO: Architect of the Corporation's Future*(New York: John Wiley & Sons, 1997), 3~4.

11 John Goff, "Drowning in Data," *CFO Magazine*, November 1, 2003, www.cfo.com/printable/ article.cfm/3010723.

12 앞의 글.

13 Axson, *Best Practices in Planning and Management Reporting*, 64.

14 Tom Hoblitzell, "Best Practices in Planning and Budgeting," Answerthink white paper, 2004. 4.

15 Axson, *Best Practices in Planning and Management Reporting*, 60.

16 Hoblitzell, "Best Practices in Planning and Budgeting," 2.

17 해켓 그룹에서는 재무프로세스를 세 가지 유형으로 구분하고 있다. ① 거래처리 프로세스(AR/AP, 비용, 고정자산, 신용, 수금, 대금청구, 일반회계, 외부보고, 프로젝트 회계, 원가회계, 현금관리, 세무회계, 급여 등), ② 통제 및 리스크 관리 프로세스(계획 및 예산관리, 예측, 경영성과보고, 자금관리, 세무계획 및 내부감사), ③ 의사결정 지원 프로세스(원가분석, 성과분석, 신사업/

가격분석, 전략계획 지원)으로 구분된다. Hackett Group, *Best Practices 2002 Book of Number-Finance*, 1.

18 Patrick Slattery, "Apply Best Practices to External Financial Reporting," Answerthink paper, 2003. 5.

19 같은 글.

20 David M. Katz, "Is Financial Strategically Challenged?" *CFO Magazine*, May 19, 2004, www.cfo.com/article.cfm/3013927.

21 "CFOs: Driving Finance Transformation for the 21st Century," *CFO Magazine Research Series*, August 2002. www.cfoenterprises.com/research.shtml.

22 John Goff, "In the Fast Lane," *CFO Magazine*, December 1, 2004, www.cfo.com/ printable/article.cfm/3419652.

23 같은 글.

24 Katz, "Is Finance Strategically Challenged?"

25 Answerthink press release, March 20, 2002, www.answerthink.com/news_and_events/press_release.

26 Mark Krueger, "Best Practices in Cost Rationalization," Answerthink report, 2004. 6.

27 Answerthink press release, October 22, 2004, www.answerthink.com/04_news/01_press/pr_2004_printfriendly/prpf_10222004_0.

28 균형성과표(BSC)는 재무, 고객, 내부 프로세스, 학습과 성장이라는 네 가지 관점에서 사업단위(Business Unit)의 경영관리와 성과를 측정하는 프레임워크다. Robert S. Kaplan and David P. Norton, T*he Strategy-Focused Organization: How Balanced Scorecard Companies Thrive in the New Business Environment*(Boston: Harvard Business School Press, 2001), 375를 보라.

29 Answerthink press release, October 22, 2004.

30 Axson, *Best Practices in Planning and Management Reporting.*

31 같은 책, 29.

32 Hoblitzell, "Best Practices in Planning and Budgeting." 3.

33 같은 글, 8.

34 Katz, "Is Financial Strategically Challenged?"

35 Tom Buerkle, "Europe's Best CFO," *Institutional Investor*, May 2005, 33~41.

36 W. Edwards Deming, *The New Economics for Industry, Government, Education*

(Cambridge, MA: MIT Press, 2000), 31~33.

37 "CFOs: Driving Finance Transformation for the 21st Century," 8.

38 Taiichi Ohno, *Toyota Production System: Beyond Large-Scale Production*(Cambridge, MA: Productivity Press, 1988), ix.

제1장 CFO는 자유의 투사다

1 Larry D. Rosen, "Help! I'm Drowning in Information," *The National Psychologist* (January-February 2004), www.technostress.com/tnp44.html.

2 David Adams, "Spinning Around," *Sydney Morning Herald*, May 20, 2003, www.smh.com.au/articles/2003/05/19/1053196515705.html에서 인용.

3 앞의 글.

4 Steve Morlidge, interview with author, January 26, 2005.

5 Chris Argyris, "Empowerment: The Emperor's New Clothes," *Harvard Business Review* (May-June 1998), 98~105.

6 Mark Krueger, "Best Practices in Cost Rationalization," Answerthink report, 2004, 4.

7 "CFOs: Driving Finance Transformation for the 21st Century," *CFO Magazine* Research Series, August 2002, www.cfoenterprises.com/research.shtml.

8 Krueger, "Best Practices in Cost Rationalization."

9 "CFOs: Driving Finance Transformation for the 21st Century."

10 Ken Lever, interview with author, February 11, 2005.

11 Hackett Benchmarking Solutions, http://www.thgi.com/pprfax.htm(accessed April 14, 2002).

12 David A. J. Axson, *Best Practices in Planning and Management Reporting*(Hoboken, NJ: John Wiley & Sons, 2003), 160.

13 Vinay Couto, Mark J. Moran, and Irmgard Heinz, "Not Your Father's CFO," *Strategy+Business* (Spring 2005), 1~10.

14 Brian Maskell and Bruce Baggaley, *Practical Lean Accounting*(New York: Productivity Press, 2004), 218~219.

15 Axson, *Best Practices in Planning and Management Reporting*, 59.

16 "Finance Under Pressure: How Innovative CFOs Do More with Less," *CFO Magazine* Re-

search Series, January 2004, www.cfoenterprises.com/reserch.shtml.

17 같은 글.

18 H. Thomas Johnson and Anders Broms, *Profit Beyond Measure: Extraordinary Results through Attention to Work and People*(London: Nicholas Brealey Publishing, 2000), 104.

19 John Goff, "Drowining in Data," *CFO Magazine*, November 1, 2003, www.cfo.com/printable/article.cfm/3010723.

20 Roy Harris, "What Works: Building a Strong Finance Team," *CFO Magazine*, November 1, 2002, www.cfo.com/printable/article.cfm/30070050.

21 Bill Gates, *Business @ The Speed of Though*(London: Penguin Books, 1999), 18.

22 Lennart Francke, interview with author, January 24, 2005.

23 Answerthink press release, October 22, 2004, www.answerthink.com/04_news/01_press/pr_2004_printfriendly/prpf_10222004_0.

24 Robert S. Kaplan and David. P. Norton, *The Strategy-Focused Organization*(Boston: Harvard Business School Press, 2001), 14.

25 Jeffery K. Liker, T*he Toyota Way: 14 Management Principles from the World's Greatest Manufacturer*(London: McGraw-Hill, 2004), 5.

26 Robert Maluhan, "How CRM Impacts on the Bottom Line," *Marketing*, May 9, 2002, 25.

27 Liker, *The Toyota Way*, 162.

28 Adams, "Spinning Around."

29 Dr. Jan Wallander, D*ecentralization: When and How to Make It Work*(Stockholm: SNS Förlag, 2003), 49.

30 Francke, interview.

제2장 CFO는 분석가이자 조언자다

1 Gary Siegel, James E. Sorensen, and Sandra B. Richtermeyer, "Are You a Business Partner?" *Strategic Finance*(September 2003), 1~5.

2 Tom Buerkle, "Europe's Best CFOs," *Institutional Investor* (May 2005), 33~41.

3 Jim Parke, interview with author, January 25, 2005.

4 Abe De Ramos, "The Future of Outsourcing," *CFO Magazine*, June 15, 2005, www.cfo.com/

printable/article.cfm/3860276.

5   같은 글.

6   Jim Bramante, Gregor Pillen, and Doug Simpson, *CFO Survey: Current State and Future Direction*, IBM Business Consulting Services, 2003, 18.

7   David A. J. Axson, *Best Practices in Planning and Management Reporting*(Hoboken, NJ: John Wiley & Sons, New Jersey, 2003), 65.

8   같은 책.

9   "Finance Transformed: How Leading Companies Are Succeeding," *CFO Magazine* Research Series, September 2003, www.cfoenterprises.com/reserch.shtml.

10 "CFOs: Driving Finance Transformation for the 21st Century," *CFO Magazine* Research Series, 2002, www.cfoenterprises.com/research.shtml.

11 Ulla K. Bunz and Jeanne D. Maes, "Learning Excellence: Southwest Airlines' Approach," *Managing Service Quality* 8, no. 3 (1998), 165.

12 "Finance Under Pressure: How Innovative CFOs Do More with Less," January 2004, www.cfoenterprises.com/research.shtml.

13 같은 글.

14 같은 글.

15 Thierry Moulonguet, interview with author, February 23, 2005.

16 Vinay Couto, Mark J. Moran, and Irmgard Heinz, "Not Your Father's CFO," *Strategy+Business*(Spring 2005), 1~10.

17 Clifton Leaf, "Temptation Is All Around Us," *Fortune*, November 18, 2002. 69.

18 Buerkle, "Europe's Best CFOs."

19 같은 글.

20 Siegel, Sorensen, and Richtermeyer, "Are You a Business Partner?"

21 Roy Harris, "Are You Ready for Your Close-up?" *CFO Magazine*, March 1, 2005, www.cfo.com/article.cfm/3709814.

22 "CFOs: Driving Finance Transformation for the 21st Century."

23 Couto, Moran, and Heinz, "Not Your Father's CFO."

24 Jim Parke, interview with author, January 25, 2005.

25 "Finance Seeks a Seat at the Strategy Table," *CFO Magazine* Research Series, July 2004, www.cfoenterprises.com/research.shtml.

26 John A. Byrne, "Visionary vs. Visionary," *Business Week*, August 28, 2000, 122.

27 Alix Nyberg Stuart, "Keeping Secrets," *CFO Magazine*, June 1, 2005, www.cfo.com/printable/article.cfm/4007474.

28 Ken Lever, interview with author, February 11, 2005.

29 Jim Parke, interview with author, January 25, 2005.

30 Bramante, Pillen, and Simpson, *CFO Survey*, 8.

31 Gary Crittenden, interview with author, February 14, 2005.

32 Tim Reason, "Budgeting in the Real World," *CFO Magazine*, July 1, 2005, www.cfo.com/printable/article.cfm/4124788.

33 Tom Manley, interview with author, March 23, 2005.

34 같은 글.

35 W. A. Dimma, "Competitive Strategic Planning," *Business Quarterly* 50, no. 1 (Spring 1985), 25.

36 Quoted in *Enterprise Governance*, IFAC Report, 2003.

37 Andrew Campbell and Michael Goold, *Synergy* (Oxford: Capstone, 1998), 12.

38 Gary Hamel, *Leading the Revolution* (Boston: Harvard Business School Press, 2000), 47~48.

39 Steven E. Prokesch, "Unlearning the Power of Learning: An Interview with British Petroleum's John Browne," *Harvard Business Review* (September-October 1997), 147~168.

40 Robin Cooper and Robert S. Kaplan, *The Design of Cost Management Systems* (Englewood Cliffs, NJ: Prentice-Hall, 1991), 472.

41 Frederick F. Reichheld and W. Earl Sasser Jr., "Zero Defections: Quality Comes to Services," *Harvard Business Review* (September-October 1990), 105~111.

제3장 CFO는 적응형 관리의 설계자다

1 Tim Reason, "Budgeting in the Real World," *CFO Magazine*, July 1, 2005, www.cfo.com/printable/article.cfm/4124788.

2 Simon Caulkin, "Business Schools for Scandal," *Observer*, March 28, 2004, Management Section, 9.

3 Mitchel Resnick, "Changing the Centralized Mind," *Technology Review*, July 1994, http://llk.media.mit.edu/papers/archive/CentralizedMind.html.

4 Theodore Levitt, "Marcketing Myopia," *Harvard Business Review Business Classics: Fifteen Key Concepts for Managerial Success*(September-October 1975), 1~12.

5 Howard W. Biederman, letter to the editor, *Financial Times*, April 7, 2001.10.

6 John Seddon, *Freedom from Command & Control: A Better Way to Make the Work*(Buckingham, England: Vanguard Education Limited, 2003), 13.

7 Kevin Freiberg and Jackie Freiberg, *Nuts! Southwest Airliners' Crazy Recipe for Business and Personal Success* (Austin, TX: Bard Press Inc., 1996), 85~86

8 Michael E. Porter, "Creating Tomorrow's Advantages," in *Rethinking the Future: Rethinking Business, Principles, Competition, Control & Complexity, Leadership, Markets and the World*, ed. Rowan Gibson(London: Nicholas Brealey Publishing, 1997), 53.

9 같은 글.

10 Jim Parke, interview with author, January 25, 2005.

11 데밍의 모델을 적용했다. 이 모델은 제조시스템 또는 하위 시스템이 어디에서 기인했으며, 사업 계획 시스템이 어디에서 기인했는지를 말하고 있다. 예를 들면, 'Plan'은 시스템을 개선하는 것을 의미하며, 'Check'는 그 아이디어를 실행할 수 있는지 보는 것이며, 'Do'는 실행이 되도록 하는 것 이고, 'Act'는 실행하는 것을 의미한다. W. Edwards Deming, *Out of the Crisis*, 26th edition (Cambridge, MA: MIT Press, 1998).

12 Marko Bogoievski, interview with author, February 5, 2005.

13 Daniel Bogler and Adrian Michaels, "Attempting to Shift the Stretch-Goal Posts," *Financial Times*, January 2000.

14 Ken Lever, interview with author, February 11, 2005.

15 Gary Crittenden, interview with author, February 14, 2005.

16 Bogoievski, interview.

17 BBRT case study on Tomkins.

18 Joan Warner, "Chief Executives Can't Win at the Numbers Game," *Financial Times*, June 13, 2005, 12.

19 C. C. Pinder, *Work Motivation in Organizational Behavior*(Upper Saddle River, NJ: Prentice Hall, 1998).

20 Warner, "Chief Executives Can't Win at the Numbers Game."

21 Steve Morlidge, interview with author, January 26, 2005.

22 Steve Morlidge, *Dynamic Performance Management*, program designed for MTP and

Unilever 2004, 99.

23 Jeffrey Pfeffer, "Six Dangerous Myths About Pay," *Harvard Business Review*(May-June 1998), 109~119.

제4장 CFO는 낭비를 막는 전사다

1 Peter F. Drucker, "Managing for Business Effectiveness," *Harvard Business Review* (May-June 1963), 53~60.

2 Jeffrey K. Liker, *The Toyota Way*(London: McGraw-Hill, 2004), 192~193.

3 같은 책, 87.

4 나의 첫 번째 저서 『바텀라인을 변혁하라(Transforming the Bottom Line)』(Boston: Harvard Business School Press, 1995)에서 이 사례를 사용했다.

5 James P. Womack, Daniel T. Jones, and Daniel Roos, *The Machine That Changed the World*(New York: Rawson Associates, 1990), 13.

6 같은 책.

7 Simon Caulkin, "The Model That Really Computes," *Observer*, January 23, 2005, Business Section, 10.

8 Miles Brignall, "Gas Pressure Hits Danger Level," *Guardian Money*, September 17, 2005.

9 W. Edwards Deming, *Out of the Crisis*, 26th edition(Cambridge, MA: MIT Press, 1998), 315.

10 Simon Caulkin, "The Quality of Mersey," *Observer*, April 17, 2005, Business Section, 9.

11 "Catching Up with Uncle Sam." Engineering Employers Federation research report, December 2001.

12 Liker, *The Toyota Way*, 198.

13 John, Wilton, interview with author, March 1, 2005.

14 Lennart Francke, interview with author, January 24, 2005.

15 Joan Magretta, "The Power of Virtual Integration: An Interview with Dell Computer's Micheal Dell," *Harvard Business Review* (March-April 1998), 72~79.

16 Brian Maskell and Bruce Baggaley, *Practical Lean Accounting*(New York: Productivity Press, 2004), 191~192.

17 Stuart F. Brown, "Toyota's Global Body Shop," *Fortune*, February 9, 2004, 68~70.

18 Gary Hamel, "Bringing Silicon Valley Inside," *Harvard Business Review*(September-October 1999), 76.

19 Robert S. Kaplan And David P. Norton, *The Strategy-Focused Organization*(Boston: Harvard Business School Press, 2001), 296.

20 BBRT case study, 10 May 10, 1999.

21 Wilton, interview.

22 Nicole Tempest, "Wells Fargo Online Financial Services (B)," Harvard Business School Case 9-199-019, 1998.

23 Liker, *The Toyota Way*, 237.

24 같은 책, 238.

25 같은 책.

26 Taiichi Ohno, *Toyota Production System: Beyond Large-Scale Production*(Cambridge, MA: Productivity Press, 19898), 17.

27 같은 책.

28 Liker, *The Toyota Way*, 244.

29 같은 책, 5.

제5장 CFO는 측정의 달인이다

1 Margaret Wheatley and Myron Kellner-Rogers, "What Do We Measure and Why? Questions About the Uses of Measurement," The Berkana Institute, berkana.org/articles/whymeasure.html.

2 H. Thomas Johnson and Anders Bröms, *Profit Beyond Measure*(London: Nicholas Brealey Publishing, 2000), 69.

3 www.solonline.org/com/AR98/index.html.

4 이 법칙은 뱅크 오브 잉글랜드(Bank of England)의 수석경제자문관인 찰스 굿하트(Charles Goodhart)의 이름에서 따온 것으로, 1980년대에 대처 정부가 목적을 가진 금융정책을 실행하던 맥락에서 처음 언급되었다.

5 Wheatley and Kellner-Rogers, "What Do We Measure and Why?"

6 The Editors of *Business Week* with Cynthia Green, *A Business Week Guide: The Qual-*

ity Imperative(New York: McGraw-Hill Inc., 1994), 11.

7 www.solonline.org/com/AR98/index.html.

8 Robert Simons, *Levers of Organizational Design*(Boston: Harvard Business School Press, 2005), 104.

9 Lori Calabro, "On Balance: An Interview with Robert Kaplan and David Norton," *CFO Magazine*, February 2001.

10 David P. Norton, "Beware: The Unbalanced ScorecardAn Interview with Robert Kaplan and David Norton," *Balanced Scorecard Report* 2, no. 2 (March-April 2000), 13~1, *CFO Magazine*, February 2001.

11 같은 글.

12 Gary Hamel, *Strategy Decay and the Challenge of Creating New Wealth*, Strategos Institute Report, March 1999).

13 같은 책.

14 W. Edwards Deming, *Out of the Crisis*, 26th edition(Cambridge, MA: MIT Press, 1998), 309.

15 John Seddon, "Measurement and Management," www.lean-service.com/measurement.asp.

16 Gary Crittenden, interview with author, February 14, 2005.

17 Ken Lever, interview with author, February 11, 2005.

18 Simon Caulkin, "The Scary World of Mr. Mintzberg," *Observer*, January 26, 2003, Business Section, 10.

19 Simons, *Levers of Organizational Design*, 89.

20 Jeremy Hope and Robin Fraser, *Beyond Budgeting*(Boston: Harvard Business School Press, 2003), 126.

제6장 CFO는 리스크 조정자다

1 Jim Bramante, Gregor Pillen, and Doug Simpson, *CFO Survey: Current State and Future Direction*, IBM Business Consulting Services, 2003, 11.

2 Dan Durfee, "It's Better (and Worse) Than You Think," *CFO Magazine*, May 3, 2004, www.cfo.com/printable/article.cfm/3013527.

3 "Enterprise Governance-Getting the Balance Right," IFAC report, 2003.

4 Carol J. Loomis, "The 15% Delusion," *Fortune*, February 5, 2001, 48~53.

5 같은 글.

6 같은 글.

7 Carol J. Loomis, "Citigroup's CEO Chuck Prince Talks with Carol Loomis About Scandals, Profits, and the Company's Stock," *Fortune*, November 29, 2004, 45~51.

8 David S. Hilzenrath and Carrie Johnson, "SEC Tells Fannie Mae to Restate Earnings," *Washington Post*, December 16, 2004, A1 and A3.

9 "One-Third of Publicly-Traded Companies Do Not Accurately Portray Their True Financial Condition," *Businesswire*, June 18, 2004.

10 Jim Collins, "Good to Great," *Fast Company*(October 2001), 90~104.

11 Bill Cates, "What I Learned from Warren Buffertt," Harvard *Business Review* (January-February 1996), 148~153.

12 Henry Mintzberg, 'Musings on Management," *Harvard Business Review*(July-August 1998), 61~67

13 W. Edwards Deming, *Out of the Crisis*, 26th edition(Cambridge, MA: MIT Press, 1998), 98.

14 Scott Leibs, "New Terrain," *CFO Magazine*, February 2004, www.cfo.com/printable/article.cfm/3011491.

15 Robert Simon, "Control in an Age of Empowerment," *Harvard Business Review* (March-April 1995), 80~88.

16 Leibs, "New Terrain."

17 Robert Simons, "How Risky Is Your Company?" *Harvard Business Review*(May-June 1999), 85~94.

18 Loomis, "The 15% Delusion."

19 같은 글.

20 Lori Calabro, "Above Board," *CFO Magazine*, October 1, 2003: 43~46.

21 Quoted in Simon Caulkin, "Keep It Simple-Not Stupid," *Observer*, February 27, 2003, 8.

22 Paul Y. Mang, Ansgar Richter, Jonathan D. Day, and John Roberts, "Has Pay for Performance Had Its Day?" Mckinsey Quarterly 21, no. 4 (Fall 2002), www.mckinseyquarterly.com/article_page.aspx?ar=1233&L2=18&L3=31&srid=8&gp=1.

23 Kate Burgess an Norma Cohen, "Sainsbury Investors Urged to Vote Against Directors' Pay," *Financial Times*, July 6, 2005, 44.

24 Calabro, "Above Board."

25 Hilzenrath and Johnson, "SEC Tells Fannie Mae to Restate Earnings."

26 Louise O'Brien, "How to Restore the Fiduciary Relationship: An Interview with Eliot Spitzer," *Harvard Business Review*(May 2004), 71~77.

27 John W. Hunt, "Reward Systems and Disincentives," *Financial Times*, April 21, 1999, 21.

28 Robert Simons, *Levers of Organizational Design*(Boston, MA: Harvard Business School Press, 2005), 111.

29 Margaret J. Wheatley, *Leadership and the New Science*(San Francisco: Berrett-Koehler, 1999), 67~68.

30 Lennart Francke, interview with author, January 24, 2005.

31 Handelsbanken, *Annual Report*, 2000, 39.

32 같은 책.

33 Russ Banham, "Fear Factor," *CFO magazine*, June 1, 2003, www.cfo.com/printable/article. cfm/3009436.

34 같은 글.

35 "Strategic Risk Management (2002)," *CFO Magazine* Research Series, Report, March 2002, www.cfoenterprises.com/research.shtml.

36 "The Future of Business Risk Management," conference sponsored by CFO Research Services, New York, March 26, 2002.

37 같은 글.

38 같은 글.

39 같은 글.

40 "Strategic Rick Management(2002)."

41 Ken Lever, interview with author, February 11, 2005.

42 "The Future of Business Risk Management."

43 Stephan Haeckel, *Adapive Enterprise: Creating and Leading Sense-and-Respond Organizations*(Boston: Harvard Business School Press, 1999), 40.

44 Michael Schrage, "Daniel Kahneman: The Thought Leader Interview," *Strategy/ Business* 33 (2003).

45 Matthew Leitch, "Open and Honest About Risk and Uncertainty," speech, IIR Risk Management Congress, London,. July, 7, 2004, www.internalcontrolsdesign.co.uk/ honest/index.html.

46　Kenneth G. McGee, *Heads Up: How to Anticipate Business Surprises and Seize Opportunities First*(Boston: Harvard Business School Press, 2004), 101~103.

47　Bill Gates, *Business @ The Speed of Thought*(London: Penguin Books, 1999), 179.

48　Lever, interview.

49　Tom Manley, interview with author, March 23, 2005.

제7장 CFO는 변화의 옹호자다

1　John Wilton, interview with author, March 1, 2005.

2　Jeremy Hope and Robin Fraser, *BBRT Case Report on Svenska Handelsbanken*, May 6, 1998.

3　Steve Morlidge, interview with author, January 26, 2005.

4　Marko Bogoievski, interview with author, February 5, 2005.

5　Morlidge, interview.

6　Gary Crittenden, interview with author, February 14, 2005.

7　Wilton, interview.

8　Ken Lever, interview with author, February 11, 2005.

9　Crittenden, interview.

10　Lever, interview.

11　"Corporate Performance Management: What Finance Must Do to Move the Needle," *CFO Magazine* Research Series, August 2004, www.cfoenterprises.com/research.shtml.

12　Bogoievski, interview.

13　Lever, interview.

14　Crittenden, interview.

15　같은 글.

16　Lever, interview.

17　Wilton, interview.

지은이

제러미 호프 Jeremy Hope

기업들의 경영성과 관리 개선 활동을 헌신적으로 지원하고 있는 비영리단체 '새로운 경영관리 원탁회의(Beyond Budgeting Round Table: BBRT)'의 공동 설립자이다. 영국의 회계사(Charted Accountant)이며, *Beyond Budgeting*(2003), *Transforming the Bottom Line*(1995), *Competing in the Third Wave*(1997)의 공동 저자이기도 하다. jeremyhope@bbrt.org

옮긴이

조영균

고려대학교 경영학과를 졸업하였으며, 헬싱키경제대학원에서 MBA 학위를 받았고, 현재 서울과학종합대학원(aSSIST)에서 박사과정을 밟고 있다. 공인회계사로 현재 삼일회계법인 전무로 재직하고 있으며, 컨설팅업무를 담당하고 있다. 많은 글로벌 한국기업과 그룹의 재무부문을 대상으로 CFO 역할 정립, 재무프로세스 혁신, 경영관리 및 원가관리회계 혁신 프로젝트 등을 수행하고 있다.

문홍기

고려대학교 경영학과를 졸업하였으며, 공인회계사로 현재 삼일회계법인 상무로 재직하고 있으며 컨설팅업무를 담당하고 있다. 많은 글로벌 한국기업과 그룹의 재무부문을 대상으로 재무프로세스 혁신, IFRS 도입 및 적용, 경영관리 혁신 프로젝트 등을 수행하고 있다.

장형석

성균관대학교 경영학과를 졸업하였다.

CFO의 새로운 역할

ⓒ 조영균 · 문홍기 · 장형석, 2011

지은이 | 제러미 호프
옮긴이 | 조영균 · 문홍기 · 장형석
펴낸이 | 김종수
펴낸곳 | 도서출판 한울

초판 1쇄 발행 | 2011년 6월 20일
초판 2쇄 발행 | 2014년 6월 30일

주소 | 413-756 경기도 파주시 광인사길 153 한울시소빌딩 3층
전화 | 031-955-0655
팩스 | 031-955-0656
홈페이지 | www.hanulbooks.co.kr
등록번호 | 제406-2003-000051호

ISBN 978-89-460-4880-5 03320
* 책값은 겉표지에 있습니다.